龙雪飞◎著

中国式联合重组

《云南信息报》跨地区办报的改革试验

南方日报出版社
NANFANG DAILY PRESS
中国·广州

图书在版编目（CIP）数据

中国式联合重组 :《云南信息报》跨地区办报的改革试验/龙雪飞著. —广州 : 南方日报出版社,2013.5
ISBN 978-7-5491-0815-2

Ⅰ. ①中… Ⅱ. ①龙… Ⅲ. ①地方报纸－报社－企业重组－研究－中国 Ⅳ. ①G219.24

中国版本图书馆 CIP 数据核字(2013)第 070231 号

ZHONGGUOSHI LIANHE CHONGZU
中国式联合重组——《云南信息报》跨地区办报的改革试验

龙雪飞 著

出版发行： 南方日报出版社
地　　址： 广州市广州大道中 289 号
电　　话：（020）83000502
经　　销： 全国新华书店
印　　刷： 佛山市浩文彩色印刷有限公司
开　　本： 16
印　　张： 17.5　**彩插：** 0.5
字　　数： 240 千字
版　　次： 2013 年 5 月第 1 版
印　　次： 2013 年 5 月第 1 次印刷
定　　价： 56.00 元

投稿热线：（020）83000503　读者热线：（020）83000502

网址：http://www.nfdailypress.com/

■2006年5月，作者访问意大利，出席当地文化交流活动后随代表参观水城威尼斯。图为作者在圣·马可广场留影。

■2006年5月，作者随中国新闻出版代表团出席法国戛纳电子音像博览会。

■2008年1月，作者在美国纽约联合国总部。

■2008年10月，作者随中国新闻出版代表团出席德国法兰克福书展。

■2009年11月，作者在法国里尔高等新闻学院演讲。图为该学院院长会见作者。

■2009年11月，作者在法国里尔科技大学演讲。图为该校管理学院院长会见作者。

■2009年11月，作者在法国里尔科技大学演讲。图为演讲结束后与部分师生合影。

■2009年11月，作者在法国里尔高等新闻学院演讲。图为作者在此次演讲海报旁留影。

■2011年3月，作者访问南非，出席当地文化交流活动后，随代表一起参观企鹅岛。

■2012年4月，作者随云南省经贸代表团访问泰国、越南等东南亚五国。图为作者在吴哥窟留影。

■2012年9月，作者出席中英媒体高峰论坛并参观泰晤士报。图为该报总编辑詹姆斯·哈丁会见作者。

■2012年9月，作者访问剑桥大学并在康桥留影。

■2012年9月，作者在剑桥大学彭布罗克宴会厅晚宴上。

■2012年9月，英国金融时报网执行总裁罗伯·格里姆肖在2012剑桥中英媒体高峰论坛与作者亲切交谈。

■2012年9月，作者在剑桥大学市政厅作主题演讲。

■2012年10月，作者访问牛津大学。

目录

目录 MULU

目录 MULU

目录 MULU

序一

打造文化产业转型升级新样板

曾建徽

2012年国庆前夕，龙雪飞同志来到北京，去英国剑桥大学出席中英媒体高峰论坛，他拿出一本《中国式联合重组》的书稿，想要我写一篇序文。

我认识雪飞同志多年，他幼小失去父母，初中二年级辍学，学过木工，拖过板车，是一个自学成才的典型人物。雪飞同志给我的印象是：待人诚心、谋事有心、干事用心、意志坚强、有胆有识，是一个很有责任心的人。雪飞同志2009年曾应邀去法国里尔高等新闻学院为这所有着“法国记者摇篮”之称的学院师生作了一场被称为“精彩的”、“别开生面的”演讲，题目就是“中国式联合重组”。《人民日报》和新华社当时都做过详细的报道，给了我很深的印象。因此我欣然答应为这本书写序。

我们正处在一个资讯高度发达，传媒竞争激烈的信息化时代。从国际传媒格局来看，CNN（美国有线电视新闻网）、BBC（英国广播公司）、美联社、路透社等几个西方国家把持的跨国传媒集团几乎垄断着国际舆论，国际文化产业与舆论格局中“西强我弱”的态势尚未得到根本改变；从国内传媒格局来看，近年来我国传媒业出现了繁荣发展的良好态势和可喜成绩，但总体实力仍然不强，特别是缺乏具有较强国际竞争力的大型传媒集团。

为了进一步增强我国文化产业的国际竞争力和我国媒体的国际传播能力，近年来我国不断加大文化体制机制改革创新的力度。党的十七大报告指出，在时代的高起点上推动文化内容形式、体制机制、传播手段创新，解放和发展文化生产力，是繁荣文化的必由之路。

近年来，在国家发展战略的指引下，我国传媒业大胆改革、锐意创新，积极探索联合重组、做大做强的有效途径，取得了良好成效，积累了有益经验。

其中，云南出版集团公司和南方报业传媒集团以联合主办的《云南信息报》为载体，进行跨地区、跨行业联合重组，就是一个成功的案例。

呈现在读者面前的这部著作，记录了这一成功案例的具体运作过程和运作模式。作者龙雪飞同志现为云南出版集团有限责任公司副总经理、云南出版传媒（集团）有限责任公司董事长。2013年1月，入选“全国新闻出版行业领军人才”，有着20多年宣传和新闻出版工作经历。他主持和全程参与了《云南信息报》的联合重组和改革转型。在亲力亲为的基础上，他坚持理论联系实际，用详尽的细节、生动的描述、深入的思考，原汁原味地展现了这次联合重组的实践进程和自己的心得体会。他的这本书绝不是坐而论道，书中的许多观点既有较强的理论性，又有很强的操作性，对我国新闻出版业跨地区联合重组、做强做大，具有积极的现实意义和重大的实践价值。该书翔实记录、总结了《云南信息报》通过强强联合引入优质资本，改革创新，提高质量效益的实践，从一个点反映了云南近年来发展文化产业的理念、路径和成果，对云南以至更大范围的文化企业做强做大有很大的借鉴意义。同时，该书还从高处着眼，梳理了新中国报业的发展历程，尤其是改革开放以来全国报业跨地区联合重组的改革历程，分析了东西部文化产业资源环境的优劣，论证了报业联合重组的必要性和可行性，具有一定的理论研究价值，在云南开了一个先河。

发展文化产业是完善社会主义市场经济体制题中的应有之义，是经济结构战略性调整的重要支点，是转变经济发展方式的重要着力点。就相对欠发达的西部地区而言，发展文化产业不仅是抓住了消费升级的机遇，也是实现跨越式发展的一个重要机遇。

西部是文化产业资源富集地区，就拿云南来说，这里是我国民族种类最多的地方且独有15个少数民族，有不可复制的民族文化资源；这里是世界闻名的生物基因库和自然奇观聚集区，有不可复制的自然地理资源；这里还有茶马古道、古大理国、滇缅公路等著名的历史遗迹，有不可复制的历史文化资源。这些特色文化资源，为特色文化产业奠定了坚实的基础。近些年来，云南紧紧抓住机遇发展文化产业，成为全国5个文化产业增加值占GDP比重超过5%的省市之一，目前占比已达到6.1%，文化产业成为云南重要的新的经济增长点，云南也逐渐成为全国有影响的区域性文化产业板块之一。

但是，总体而言，云南的文化产业还大而不强，还没有摆脱粗放式发展模式，《中国式联合重组》中就叙述了云南报业在一个时期低价恶性竞争的乱象。因此，有必要强调的是，发展文化产业既是转变经济发展方式的重要着力点，同时，产业本身的发展也需要转变发展方式。该书的可贵之一就在于提出了一个值得认真思考的问题：文化产业应该走什么路径？

低价恶性竞争是全国许多产业一个时期的共性，这是多年来经济增长主要依靠增加资源消耗、粗放经营的必然结果。党的十八大报告明确指出："要适应国内外经济形势新变化，加快形成新的经济发展方式，把推动发展的立足点转到提高质量和效益上来，着力激发各类市场主体发展新活力，着力增强创新驱动发展新动力。"《云南信息报》"打价值战不打价格战"的理念和创新实践，为云南文化产业转变发展方式提供了一个样板。可以说，该报的联合重组是手段，目的是转变发展方式，重组出现代企业机制、优秀人才队伍、先进企业文化，最终重组出人无我有的优质新闻产品和品牌，这是他们能够绝处逢生的根本原因。

因此，做强文化产业，需要市场化、产业化运作，尤其是优质资本的投入运作，打造一批高端文化企业和文化品牌，抢占市场制高点，这是把握好文化产业这个难得发展机遇的根本手段。可以说，《中国式联合重组》既是对云南近几年来发展文化产业亮点的总结，也对云南文化产业下一步提档升级具有方向性的启示。

《中国式联合重组》还提出了另一个值得认真思考的问题：文化产业大发展需要什么样的环境？这是各级政府的一个重大课题。近些年来，文化体制改革在不断深化，一批市场主体形成，但是，束缚文化生产力发展的体制机制问题尚未根本解决。尤为可贵的是，作者并没有止步于个案分析与微观研究，而是把眼光和思维投向了整个中国传媒业，尤其是处于新媒体冲击下的报业如何做强做大这个宏观性、全局性问题。

不仅如此，《云南信息报》与旗下乐云网以政经主流媒体为定位，在舆论监督和反腐倡廉报道上表现非常突出。如2009年独家报道“躲猫猫”事件，成为当年最具影响力的舆论监督报道，促进了公安警务公开，“躲猫猫”一词入选《新版英汉词典》；2010年又率先报道楚雄州州长杨红卫腐败案；2011年独家报道曲靖铬渣污染事件，引起国内外广泛关注，促进了当地环保事业；2013年年初率先报道彝良县委书记违规超标购车等事件。其实，舆论监督问题在党的文件和中央领导人的讲话中多次提到。舆论监督是群众监督最经常最普遍的实现形式，这也是舆论监督力量的源泉。没有健康的强有力的舆论监督，很难有健康的强有力的群众监督。近年来，在媒体上发出的报道，在互联网上发出的微博，不仅揭露了社会的丑恶现象，而且还使一些隐藏很深的腐败官员显形和落马。一个普通老百姓微弱的声音，正是因为通过社会舆论渠道而变得不可忽视，变得坚强有力。因此，加强和改善舆论监督，也是政治体制改革的一个重要突破口。

我还注意到《云南信息报》通过联合重组，在做强做大且深耕昆明市场、开发地州市场的同时，还配合云南的发展战略，积极向东南亚、南亚地区周边国家拓展。云南是我国参与中国—东盟自贸区、大湄公河次区域合作和孟中印地区经济合作的主要省份，是面向西南开放的重要桥头堡。《云南信息报》作为一家地方传媒，敢于“走出去”，主动承担起沟通中外，促进同东南亚、南亚的交流与合作的重任，这是非常难能可贵的。在这个基础上，如果能进一步与这些地区有影响的报刊合作，用当地通用的文字办专刊，有针对性地介绍云南乃至全国的经济、文化发展形势，对促进云南和全国的对外开放，增进同周边国家的睦邻友好关系，定将起到重要的作用。

《云南信息报》的实践证明，我国新闻出版集团在跨地区联合重组上是大有可为的。

是为序。

2013年3月9日于北京

（作者曾建徽为新华通讯社原副社长，中共中央宣传部原副部长，中共中央对外宣传办公室、国务院新闻办公室原主任）

序二

媒体也需要改革人才

龙雪飞把他的书稿《中国式联合重组》送给我，希望我能够写几句话。

看了书稿，我有三重欣喜。

第一重欣喜，媒体跨地区联合重组的成功，是中国媒体改革的新突破和新进展。作为媒体人，这是我非常期盼的。

第二重欣喜，把一个具体媒体改革的成功范例放在大的时代背景下进行分析，并上升到理论高度，为今后的媒体改革提供了重要启示。作为媒体研究者，这是我相当乐见的。

第三重欣喜，作者能够在媒体改革的实践中做出这样的贡献，在理论上达到这样高的水平，作为作者的“忘年交”，这是我十分高兴的。

第一个欣喜、第二个欣喜，即关于媒体跨地区联合重组的改革，在实践中已经获得成功，得到了各方面的肯定，并且在国内外已经得到广泛的传播，这方面我就不多说了，只在第三个欣喜方面多说几句。

龙雪飞是我的“小朋友”，我和他相识已经有20多年了。当时我是人民日报社编委兼经济部主任，他是湖南岳阳市的一个业余通讯员，常常到报社来送稿。除了谈稿件的事情之外，也常常就工作、学习、做人、做事等方面，进行很知心的交谈。他出身贫寒且孤苦，十几岁的时候，就靠拉板车和农耕养活自己，写稿件主要是靠自学。他很努力，业务进步很快，由于在《人民日报》、新华社等重要媒体发表了许多作品，他被湖南省作为农民中的特殊人才破格录用为国家干部。在湖南省政府农村工作办公室工作了六个年头，后来又到《农民日报》、《深圳商报》当记者、搞经营，还亲自参与过珠海西区的开发。再后来就到了云南工作，在大理州委宣传部工作过两年，然后调到云南出版集团当副总经理。他的生活和工作经历是相当丰富的，受到的锻炼也是多方面的，进步也是很快的。

他称我为“老师”，应该说，他做出的业绩，是超乎我的预料的。看了这本书，不禁使我再深入思考他这个人。我觉得他能够达到今天的水平，是与他的一些可贵素质分不开的。

他具有热切的事业追求，不管在什么岗位，总想努力做出一些成绩来，体现了“位卑未敢忘忧国”的思想境界；他具有自觉的学习精神，不仅向书本学习，更特别注意向别人学习，注意在工作和生活中不断总结提高；他具有强烈的创新意识，无论做什么工作，他总爱动脑筋，想点子，想一些、做一些很有创意的事情；他具有踏实的实干作风，不尚空谈，总是孜孜以求、全力以赴地工作，在他的字典里没有“苦”、“累”、“难”这些字眼；他具有亲和的交往能力，无论与领导、同事还是社会各界人士交往，他总是尊重对方，善解人意，能够恰当地处理各种人际关系。我想，正是这五个方面的素质，促成和支持他做出了今天的成绩。

这使我进一步想到了媒体改革的人才问题。媒体跨地区联合重组的成功，自然与上级领导的支持、联合单位的合作、本单位同事的努力分不开，但无疑本书作者起了重要的乃至关键性的作用。

改革开放以来，我们的媒体十分重视改革者对推进改革开放的重要作用，为宣传和保护改革人才，促进改革人才的成长作了大量报道，发挥了很好的舆论功能。但是，对传媒业自身这方面人才的宣传则显得相当薄弱。全国有好新闻、好编辑、好记者的评奖，但在媒体改革方面，却一直没有对做得比较好的单位和个人进行鼓励的奖项。

媒体改革相当重要，潜力很大，也毋庸讳言，媒体改革同时又相当复杂、相当敏感。为此，我们更应该鼓励人们进行深入研究和大胆实践，更加重视、爱护、支持和培养积极推进媒体改革的人才。任何事最终都是人做的，有一批勇于和善于改革的人，特别是媒体的负责人，我们的媒体改革才能跟上时代发展的步伐。

2013年3月13日于北京

（作者艾丰为《经济日报》原总编辑，首届范长江新闻奖获得者，中国发展研究院院长，品牌中国产业联盟主席）

序三

云信模式是跨地区办报的成功实践

读了龙雪飞的《中国式联合重组》，亲切感油然而生。因为我们都见证和经历了跨区域办报的实践，而且都看到了产生的效能和影响。

中国报业与中国的社会政治生态环境紧密相关，经历了曲折的发展过程。新中国成立初期，国家主管部门曾提出报纸走企业化经营道路。随后，经济体制从多元往单一的变革和不停的政治运动改变了报业经营的初衷，尤其是“三大改造”完成和“反右”之后，没有了民营报纸，留下的国有报纸的“企业化经营”和“报纸商品属性”的提法也成了禁区，报社成为完全的事业单位。“文革”期间，大批报刊被封，进入了只剩下少量报纸的“有报无业”阶段。改革开放初期，报纸强调事业单位企业化管理，开始重视报业经营，报纸也从单一的功能往多功能发展。已停办的晚报复出，并增加了新成员，机关报等报纸纷纷推出“周末版”，再发展到办系列报。随着改革开放的深入，都市类报纸等各类市场化报刊勃兴，将中国报业搅动得天翻地覆，不管你愿不愿意看到，都可预见到中国报业已产生强烈的走市场化的冲动；而自1996年广州日报破冰之后，各地纷纷效仿组建报业集团，试图从体制上进行突破，以保证报业的市场化运作。

有了先行者和一定的制度保障，中国报业进入快速发展时期。然而，在实践中并非一帆风顺。报业集团的概念本是从企业集团公司移植过来的，因此许多媒体人也期待按企业化来运作。但囿于媒体的“中国特色”，碰到实际问题又争论不休，围绕是“报办集团”还是“集团办报”的问题，就争论了好久。按理，既然是市场化运作，必不可少的是要进行资本运营，跨媒体、跨区域、跨行业发展，做大做强报业。但在社会转型期，在外部环境并未优化的状态下，愿望与现实、宏观政策与具体措施，常常是有落差的。在这种情况下敢于“吃螃蟹”者悄悄地走出去进行跨区域的试验，但由于未经批准，其实践起来非常艰难。尤其是跨出去未找到适合背景的合作，“胎死腹中”的事情就发生了。

国家在本世纪初已逐步松动，有关部门提出“跨媒体、跨区域、跨行业”的构想，并见诸一些讲话和文件中。南方报业传媒集团和光明日报报业集团闻风而动，我代表南方报业的领导班子率领南方都市报经营团队进京，与光明日报报业集团签下了共同创办《新京报》的合作协议，并于2003年11月11日正式创刊。这是中国第一次两个党报报业集团合作办报，是中国第一家得到国家有关部门正式批准的跨地区经营的报纸。《新京报》后来被收编，这是国家层面考虑的事，但不可否认的是，跨区域经营的《新京报》无论办报理念还是经营理念，无论社会效益还是经济效益，都取得了巨大的成功，成为北京地区高度密集覆盖北京市场的强势新主流纸质媒体。即便现在划归北京市管辖，但传承下来的办报理念和运营模式依然在发挥作用。

无独有偶。《新京报》创办4年多之后，在云南出版集团副总经理龙雪飞提议推动下，南方报业又与云南出版集团作出了合作办报的决策，并得到了当地政府和国家层面主管部门的认可。这种合作虽有了《新京报》的范本，而且也是动用了南方都市报的团队，但决不是依样画葫芦，而是有自己的创新。云南出版集团让南方报业作为大股东控股，在利用新闻信息资源方面也有创新。南方都市报派过去的人员很少，主要把理念和经营模式带过去，重点由自己物色和培养人才，办报很快走上了正轨。

只要分析一下云南的报业状况，我们就可以看出作为云南与外地报业合作办报的推动者龙雪飞的勇气和智慧。云南信息报社创立于1985年，经过多年的努力，在昆明市场已有了较大的市场份额和一定的影响力，然而，要实现新突破却是心有余而力不足。龙雪飞想到引进办报和运营理念比较先进的南方报业管辖的南方都市报，以打破僵局。但这样做有一定的风险。其一，尽管之前已有南方报业传媒集团与光明日报报业集团合作办报的先行，也有接着而来的第一财经日报模式，但后来对这类合作的报批又收紧了。中国媒体跨地区办报正如龙雪飞在书中说到的“跨行业办报制度变迁所呈现出的‘收’—‘放’—‘收’—‘放’循环过程，充分说明‘跨地区、跨媒体’发展道路的不平坦”。先行者的品质无疑就是能预示到未来，敢于先行。后来的实践证明，新《云南信息报》是在第二次“放”的过程中新出现的跨地区、跨媒体办报的实践，并欣逢中国文化产业体制深化改革的时期，成为了继《新京报》之后的又一具有标杆意义的事件。其二，合作就必须投入，而远不如北京、上海、广州市场的昆明广告额有限，经营风险大，而且市场化程度比较高的另三家都市报——《春城晚报》、《都市时报》、《生活新报》也在市场争夺中咄咄逼人。然而，龙雪飞明白，昆明报业的竞争是客观存在的，与其不顾一切地低层次竞争，倒不如引入先进办报理念，坚持提升内容价值，提高竞争层次。同时，既是竞争也是竞合，通过这种高层次的竞争，共同挖掘广告市场。许多地方的事实说明，报业广告市场经业内共同努力是可以拓展的。其三，当地的社会政治生活环境，是否容忍这样一份报纸的生存发展。在这方面，龙雪飞与南方报业高层当然也思考和分析过。进入，肯定有风险，也要准备付出一定代价；能否有较好的收获，就得看应对能力和创新能力了。

云南出版集团公司和南方报业传媒集团联手打造新的《云南信息报》，从2007年9月19日悄然“变身”至今已有5个年头了，现在可以说已取得了成功。其成功，是包括理念、定位、内容、资源整合在内的综合运营能力的成功。报纸定位为“云南市场化运营程度最高的政经主流大报”，目标读者锁定本地有影响力和经济实力的主流人群，坚决打价值战而不是价格战以赢得市场竞争。推出了一大批重大新闻策划报道，在社会上产生巨大影响，如2009年率先报道的“躲猫猫”事件成为年度热点话题。同年，《云南信息报》推出“发现东盟”大型采访报道，被誉为“云南媒体的一个标志性事件”，更是其“走出去”战略的一次成功探索。伴随着报纸影响力不断扩大，经营也有了突破性的进展。2007年经营总收入仅3700多万元；2010年，总收入达到1.5亿元，利润1800多万元，弥补前期亏损之后实现了分红；2011年，总收入达到1.76亿元。由新华社主办的《瞭望》新闻周刊发表了新华社记者的署名文章《跨地区办报的云南探索》，对《云南信息报》跨地区联合重组给予充分肯定。《人民日报》发表了龙雪飞写的一篇探讨《云南信息报》转型实践与启示的理论文章《联合重组，推动新闻出版业科学发展的有效途径》，对《云南信息报》合作模式给予充分肯定。这种模式在国外也引起了关注，应法国传媒学界的邀请，2009年11月30日法国未来的新闻人饶有兴趣地听龙雪飞讲述了《云南信息报》“重生”的故事。

现在龙雪飞又将这些“故事”系统化、理论化，由出版社正式出版发行了。这部著作介绍了中国报业发展脉络，从新中国成立到改革开放前的中国报业，再到改革开放市场经济体制确立对报业的影响，包括中国报业集团诞生的动因及发展状况。谈及中国加入WTO后对媒体跨地区跨行业办报的思考，既谈到了它的必然性，又谈到实际操作中受到各种因素的制约，并介绍了跨地区跨行业办报的案例及曲折中摸索前行的生态，详尽地勾勒出中国报业跨地区办报的发展变迁。该著作就为什么选择与南方报业合作，着重从品牌、人才等角度剖析了与南方报业传媒集团合作的动因，乃至对异地办报的原则进行了论述。对云南出版集团公司下属的《云南信息报》的状况，与南方报业合作的必要性和市场依据进行了具体分析，继而对新的《云南信息报》在报纸定位、采编理念、管理模式、版面结构、差异化策略、双方资源的利用、融入当地文化、服务本地读者等进行了全方位的呈现。最后，对未来之路也进行了描绘和展望。

目前，国内以非时政类报刊转制为标志的报刊新一轮改革正在推进中，相信还会有新的改革措施出台。在这种背景下，龙雪飞推出的这部著作正合时宜。它是来自实践的总结，又不囿于片断的经验，具有理论性和前瞻性，因此不仅对正在进行改革中的媒体有一定的参考价值，而且也会引发人们对未来报业发展的思考。

2013年3月10日于广州

（作者范以锦为暨南大学新闻与传播学院院长、教授、博士生导师，南方报业传媒集团原董事长）

引　子

2009年11月28日，我乘坐中国国际航空公司AF125航班穿越欧亚大陆上空，降落在巴黎戴高乐国际机场。

这是一次难忘的法国之行。我受法国里尔高等新闻学院和里尔科技大学的盛情邀请，于2009年11月30日为学生上两堂中国媒体课。

法国传媒业发达，拥有一批世界上非常有影响力的媒体，包括我们熟悉的法新社、《世界报》和《费加罗报》。而里尔高等新闻学院则是享誉世界的名牌大学，是法国历史最悠久的新闻学院，在法国同类学院中排名第一，素有法国“记者摇篮”之称。坦率说，登上法国新闻殿堂演讲，我既骄傲兴奋，又忐忑不安。

我演讲的主题是《云南信息报》的“重生”故事。《云南信息报》是我工作的云南出版集团管辖的一份日报，在我2006年接手分管时，这份报纸因竞争力不强已经举步维艰，版面数量越来越少，人员流失越来越多，财务亏损越来越大。为扭转局面，我和同事们研究制订了《云南信息报》的“重生”计划，核心是“强强联合”——与南方报业传媒集团联合办报。这在当时是一个大胆甚至冒险的计划，因为它打破了中国媒体多年来的条块分割的管理模式，触及了一个“雷区”。

2007年9月19日，云南出版集团公司和南方报业传媒集团联手打造的《云南信息报》“变身”出版了。现任社长谭智良在当天报纸的《改版致读者》里写道：“今天，云南信息报注入了‘南方’的基因。这基因，这血脉，如珠江水，每一次潮涌里，有云贵高原冰雪的气息，更有来自太平洋风暴的气息。”

我们把《云南信息报》的重组定义为“一次跨越千山万水的风云际会”。

这次跨越，也是中国报业改革创新的一次实践和一个缩影。新《云南信息报》问世时，中国报业改革刚好跨越30个年头。熟悉中国新闻业的人都知道，这30年，是中国新闻传播业不断改革、不断跨越的30年。

改革开放之前，中国的报纸尤其是党报是组织媒介而不是大众媒介，是事业单位而不是企业，报纸的功能仅仅是宣传教育，新闻功能缺失。因此，中国报业改革首先从观念改革开始。20世纪80年代初，“信息”概念从西方进入中国，创刊于1985年的《云南信息报》报名是当时的中共中央总书记胡耀邦亲笔题写的，报名本身就带有时代的印记。“信息”概念的引入，作为因素之一启发了中国报业对自身功能的思考，让信息传播成为报纸的基本功能、按照新闻规律办报逐步成为共识。

20世纪90年代初，中国报纸在传播内容上首次向“受众本位”转移，最有代表性的举措有二：一是各报纷纷推出“周末版”，二是一大批由党报主办的都市报涌现出来。二者的出现，是报业进入市场的标志性事件。

1996年，中国第一家报业集团——广州日报报业集团成立，中国从此进入报业集团化快速发展的时期。报业集团化发展，使中国报业长期形成的散乱局面得以彻底改变。

中国报业集团化时代仍然存在一些问题：报业集团并未摆脱过去机关报的管理模式，并未具备规范的企业管理体制（为解决这个问题，中央后来决定科学界定文化单位性质和功能，制定了区别对待、分类指导、循序渐进、逐步推开的改革原则），产业化程度还比较低。随着竞争的深入和管理体制改革的深入，报业集团跨地区、跨行业发展成为趋势。新《云南信息报》就是在这样的背景下诞生的。

从全国的报业生态来看，尽管报业集团“跨地区、跨行业”经营得到了新闻管理部门的呼应，但制度变迁中呈现出“收”—“放”—“收”—“放”反复，说明了改革的艰难。新《云南信息报》是在第二次“放”时诞生的，是改革的产物和成果。

和北京、上海、广州等城市比，昆明并非报业发达市场，2006年，昆明报业广告收入约在5亿至6亿元之间。但是昆明GDP增长速度一直保持在10％以上，加上其重要的战略位置和资源优势、国家对西部大开发的政策鼓励，昆明报业的竞争越来越激烈。为争夺市场，市场化程度比较高的《春城晚报》、《都市时报》、《生活新报》和《云南信息报》等四家都市报陷入低价恶性竞争的怪圈，导致发行收入、广告刊发量大幅减少，最终导致2007年初由中共云南省委宣传部进行干预。2006年7月，我在接受新华社记者采访时谈了三点看法：一、昆明报业恶性竞争的结果导致了国有资产流失；二、报业发展不能以低价拼发行量，要拼采编、经营和人才团队；三、昆明报业无法复制一些城市报业的整合经验，最好争取外来强势媒体入滇，对传媒市场重新定位。

在这样的市场背景下，我们把自己的理念付诸实践，新《云南信息报》出世了。对于昆明市场来说，南方报业传媒集团这匹“狼”的到来，对于“羊群”会造成多大“骚动”？对于云南的管理部门来说，这匹“狼”的到来又意味着什么，将会给媒体的管理带来什么从未遇到过的挑战？

事实证明，强强联手打造的《云南信息报》对市场产生了巨大的震撼力。

重组五年多来，《云南信息报》定位为“云南市场化运营程度最高的政经主流大报”，充分整合南方报业的新闻资源，走品质路线，目标读者锁定本地有影响力和经济实力的主流人群，坚决打价值战而不打价格战。

《云南信息报》推出了一大批重大新闻报道，在社会上产生了巨大影响，如“发现云南之美”大型采访报道、航拍新昆明、“问计新加坡 谋计新昆明”、“曲靖5000吨剧毒铬渣污染”系列报道等等。2009年率先报道的“躲猫猫”事件成为年度热点话题。同年，《云南信息报》深入东盟十国，推出“发现东盟”大型采访报道，被誉为“云南媒体的一个标志性事件”，更是其“走出去”战略的一次成功探索，建立起了云信与东盟各国官方、商界、媒体和民间的互动关系，由此，《云南信息报》确立了“立足云南，面向东南亚、南亚”的发展战略。2010年，云南信息报相继推出《曲靖读本》、《丽江读本》、《大理读本》、《楚雄读本》、《玉溪读本》，形成了“1＋5”密集覆盖滇中城市群和大理、丽江的格局。2011年，《云南信息报》初步形成了“一报一刊二网五读本”的新媒体集群。2012年，在重组第一个五年计划的收官之年，更提出了把《云南信息报》打造成为具有区域性国际影响力媒体的新目标。

重组后的《云南信息报》在经营上也取得了喜人的成绩：2007年经营总收入仅3700多万元，2008年即达到8000万元，2009年突破1亿元大关，收支持平还略有盈余；2010年，总收入达到1.5亿元，利润1800多万元，弥补前期亏损之后实现了分红；2011年，总收入达到1.76亿元。2012年，总收入突破1.7亿元。业内人士评价，《云南信息报》创造了中国报业投资的一个奇迹。2010年5月24日，《瞭望》新闻周刊发表了新华社记者采写的《跨地区办报的云南探索》，对《云南信息报》跨地区联合重组给予充分肯定。文章发表的当天，新加坡《联合早报》全文转载。

在《云南信息报》重组两年之际，《人民日报》发表了我的一篇理论文章《联合重组：推动新闻出版业科学发展的有效途径》，介绍了《云南信息报》的合作模式和成功经验。作为党中央机关报，《人民日报》少见地推介一份地方报纸的办报经验，有改革的背景：党的十七大提出了在时代的高起点上推动文化内容形式、体制机制、传播手段创新，解放和发展文化生产力；新闻出版总署在《关于进一步推进新闻出版体制改革的指导意见》中鼓励和支持业务相近、资源相通的新闻出版单位，按照优势互补、自愿结合的原则，跨地区、跨部门组建出版传媒集团公司。《云南信息报》的探索实践，契合了党中央深入贯彻落实科学发展观、解放和发展文化生产力的要求。

我在《人民日报》上发表的文章总结了《云南信息报》重组的四条经验：

1．强强联手，为联合重组奠定坚实基础。

2．优势互补，为联合重组创造有利条件。对云南出版集团公司来说，引进在国内具有品牌效应的南方报业传媒集团，可以使下属报纸在云南的竞争力得到提升；对于南方报业传媒集团来说，借助已有的当地报纸平台，可以省去大量先期投入，缩短适应期，实现跨地区办报的“成功落地”。

3．互利互惠，为联合重组开辟绿色通道。云南出版集团公司经过慎重考虑，以联合主办和出让经营控股权为条件，与南方报业传媒集团进行谈判，两家集团很快达成协议。

4．改革创新，为联合重组提供强大动力。云南出版集团公司和南方报业传媒集团经过多次商讨，决定对《云南信息报》进行全方位改革，实现其向政经主流大报和新型都市报的转型。

对我在法国两场题为“中国式跨地区联合重组”的演讲，《人民日报》、新华社、《国际日报》、中央人民广播电台、中央电视台、中国国际广播电台、《中国新闻出版报》、《南方日报》、《南方都市报》、《深圳特区报》、《云南日报》、《湖南日报》等媒体均进行了报道。人民网、新华网、腾讯网、新浪网、搜狐网、香港《文汇报》、澳门网、武汉热线新闻中心、欧洲通讯等100多家国内外媒体转载了这次活动的报道。我在法国的演讲活动被外界评价为“2009年云南新闻界的一件大事”。

这次法国之行的影响超出了我的想象，也带给我一些新的思考。

首先，为什么法国新闻界会关注中国媒体的一场改革试验？在我来到法国前，13亿中国人刚刚庆祝了中华人民共和国成立60周年。我注意到，法国的媒体报道了北京天安门前的阅兵，也报道了中国在60年里尤其是最近30年的变化与发展。

法国媒体关注中国的每一个发展变化，包括中国媒体的改革。2009年3月，法国两名新闻传播学教授来到昆明，目的就是考察《云南信息报》的联合重组。两名教授分别为法国里尔高等新闻学院的弗朗克•赫诺教授和法国里尔科技大学的让•路易•普里纳教授，他们认为《云南信息报》的联合重组是中国跨地区跨行业办报纸的重要试验。

法国里尔高等新闻学院招收大学本科以上学生，是一所培养传媒管理人才和高级编辑记者的学院，10多年前就开设了对在职新闻领导干部的教育和培训课程，已经培育了数百名传媒干部，其中不仅有法国传媒人士，还有比利时、瑞士、波兰、中国和越南等国家的传媒人士。学院还在法国众多传媒内部进行课题研究，为法国以及其他国家的不同媒体提供咨询服务。

赫诺教授和普里纳教授评价新《云南信息报》的办报模式是“一种创新的合作模式”。赫诺教授表示，多数学新闻的法国学生都认为中国的媒体单一而缺乏活力，但《云南信息报》的实践和中国改革开放以来传播事业取得的巨大成就，使他明白西方人有太多的误读，他希望中国媒体人能亲自到法国与新闻界交流，这正是我受到邀请的原因。

其次，我也重新思考《云南信息报》的重组在中国新闻改革进程中究竟有什么意义。尽管作为一名重组的策划者和推动者，我当初只是为了报纸的生存，但2009年陪同两位法国教授来昆明考察的上海大学著名传播学教授李海林的一席话让我很震动。他认为，《云南信息报》重组为云南报业的未来展示了一个战略发展新模式。“它的意义在于：一种新的语汇在昆明出现了……云南这样一个偏远的地方如何创新办报的理念，以及合作方式、管理模式等等，都是我们感兴趣的问题。”他还提出“合作不仅仅是资金的链接，还是文化的合作和融入”，开拓了我们的思路。

第三，重组后的《云南信息报》在业内引发的讨论也带给我很多启示。即使到今天，我认为把《云南信息报》的改革评价为一个成功的经典仍然为时过早。不过，《云南信息报》有一点是值得肯定的，它打破了中国媒体过去条块分割的管理模式，这和国家近期制定的文化改革路径是完全一致的。用国家新闻出版总署原署长柳斌杰的话说，中国新闻出版行业的传统地区分割与行业分割现已被打破。

《云南信息报》的改革能够获得社会广泛关注和高度肯定，我们既感到无比高兴，也感到巨大压力。在法国演讲时我表达过这样的理念：我们既是中国改革进程的记录者，也是参与者，是改革的一部分。身处这样的时代，我们是幸运的，同时也感觉到肩上担子的沉重，每每有如履薄冰之感。国家要求新闻出版行业在转变发展方式上下功夫，积极推进以资产、资源为纽带，跨地区、跨部门、跨媒体的多种联合；推进内容、形式、生产技术和传播手段的创新，发展数字报业，打造现代内容产业；要着力培育有实力、有影响力的新型市场主体，使传媒集团、报业集团进一步确立跨地区发展、跨媒体兼营的战略方向，这是国家应对国际传媒业发展趋势的重大决策。全球传媒业格局正在发生重大调整，一是做大做强，一是做专做精，这两种趋势已经十分明显。

随着中国报业的集团化发展，跨区域办报已成为不少集团做大做强的内在要求。跨区域扩张需要哪些条件？怎样建立一个扩张规模适度、资源配置合理、管理水平到位的跨区域发展模式？这是传媒企业所面临的普遍性问题。我认为，《云南信息报》经过5年多的探索，在这方面已经积累了一些经验。这些经验得到了中共中央宣传部、国家新闻出版总署、中共云南省委、云南省人民政府、云南省委宣传部和中共广东省委、广东省人民政府、广东省委宣传部以及两省的新闻出版管理部门的肯定。

值得一提的是，《云南信息报》的发展还存在非常多的不确定因素，应该引起思考：在中国及全球的报业生态发生巨变的背景下，报业跨区域经营的空间和难点在哪里？在新媒体进逼过程中，报业如何重新开拓市场？报纸的未来何在？

就在笔者撰写此书的时候，媒体报道了巴菲特斥资1.42亿美元收购美国63家报纸的消息。在新媒体大行其道、纸媒日趋衰落的市场氛围下，这无疑是一个让人诧异的动作。对此，巴菲特称："报纸的未来依然值得期待，尤其是地方报纸，没有什么比地方报纸和当地黏合得更密切了。"

党的十八大报告指出：文化是民族的血脉，是人民的精神家园。建设社会主义文化强国，关键是增强全民族文化创造活力。构建和发展现代传播体系，提高传播能力。习近平总书记于2012年12月4日主持召开中央政治局会议，审议关于改进工作作风、密切联系群众的八项规定，并将改进新闻报道列入规定之中。中央政治局同志出席会议和活动应根据工作需要、新闻价值、社会效果决定是否报道，进一步压缩报道的数量、字数、时长等都列入规定之中。2013年3月17日，新当选国家主席的习近平在十二届全国人大一次会议闭幕会上发表重要讲话，他表示中国梦归根到底是人民的梦，必须紧紧依靠人民来实现，必须不断为人民造福。习近平指出："我们要坚持发展是硬道理的战略思想，坚持以经济建设为中心，全面推进社会主义经济建设、政治建设、文化建设、社会建设、生态文明建设，深化改革开放，推动科学发展，不断夯实实现中国梦的物质文化基础。”

2013年1月初，中共中央政治局委员、中央书记处书记、中宣部部长刘奇葆在全国宣传部长会议上强调：增强道路自信、理论自信、制度自信；提高媒体传播力公信力影响力，更好服务经济社会发展；加强对外宣传和文化交流，推进国际传播能力建设，发展健康向上的网络文化；转作风、正学风、改文风，提升宣传思想文化工作科学化水平。2012年底，中共中央宣传部发出通知要求：贯彻十八大精神切实改进文风，是落实中央政治局八项规定的重要任务。通知要求报刊社、通讯社、电台电视台要从新闻报道、评论言论的内容、语言标题、篇幅到版面编排、栏目设计、节目制作等方面，进行全面改进。要求媒体说真话、写实情，杜绝内容空洞的文章；运用鲜活语言，杜绝照抄文件和领导讲话；做准、做好、做活标题，避免口号式标题；媒体要定位准确，克服同质化现象。这充分说明了党的十八大对新闻战线工作提出了新的更高要求。正如中央领导同志所指出的那样：要树立问题意识，“问题是时代的声音”，要善于发现问题、提出问题、直面问题、研究问题、回答问题，积极推动问题的解决，集聚推动发展的正能量。

我们有理由对中国的报纸前景保持谨慎乐观的态度。我认为，作为《云南信息报》改革的推动者、实践者和见证人，我们有必要把多年的实践和思考向所有关注、支持我们的同行和读者作一个全面汇报。我们坚信，中国媒体改革的道路将会越走越宽广。

第一篇

改革之路

2011年9月19日，重组的《云南信息报》迎来4周岁生日。这一天，昆明世纪金源大饭店宴会厅里，800多名各界人士，包括政界领导、商界老板、学界专家及普通读者应邀参加了庆典。

4年前的这一天，《云南信息报》在本土经营20多年后，引入了南方报业的基因，成立了新的《云南信息报》。通过4年努力，走出了一条快速发展之路，取得了喜人的社会效益和经济效益，受到业界和市场的肯定。《人民日报》认为："这是新闻出版业推进改革创新、实现科学发展，进而解放和发展文化生产力的一条有效途径。"

联合重组4年后，云南信息报社已初步形成了以《云南信息报》为龙头，包括云南本土第一本商业观察类专业杂志《滇商》，云南最新在线生活消费平台乐云网及云南3G门户，曲靖、丽江、大理、楚雄、玉溪五个《读本》的"一报一刊二网五读本"媒体集群。

就在这次庆典后一个月，《中共中央关于深化文化体制改革　推动社会主义文化大发展大繁荣若干重大问题的决定》发布，强调要"坚持改革开放，着力推进文化体制机制创新"，特别提出要"加快构建技术先进、传输快捷、覆盖广泛的现代传播体系"，"鼓励有实力的文化企业跨地区、跨行业、跨所有制兼并重组，培育文化产业领域战略投资者"。这给了云信人莫大的鼓舞，大家欣喜地意识到，当年的改革是符合中央精神的。

《云南信息报》能够"重生"，正是因为我们始终坚持改革，把握住了改革的时代契机。

在叙述《云南信息报》的重组背景前，我们先梳理一下中国报业发展和改革的历程。

第一章　报业产业化前中国报业发展脉络

一、新中国成立到改革开放前的中国报业

新中国成立伊始的报纸来源有二：一是以战争时期解放区创办的报纸为主体的党报，二是接收和改造过来的旧中国报纸。

由于整合了两方面的报业资源，新中国成立初期报纸不仅品种多，而且内容丰富。1950年，我国有报纸382种，总印张数6.51亿。在种类上，不仅有党报，还有工会和青年团等人民团体和民主党派办的报纸。值得一提的是，当时还允许一些私人和外国人办报纸。因此从性质上讲，既有公营报纸，也有公私合营和私营报纸。

在管理体制上，新中国成立初期就坚持党管报纸，坚持政治导向。1952年新闻总署撤销后，报纸归党委宣传部门管理。国家制定了《全国报纸杂志登记办法（草案）》（1950年）及其他一些管理条例，使管理有章可循。

新中国成立初期，报业实行企业化经营。由于部分报业是接收改造的旧中国报业，它们的一些企业特征得以保留，包括报纸的生产方式、管理经验、人才资源、技术水平和生产设备等。《大公报》、《文汇报》、《新民晚报》等一批旧中国有影响的报纸都加入了新中国报业大军。1949年12月，全国召开了报纸经理会议，确定报纸的经营必须采取企业化方针，“必须把报纸真正作为生产事业来经营，逐步实行经济核算制”。同时在全国推行报纸邮局发行体制，把报纸逐步交邮局发行。

整体说，新中国成立初期的报纸在强调政治属性的同时，也较好地体现了其信息属性、文化属性和商品属性。

国家基本完成社会主义改造后，私营和公私合营的报纸不再存在，报纸归

属国有，基本上由国家提供经费，“公款办报，公款订报”模式逐渐形成，报纸的商品属性不复存在。但在“文化大革命”前，中国报业整体还是得到了较大的发展。到1960年，我国报纸种类和新中国成立初期相比没有大的增加，但是总印张却由6.51亿增加到了47.84亿，增长了几乎7倍。[①]这一时期除了“大跃进”和人民公社期间由于党内出现“左”的错误导致了一些失实报道，客观上讲报纸还是突出了传递信息功能，传播了大量国家建设的信息。通过报道新中国在经济建设、科学技术、文化教育等方面的成就，鼓舞了人民斗志，提高了新中国的国际地位。

1966年“文化大革命”发生后，中国报业遭到了空前浩劫，报纸大量停办，到1970年，全国的报纸仅剩42种。在宣传内容和手法上单调雷同，除了社论和大批判文章外，基本没有其他社会、经济、文化等方面的信息。

■2006年5月，出席法国戛纳世界电子音像博览会。图为作者在戛纳海边留影。

①郑保卫：《新中国成立60年来我国报业变革发展的历程、成就及经验》，《新闻界》2009年第4期。

有学者认为，“文革”对中国报业最大的破坏体现在两个方面：（1）严重违背了报业发展规律，抹杀了报纸的信息属性和信息传播功能；（2）严重损害了报业的人才队伍，邓拓、范长江等一大批党的优秀新闻工作者惨遭迫害甚至含冤去世。梁衡曾经在《中国报业五十年》中评价：“这个时期，报纸已失去了自己的个性，降到了和文件、政治传单等同的位置。这个时期的报纸，从其基本属性上讲，只剩下了政治属性（而且也是片面的）；从功能上讲，只剩下了政治宣传功能，并且这种功能也被极端化了。报纸成了林彪、‘四人帮’反党集团对人民实行专政的帮凶，成了少数人操纵的工具，成了政治的奴婢，在群众中威信空前低落，失去了广大读者。”

二、改革开放到市场经济体制确立时期的中国报业

1978年12月，党的十一届三中全会召开。随着改革开放政策的实施，中国社会发生了翻天覆地的变化。然而，改革开放之初，新闻媒介并未适应改革的形势，报道内容和形式与人们的需求不符，读者深表不满，新闻工作改革呼之欲出。

1979年3月，中共中央宣传部召开新闻工作座谈会。会议讨论了“文化大革命”对新闻工作造成的破坏，探讨了如何将新闻工作的中心转到社会主义经济建设上来。会议提出新闻工作者要深入群众，改进工作，把新闻媒介办得既有思想性、科学性和战斗性，又丰富多彩、引人入胜。

1980年2月，北京新闻学会成立，成立大会上传达了邓小平同志的指示：“报刊要成为巩固安定团结、生动活泼的政治局面的思想中心，促进这个政治局面的发展。”会议提出，为了当好党的思想中心，要从加强实际工作和同人民群众相结合抓起，从抓重大主题、新生事物、重大典型、最能说明问题的材料入手，这是新闻改革的突破口。①

在理论准备工作完成后，报业改革首先从报道内容开始。1983年以后，信

①参考沈爱国《新闻改革与创新》。

息概念引入了新闻界，新闻媒介功能得以回归，启动了新闻界的转型，大量以提供纯信息，尤其是经济信息为主的报纸纷纷创办。《云南信息报》就是在这样的背景下创刊的。

20世纪80年代，中国报纸上涌现了许多影响深远的名篇，新闻报道形式也更加丰富多彩：预测性报道、以挖掘“新闻背后的新闻”为特征的深度报道、全方位扫描的主题式报道、纯客观报道等新的报道形式大量涌现；旧有的报道方式有所改变，会议新闻不再只见会议不见新闻，具有重大新闻价值的新闻终于出现在突出的版面上。1986年4月22日和5月8日，《中国青年报》发表系列报道《青年厂长经理改革探索启示录》，运用典型材料剖析“改革者中箭落马”的原因；《人民日报》1987年8月6日发表《鲁布革冲击》，全景反映经济体制改革，产生了巨大的社会反响。此外，“文革”时期“千报一面”的现象不再存在，报纸在版面编排上开始运用文字、图片、留白等版面语言。贴近群众的人性化的报道开始出现，报纸的服务功能得到强化。

改革开放后，许多人开始讨论新闻的商品性问题，报业市场化也成为一个热门词语。学者认为，强调新闻的商品性有助于新闻工作者努力提高素质，深入实际不断创新，创造高品质的新闻产品。当然也要注意在提供雅俗共赏的新闻产品时，对读者进行适当引导，推进社会主义精神文明建设。

1978年底，《人民日报》等首都8家报社联名向财政部递交报告，要求试行“事业单位，企业化管理”，成为中国传媒业由单一的事业性属性向兼有事业性和产业性双重属性转变的标志性事件。报告希望政府允许传媒按照企业的运作方式，实行企业式的经营和管理；强调传媒业作为事业单位的性质不变，但可以从事一定的经营活动。财政部很快对报告作出了批复。财政部的批复，不仅启动了这几家报纸的企业化经营，更是向全国打开了媒介企业化经营的一道门缝。学者认为，中国传媒业事业性和产业性两个属性之间是一种互为补充、相互制约的关系。事业属性决定传媒业基本的存在形式、行为方式和根本的利益方向、工作原则，产业属性决定新闻事业长远的生存基础和发展潜力。它们形成了一个复杂的综合体系，各自发挥着作用，又制约着对方的存在方式和发展状况。我们要全面和正确地体现这两个属性所包含的积极功能，发挥它们的有效作用，以使新闻事业能够健康、全面地发展。[①]

报纸的产业化发展首先是恢复广告经营。1979年1月28日，上海《解放日报》在二版和三版下端刊登了两条通栏广告，这是“文革”后中国内地的第一则报纸广告。《解放日报》当时刊登广告只是为了弥补春节期间没有照例缩版带来的损失。[②]此后，中国内地的媒体很快纷纷从事广告经营，刊登广告成为报业市场化的重要措施。

1979年3月15日，《文汇报》率先刊登第一个外商广告——雷达表广告。3月20日，《工人日报》刊登由上海广告公司与日本东京《向阳社》代理的日本东京芝浦电气株式会社的整版广告——东芝技术合作。广告见报后，引起社会强烈反响，读者纷纷打电话给报社，质问为什么刊登外国广告。但是随后日本“精工表”和“美能达照相机”广告也于3月23日分别在《文汇报》和《解放日报》上亮相。3月27日《工人日报》刊登了精工表的整版广告。1979年11月8日，中共中央宣传部发布了《关于报刊、广播、电视台刊登和播放外国商品广告的通知》，提出“调动各方面的积极因素，更好地开展外商广告业务”，这是党中央首次明确支持报纸广告工作的指示。

然而，由于当时中国的市场仍处在发育阶段，广告资源较为匮乏，报纸的广告收入也非常有限。1987年的一项调查表明，《人民日报》等首都7家主要报纸都处于亏损状态。

20世纪80年代末，广告收入只是传媒重要的辅助收入之一，到20世纪90年代中期中国确立社会主义市场经济体制后，广告才成为中国报业最主要的收入来源。

---

①参考郑保卫《事业性、产业性：转型期中国传媒业双重属性解读》。

②贾亦凡：《当代中国新闻史上的丰碑——解放日报率先恢复商品广告的前前后后》，《新闻记者》1994年第8期。

第二章　中国报业集团化的早期特征

1992年，邓小平视察南方，东方风来满眼春，市场经济大潮涌动，报业市场也风生水起。1994年6月，国家新闻出版总署在浙江杭州举办了“全国首次报业集团问题研讨会”。之后，报业集团化被认定为“报业为适应社会主义市场经济体制，进一步深化改革所采取的重要举措”，是报纸从分散走向集约的必由之路。但是，早期的政策对报业集团经营做了诸多限制，其中最重要的限制就是不能跨地区和跨行业经营。

一、中国报业走向集团化前的躁动

报业集团的概念缘起于西方，在中国尝试将报业作为产业组建集团之前几十年，西方的报业就已经开始了激烈的集团化竞争。西方的报业集团是没有地域限制包括国界限制的，早在20世纪60年代，加拿大的汤姆森报业集团就在美国和英国购买了几百家报纸。而稍晚，澳大利亚的报业巨头默多克也进军美国和欧洲，收购了数百家报纸和广播电视媒体，形成了今天仍具有世界影响的“新闻集团”。从汤姆森报业集团和默多克新闻集团的发展史可以发现，这些传媒巨鳄的扩张手段都是资本运作（美国后来为遏制垄断，立法限制传媒巨头，此为后话）。

出席在杭州召开的“全国首次报业集团问题研讨会”的新闻单位有《光明日报》、《经济日报》、《浙江日报》、《四川日报》、《解放日报》、《南方日报》、《北京日报》、《湖北日报》、《辽宁日报》和《新华日报》共10家，大家探讨了组建报业集团的必要性、可行性，以及组建报业集团的条件。会议认为，建立报业集团是加强正确舆论导向的需要，是壮大报业经济实力的需要，是强化报业管理的需要，也是推进报社内部体制改革的需要。会议还提出组建报业

■2006年6月，作者出席希腊当地文化活动后，在爱琴海留影。

集团必须具备的基本条件，中国报业“集团化”方案由此开始定型。

其实，在这次会议前，许多报社已经开始尝试“集团化”了。1994年5月之前，20余家报纸公开提出走报业集团的道路，有的甚至挂上了报业集团的牌子。比如《中国经营报》对外以“中国经营报联合体”开展经营，《北京青年报》则挂上“北京青年报业集团”的牌子，《厂长经理报》和《信息快报》也在社会上宣称成立报业集团（当时要求走集团化道路的报纸主要有《人民日报》、《经济日报》、《中国经营报》、《北京青年报》、《深圳特区报》、《深圳商报》、《解放日报》、《新民晚报》、《长江日报》、《浙江日报》、《哈尔滨日报》、《厂长经理报》、《信息快报》等）。

1994年5月18日，新闻出版署发出《关于书报刊音像出版单位成立集团问题的通知》，对组建报业集团作了几项规定：（1）组建集团是改革的尝试，目前只做少量试点，不能一哄而起。（2）不吸收与报业无关的企业和商业参加，并且不组织股份报业机构。（3）不组织跨省区集团。（4）报社组建集团要写出可行性论证报告，报新闻出版署审批。这个通知为早期报业集团的组建划定了边界，其中明确提出“不组织跨省区集团”。

二、组建报业集团的现实动因

1994年前后，报业集团化成为热门话题是有原因的：一、这是中国的报纸做大做强的内在渴求；二、报业外在环境发生了急剧变化。

首先，中国报纸的数量和结构发生了很大变化。改革开放以来，中国报纸从1978年的186种发展到1997年的2202种；结构上由单一的党委机关报变为以党报为主体，晚报、都市报、经济类报纸等多种类报纸并存。

其次，报业的发展突飞猛进。到1993年，全国已有多家报纸广告收入上亿元，《广州日报》2亿元，《羊城晚报》1.8亿元，《新民晚报》、《深圳特区报》、《海南日报》1.3亿元。据报道，1983年，全国报纸广告收入为7300万元，1996年增长到77.7亿元，该年全国报社广告收入过亿元的有30多家。

在全国许多大城市，报业大厦已成为地标性建筑，而且几乎都处在城市的黄金地段。《文汇报》、《新民晚报》、《天津日报》等报社还有多余的楼层出租。虽然新闻传播媒介仍是党的宣传工具，但其商品性日渐突显。报业积累了越来越多的资金，自身的发展速度也越来越快，集团化自然成了最好的选择。早在20世纪80年代，报界便兴起了大办公司的热潮，但由于当时的社会经济环境和人才队伍不成熟，管理水平不高，政策法规不配套，现代企业制度尚未健全，这些商业行为大都以失败告终。

报业集团化更为直接的动因，是为了化解报纸发展中出现的“散滥”现象。从20世纪90年代开始，中国兴起办报热，价格战令报业元气大伤，急需一种新的规则来约束无序竞争。

报业市场上的优胜劣汰，使一些小报被有实力的报社兼并。1990到1994年间，报业市场已经出现了不少报业联合体，比如《人民日报》拥有8报5刊，《经济日报》下辖4报2刊。

鉴于报纸的“散滥”现象，中共中央发布《关于加强社会主义精神文明建设若干问题的决议》，要求“加强对新闻出版业的宏观调控，采取有力措施解决目前总量过多、结构失衡、重复建设、忽视质量等散滥问题，努力实现从扩大规模数量为主向提高质量效益为主的转变”。随之，新闻出版管理部门确定了“一手抓管理，一手抓繁荣”方针，具体思路是抓好报纸的兼并，组建以党报为龙头的报业集团。

在报业渴望优化配置资源，寻求更广阔的发展空间的同时，党的十四大提出建立社会主义市场经济体制，国有企业纷纷实行集团化改革。在这样的背景下，“从数量规模发展向质量效益转变”被认定为中国报刊的一种战略调整。

如果说，报业规模的扩大、报业经济利益最大化的追求，以及国家建立社会主义市场经济体制所要求的经济增长方式的改变，为中国报业的集团化创造了一个气候，那么，治理报刊“散滥”的迫切需要，则为报业集团化的正式启动提供了一个合适时机。因此，报业集团化被认定为“报业为适应社会主义市场经济体制，进一步深化改革所采取的重要举措”①，是报纸从分散走向集约的必由之路。

报业集团化被设立了基本的门槛：第一，并非所有的报纸都能成立集团，只有“具备了一定的传媒实力、经济实力、人才实力、技术实力和发行实力的报社”（具体指标是：传媒实力：除一张有影响的主报，至少还应有4个子报子刊；经济实力：沿海地区报社年税利在5000万元以上，中部地区报社年税利3000万元以上；人才实力：报社在职采编人员，具有副高以上职称的，要占总数20%以上，经营管理和技术人员中，有各类专业中级职称以上者，占总数15%以上，并要有高级职称者）才有资格。第二，未来报业集团的基本轮廓，是“以具有广泛影响力的社会主义报纸为核心，以报业及带有报业外延性质的实业为主体，兼容其他非报业经营实体的报业联合体”②。这明确规定了“集团化”大致是以报纸或与报纸相关的实业为重点，不涉及跨媒体，也不能以其他产业为主。

①魏铁群：《中国报业集团十年足迹》，《中国记者》2006年第3期。

②黄旦、邬晶晶、陈静静：《中国“报业集团化”话语分析：加入WTO前后》，《新闻大学》2003年秋季号。

三、第一家报业集团的诞生

1996年1月15日，《广州日报》挂牌成立国内第一家报业集团。

《广州日报》是在前《联合报》的基础上发展起来的中共广州市委机关报，1952年12月1日创刊，为对开四版综合性大型报纸。1954年发行量为34500份，是同类城市党报中发行量较大的。其后，由于形势所限几度停刊，其间曾与《羊城晚报》合并，“文革”期间一度改为四开四版。1972年，该报创办了《广州青少年报》；1980年，与广州市体委合办《足球》报；1984年，与广州市委宣传部创办《广州文摘报》；1985年，与广州市计委等单位合办《信息时报》。至此，《广州日报》已拥有4份子报。在经济实力方面，该报自1987年率先扩版后，发行量不断上升，1995年发行量比1994年增长7.2%，达到52.7万份。同时，该报自1988年以来，每年实现广告收入翻一番：1988年500万元，1989年1000万元，1990年2000万元，1991年5000万元，1992年8000万元，1993年达到2亿元。1996年，《广州日报》每天对开20版，发行量为61万份，广告收入为5.3亿元，并已拥有6报1刊，总收入达12.1亿元，利润3.6亿元。相比之下，《人民日报》的广告收入仅8000万元，《经济日报》只有7000万元，《光明日报》则是3000万元。1996年，全国报纸广告总收入77亿元，其中广告收入过亿元的有30多家，但没有一家可以与《广州日报》一争高下。

《广州日报》有很强的人才实力，20世纪90年代就拥有一支300多人组成的采编队伍，正、副高职称83人，中级职称107人，其中不乏曾获全国、省、市大奖的优秀人才。

《广州日报》还有先进的设备和印务中心，具有充足的纸张供应和强大的发行实力。

实力过关，但《广州日报》并非全国最有影响的报纸，也不具备《人民日报》、《光明日报》、《解放军报》、《北京日报》、《文汇报》、《解放日报》，甚至《深圳特区报》（该报因报道邓小平南方谈话一炮而红）那样的背景和身份，它怎么就幸运地成为全国第一家报业集团呢？大家事后得知，影响力和背景不是很大很深，恰巧成为《广州日报》的一个优势——即使试点出现问题或失败，也不会引致严重后果。所以，广东省主管部门重点引导《广州日报》争取集团化试点，并向新闻出版署提呈了《关于建立广州日报报业集团试点的请示》，以及组建集团的可行性报告。

新闻出版署根据中央以党报为龙头，慎重试点、逐步推开的原则及在省以下党委机关报搞一个试点的决定，对《广州日报》进行了实地考察和全面论证，邀请了16家报社的负责人举行座谈会。1995年9月5日，新闻出版署向中宣部提交了《关于进行报业集团试点的请示》，同时附上《广州日报》组建报业集团的报告。

国家新闻出版总署在1996年1月15日《关于同意建立广州日报报业集团的批复》中指出："广州日报经过几年的思想理论、物质条件、运行机制等方面的准备，已经具备了较有影响的传媒实力，较灵活通畅的发行能力，在社会效益和经济效益两个方面都取得了较好的成绩。由广州日报组建中国首家报业集团，条件已经成熟。为此同意广州日报作为报业集团试点单位。"在试点工作开始之前，新闻出版署与广州日报社约法三章：报业集团必须坚持有利于加强和巩固党对新闻舆论阵地的领导，有利于党的声音在群众中的影响，有利于国有资产的保值增值，并且确保党对报业集团的绝对领导，配合中央和省市党委的中心工作。

四、广州日报报业集团试点成效

成立报业集团后，《广州日报》制定了"五大转变"的战略目标：管理上由粗放型管理模式向集约型管理模式转变；技术上由滞后型技术构成向超前型技术构成转变；经营上由事业型经营方式向产业型经营方式转变；机制上由优惠型发展机制向优势型发展机制转变；办报目标由单一型战略目标向综合性战略目标转变。

广州日报报业集团通过优化资源配置，立足于自身优势参与市场竞争。在采编业务上，在1997年香港回归时，派遣采访组赴港采访并在当天刊出97个版的特刊。该特刊分三次上市，价格保持0.5元不变，广州街头出现排队抢购现象。在经营上，在国内首创报业连锁店，采取自营、特许经营、联营三种方式，一方面把报业集团产品和服务推向社会，另一方面收集反馈市场最新的信息。该报以来者不拒的态度对待广告客户，根据广告的多寡随时调整版面。在广交会这类广告旺季，把握时机，大做专刊和画册，充分吸纳广告客户；扩大分类广告和低价广告版面，在淡季时保证广告量；同时，该报还是最早刊登海外广告的国内报纸之一。在发行方面，报业集团旗下的广州报刊发行公司招聘了400多名专职投递员及1000名报贩。广州读者不仅可以在80家连锁店及中国工商银行的186家储蓄所订报，也可以向专职的发行零售队伍和发行站、代订点订阅，同时，读者只要订阅《广州日报》，就可以免费享受该报现代化图书馆，阅读书籍报刊和上网。

丰厚的广告收入，为广州日报报业集团的不断扩张提供了强有力的经济保障。集团先后兼并了《广州商报》、《现代画报》和《老人报》。1997年，《广州英文早报》创刊。经过两年的运行，广州日报报业集团形成了10报1刊的规模。此外，集团还经营广告、印务、纸张、摄影等业务，并且扩展至金融、房地产及商业领域；投资近千万元参与组建广州市产权证券联合交易公司等。

通过扩版，《广州日报》在版面上大做文章。1996年下半年，该报开设“珠江三角洲新闻”每日专刊，并在《娱乐新闻》专版之外，增设文艺副刊《珠江》、《连载》、《艺圈广角》等专版。而且该报还在双休日出版40版《广州日报周末版》，以及16版《广州日报星期天》。至1997年底，《广州日报》的日发行量已较集团成立前增加了30万份。

除《广州日报》自身，集团属下的子报也有可观的收益：周二刊四开16版的《足球》报1996年收入过亿元，1997年每期发行近200万份。

总账算下来，广州日报报业集团1997年年总收入达15亿元，其中广告收入比集团成立前增加了2.5亿元。集团年总利润、总资产、净资产分别比集团成立前增加70%、180%、140%。

1998年1月16日，《广州日报》在头版公布最新数据：主报日均发行量从

57万份增加到92万份，集团营业总收入从8亿元上升到15亿元，集团总资产从11.8亿元增加到23亿元，集团年利润增长65.2%。自此，集团的总产值跻身广州市国有资产十强。

广州日报报业集团在增强经济实力的同时，坚持党报性质，确保党对报业的领导，并进一步巩固党报的主体地位。

广州日报报业集团总结了创建报业集团的五大利好：（1）为报业核心功能的创新提供了有利条件；（2）为报业管理机制的创新提供了规范模式；（3）为报业发行机制的创新提供了坚实基础；（4）为报业技术装备的创新提供了充分支持；（5）为报业用人机制的创新提供了必要保证。

实践证明，广州日报报业集团的试点取得了极大的成功。随后的1998年，羊城晚报报业集团、南方日报报业集团、光明日报报业集团、经济日报报业集团和文汇新民报业集团相继成立。1999年，深圳特区报业集团正式挂牌。2000年1至5月，新闻出版署又批准成立了9个报业集团。

第三章　中国加入WTO与跨地区跨行业办报

在报业集团化提出不久，中国开始争取加入WTO，报业集团化的首要作用因此发生重大改变：是与西方媒介竞争的需要而不再是治理“散滥”的需要。“中国‘入世’形势迫使报业必须加快发展，否则我们就将丢掉部分市场，处于被动地位。”①

一、中国加入WTO前的媒体环境

在全球化背景下，中国加入WTO是必然趋势。传媒业的全球化趋势也在国家经济、文化相互渗透与融合中变得备受瞩目。

发展中国家已成为国际大型传媒集团攻城略地的主要目标。在中国决心走社会主义市场经济道路并加大开放力度后，西方一些媒体集团开始将目光瞄准中国。

2000年底，默多克在上海成立了STAR的代表处。STAR是新闻集团在香港的全资子公司，它由默多克1993年花费10亿美元从李泽楷手中收购而得。STAR曾一度拥有凤凰卫视半数以上的股权，共有30多个频道，向亚洲53个国家和地区播放节目。STAR上海代表处的任务就是开拓中国市场。2001年12月，STAR与中国中央电视台、中国国际电视总公司、广东有线电视网络公司签署了相关协议，STAR可以通过有线系统向广东地区开通一个播放娱乐、音乐和影视剧的24小时全新综艺频道。

此外，时代华纳、索尼、贝塔斯曼、贝卢斯科尼、迪斯尼也纷纷从期刊合

---

①黄旦、郐晶晶、陈静静：《中国“报业集团化”话语分析：加入WTO前后》，《新闻大学》2003年秋季号。

■2008年1月，作者出席美国华盛顿当地文化活动后，参观一代伟人林肯纪念馆。

作、书籍、电影和电视节目的创作、生产和发行等各个环节快速进入中国的传媒和娱乐产业。

报业市场也成为外国传媒集团的进军目标。IDG（国际数据集团）创办《计算机世界》以及《微电脑世界》等专业报刊；美国世界商讯机构的《世界电子元器件》、《世界计算机周刊采购人》及《计算机与生活》创刊；齐夫·戴维斯集团所办的IT报刊《PCWEEK》也推出了中国版。据德国《商报》1996年12月17日的报道，全球有270家专业出版物的国际公司在中国合作出版了12种刊物，主要集中在通信和电脑领域。①

观察一下中国报业市场的发展趋势，就可以理解外国资本为什么对中国报业市场垂涎欲滴了。资料显示，到2001年，中国的日报拥有量仅为50份/千人，距

①参考胡兴荣《大报纸时代》。

联合国教科文组织20世纪70年代中期制定的“发展中国家在本世纪末日报拥有量100份/千人”的最低标准还有相当大的距离。事实上，中国千人日报拥有量的增长速度还比较缓慢。2009年4月13日，国务院新闻办公室发布《国家人权行动计划（2009—2010年）》，提出到2010年，中国千人日报拥有量力争达到90份。因此，理论上讲，中国内地报刊在发行市场上存在着巨大的发展空间。

在广告经营方面，我国传媒业自20世纪90年代以来，广告收入年平均增长率大大高于同期国民生产总值增长率。以报业为例，近十年间报业投资回报率达17%到50%，远远高于其他产业，报业被中国人民大学新闻学院教授喻国明称为最后一个“暴利行业”。发达国家传媒业广告收入占国民生产总值的2%左右，而我国广告收入还不到国民生产总值的1%，这使世界对于广告业在中国的前景和“钱景”充满了想象。

二、中国接受的WTO原则

2001年12月11日，中国加入WTO，成为世界贸易组织的正式成员。

中国加入WTO成了报业改革一个重要的推动力。作为WTO成员之一，中国新闻业必须在更大范围内参与国际竞争，新闻业面临的外部环境悄然发生变化。

改革开放以来，中国引进和利用外资工作取得重大进展，连续几年成为仅次于美国的世界第一大资本输入国。国家先后制定颁布了一系列有关外商投资的法律、法规、规章，但这些法律法规与WTO原则存在许多冲突。中国的外商投资法律允许外商在服务业等领域投资，但原来的《外资企业法实施细则》第4条明确规定，禁止外资进入新闻、出版、广播、电视、电影等行业。加入世贸就意味着中国的“游戏规则”要与他国一致，这势必促使中国的政策变革。

作为加入WTO的回应，中国新修改的《音像制品管理条例》和《电影管理条例》于2002年2月1日开始施行，规定电影制片单位以外的单位可以从事单片摄制。国家甚至鼓励企业、事业单位、其他社会组织及个人，以资助、投资的形式参与摄制影片。

中国是以发展中国家的资格加入WTO的，并没有就新闻传播事业特别是报业的开放作任何承诺。在15年的时间内，新闻传播业开放与否，完全取决于中国自己。但在和新闻传播事业有关的以下几个方面，中国则作出了承诺：

（1）逐步减让和降低新闻纸、激光照相排版设备、胶印机、打印机、复印机、光导纤维、各种摄影器材等和新闻传播业务有关的物品的进口关税。有的立即取消，有的顺延，所有这些产品的最终约束关税都将降为零。

（2）三年内逐步开放图书报纸和期刊的分销服务。第一年，外国服务提供者可在中国经济特区和有关城市设立中外合资的书报刊零售企业。第二年，开放所有的省会和重庆、宁波两市，并允许外资对上述零售企业控股。第三年，取消对外资从事书报刊分销服务企业在地域、数量、股权及企业设立形式方面的限制。但5年内，超过30家分店的书报刊连锁企业暂不准外资控股。

（3）逐步开放广告市场。允许外资与国内企业合作，开展广告代理和广告服务业务。“入世”的第一年，只能以合资的方式进行，外资所占的比重不得超过49%。第二年以后，允许拥有多数的股权。第四年以后允许设立外资独资子公司。

（4）开放电信服务市场。允许外资在所有电信服务业中占有49%的股权，在增值服务和寻呼服务中占51%的股权。境外资本可以全面进入互联网市场，实现网络媒体和传统媒体的逐步融合。

（5）开放音像和娱乐软件市场。允许外国服务提供者与中方伙伴合作设立合资企业，在不损害中国审查音像制品内容的情况下，从事音像制品和娱乐软件的分销活动。

（6）全面执行《与贸易有关的知识产权协定》（即《TRIPS协定》）。注意维护知识产权，加强反盗版行为，加强知识产权案件的审理，使中国对中外著作权人的保护水平，与这个协定的规定基本一致。①

三、资本经营与跨地区跨行业经营

据复旦大学新闻学院黄旦教授的研究，国家此前对报业集团的发展有明确

①相关内容参考丁柏铨等编著的《加入WTO与中国新闻传播业》。

界定：不组织股份报业机构，不吸收与报业无关的企业，不组织跨省区集团，总体上是一个以党报为主的大致局限在某一地区的报业联合体。“入世”提上日程后，在关于报业“集团化”的讨论中，“跨媒体”、“跨地区”、“跨行业”等词出现的频率非常高。新闻出版署领导也表示：“经批准，报业集团可以经营图书、期刊、音像和电子出版等业务，也可与电台和电视台合办节目或栏目。中央级和经批准的省级报业集团，可以设立跨地区的分支机构。条件成熟的报业集团，经批准可以组建主业为主、多种媒体综合经营和跨地区、跨行业，直至跨国经营的大型新闻集团。”①

但是，跨地区、跨媒体必然涉及多方利益，基本不可能由政府报业管理部门直接干预，而必须通过市场，以资本运作的方式进行。“资本”对现有的报业管理体制必然产生冲击。新闻出版署也适时提出：“要着重在转换机制上取得进展，在跨地区、跨行业方面取得进展，着重在多种媒体兼营方面取得进展，着重在实现多渠道利用社会资金方面取得进展，要处理好新闻出版管理和企业自主经营的关系。”

《中国青年报》1999年发表了一篇《传媒与资本市场“眉来眼去”》的报道，梳理了那一时期的资本介入传媒的热情：

最早是“东方明珠”上市。1994年2月挂牌的“东方明珠”隶属于上海市广电局，最初发行股票的目的，是为东方明珠电视塔的建设筹集资金。筹资建塔的使命基本完成后，巨额资金要寻找出路。该公司把目光投向了传媒领域。1998年5月，该公司斥资4亿多元认购上海东方电视台下属的东视广告公司90%的股权，东视广告公司以这笔资金向上海东方电视台购买部分广告权，期限为50年，“东方明珠”每年的利润回报不低于6100万元。

1999年3月25日，我国第一只媒体股——“电广实业”在深圳交易所上市，湖南“电广实业”通过发行股票募集到资金4个多亿。该公司的前身是湖

①黄旦、郛晶晶、陈静静：《中国“报业集团化”话语分析：加入WTO前后》，《新闻大学》2003年秋季号。

南省广电厅下属的广播电视发展中心，虽然该公司经股份制改造后经营的仍是广告代理、节目制作与销售等媒体边缘性业务，但由于媒体的收入来源是广告和发行，因此，一个上市公司即使没有经营媒体采编等核心业务，只要买断媒体的发行与广告，也可视为“媒体股”。

实际上，“电广实业”这匹证券市场的黑马并不满足于只搞广告经营。当年9月17日，“电广实业”发布公告，投资1.05亿元分别与湖南卫视、湖南生活频道、湖南文体频道、湖南广播电视报以及湖南金像音像出版发行总公司合办强档节目、版面或音像制品。公司董事长兼总经理龙秋云说：“这标志着公司将全面进入媒体产业的经营，同时也意味着公司从现有的单纯媒体广告经营代理和节目发行中超脱出来，实施对媒体产业的战略性投资与经营。”

据其介绍，公司的名称也将更名，由“电广实业”变为“电广传媒”。公司还将尝试与省外以及境外媒体的合作，适时介入报刊媒体和网络媒体，逐步形成广播电视、报刊、网络三位一体的传媒产业新格局。

投资涉足跨省媒体，这是1999年证券市场出现的另一新动向。湖南投资原名湘中意，主营电冰箱等家电产业，1996年、1997年连续巨额亏损而被打入ST行列，面临被摘牌的危险。1998年，公司在当地政府的大力扶持下进行了彻底重组，长沙市环路建设开发有限公司成为其第一大股东，公司的主营业务也由家电转为城市基础设施建设。1999年，公司又开始向媒体产业进军，5月6日，湖南投资宣布出资1500万元与湖南电视台共同组建一有限责任公司，合作创办湖南卫视财经节目中心，湖南电视台以其卫视频道时段包含的广告资源作为投资，占51%的股权，公司占49%的股权，合作期限为8年。6月初，湖南投资又与湖南株洲广播电视塔有限公司正式签署协议，以5100万元取得株洲广播电视塔有限公司51%的股权，并将其改造为有线无线综合信息产业网。此后，该公司与经济日报报业集团下属的《名牌时报》签订合作经营协议，分期向《名牌时报》投入1000万元，负责该报包括广告、发行在内的一切经营活动，合作期限为15年。

1999年7月，“友好集团”出资2000万元与乌鲁木齐有线电视台等联合发起成立乌鲁木齐有线广播电视有限责任公司。

随后，《成都商报》间接控股“四川电器”，在证券界、传媒界引起更大轰动。位于成都市郊的四川电器，主营高低压电器开关，于1995年11月在上海证交所上市，效益平平。1999年7月，四川电器第一大股东成都市国有资产管理局将其持有的2000万股股份转让给成都市博瑞投资公司。博瑞投资公司是由成都商报社、成都博瑞广告传播公司、四川省汇通企业有限责任公司共同发起成立的，其中成都商报社是控股股东，占总股本的49％。实际上，入主四川电器的，是成都商报社。这是我国证券市场第一起由报业间接收购一家上市公司。8月31日，四川电器新一届董事会审议通过了收购成都商报发行投递有限公司93％的股权的决议。此举意味着四川电器将开始介入传媒产业。

上市公司为何纷纷看好传媒产业？

在一些人看来，传媒产业是“能获取超额利润的最后一块领地”。

据统计，报纸、杂志、电视、广播四大类媒体，1990年的广告收入分别为6.77亿元、0.87亿元、5.61亿元、0.86亿元，而到1997年，四大类媒体广告收入则分别达到96.83亿元、5.27亿元、114.44亿元、10.58亿元，年均增长率分别为46.23％、29.39％、53.83％、43.03％，平均增长率达到43.12％，已大大超过同期国民生产总值的增长率。

传媒业的这种持续高速增长，不能不令人刮目相看。其高额稳定的投资回报率吸引了众多国内外投资者。

在发达国家，传媒业早已形成了庞大的产业规模。早在1996年，美国的时代华纳公司的营业额就超过209亿美元，传媒巨子默多克旗下的新闻集团的年收入为143亿美元。美国《商业周刊》评选全美500家大企业，名列其中的报业公司多年来一直多达20多家。而同样权威的《福布斯》杂志所评美国前十位巨商中，报业巨头占有两席。《星期日泰晤士报》编印的《最富1000人》，统计出全英最富有的1000位有产者，其中传媒业老板占84人。

有关资料显示，1998年全球广告消费额为3178亿美元，而且近年来以6％以上的速度持续增长，明显超过全球经济增长率。美国1998年传统媒体的广告收入为793亿美元，占美国国民生产总值1%，而我国1998年的广告收入仅占GDP的0.6%。这说明我国传媒业仍有较为广阔的发展空间。

■2008年1月，作者在美国洛杉矶出席当地文化影视活动。

湘财证券公司总裁陈学荣认为，传媒产业不仅属于信息产业，而且是比较特殊的产业，具有相对垄断性、高增值性等特征。

1995年之前《成都商报》还只是一个内刊，1995年8月兼并一家报纸后改为公开发行，由于机制灵活、经营有方，发行量达40多万份，广告收入连续4年实现100%的增长率，1999年收入达两个多亿。尝到甜头的该报时任社长何华章感慨地说：“这一行业具有垄断特征，所获利润在社会平均利润之上，用成都话来说‘总是吃糖的’。”

然而，跨地区、跨媒体经营势必以“产权清晰、权责明确、政企分开、管理科学”的现代企业制度为基础。有人认为建立现代企业制度是报业经济发展绕不开的关口，可事业单位的性质决定了报业任何跨地区、跨部门、跨组织系统的行为，都将挑战主管单位管辖权。二元结构显然制约了中国报业跨地区、跨行业的发展。

第四章　跨地区跨行业办报的实践与历史演进

尽管资本扩张的驱动使各个报业集团有强烈的跨地区办报愿望，但由于中国报业的二元结构，跨地区跨行业办报的进展并不顺利。

中国跨地区跨行业办报制度的变迁可以折射政策制定中的一波三折。1987年7月，中共中央发出《关于坚决、妥善地做好报纸刊物整顿工作的通知》，并出台了若干具体政策措施，“各类报刊应集中办好本身的报纸、期刊，一般不要附带去办其它报刊”；1994年5月18日，新闻出版署在《关于书报刊音像出版单位成立集团问题的通知》中，对组建报业集团作了几条规定，其中之一便是不组织跨省区集团；2001年8月24日，中共中央办公厅、国务院办公厅发布《关于深化新闻出版广播影视业改革的若干意见》，提出选择中央和一些省级报业集团、广电集团开展跨地区经营；2002年6月3日，新闻出版总署发布《关于新闻出版业跨地区经营的若干意见》，提出跨地区设立的分支机构须接受所在地新闻出版管理部门的属地管理，主管、主办单位要切实承担对所属企事业单位出版内容和经营方向的管理职责；2002年9月，中宣部有关领导指出，要清理不符合政策规定的跨地区投资；2004年上半年新闻出版总署允许有条件的报业集团或影响较大的报纸作为个别试点在所属区域以外跨地域联合办报；2004年12月，在中央文化体制改革试点总结会上，中宣部有关负责同志对于暂停跨区域办报一事态度坚决；2006年8月新闻出版总署报刊司颁布《全国报纸出版业“十一五”发展纲要行动计划》，提出要推动党报集团向跨地区发展、跨媒体经营的综合性现代传媒集团转型。

华中科技大学新闻与信息传播学院博士黄蓉在《我国跨地区办报制度的变迁》中总结说，中国跨地区办报制度变迁呈现出“收”—“放”—“收”—“放”的循环。相应地，跨地区办报的高峰期正好处在政策上出现“放”的时间段内，共有两次。[1]

一、第一次跨地区办报实践与特点

第一个跨地区办报高峰集中在1999年至2001年，如《成都商报》投资改造或联办《贵州经济报》、《江南商报》、《西南商报》，《华商报》则跨省在沈阳、长春投资《华商晨报》、《新文化报》。

从办报的行为主体来看，第一次是由单一报社充当第一行动集团；从创办者身份来看，大多是都市报如《华商报》、《成都商报》等非党报；从办报的区域来看，选择的是东北、西北、西南以及非省会地区；在创办报纸的定位方面，大多定位于综合性日报；在政府态度上，主管部门默许报社的做法，给予报社一定的自主空间。

第一次跨地区办报的兴起源自报社的自主扩张需求，并没有任何制度支持。在当时既有制度下，一些活跃的报纸开始探索跨省办报，如《华商报》、《成都商报》。两家报纸向外扩张都是因为当地的广告资源有限，利润的强大驱动促使其试水跨地区办报。由于这两家报社当时自身的经济实力并不十分雄厚，只能选择东北、西北、西南地区进行小规模投资。这些地区报业市场竞争不算激烈，进入的成本较低；扩张方拥有成熟的办报经验，能够快速实现盈利。

由于非党报的快速扩张与政府优化报业结构的整体构想不匹配，也与中央从1990年代中后期做出的壮大党报报业集团同时治理报业“散滥”的宏观规划不符，因此，为规范跨地区办报、调整跨地区办报主体，2002年新闻出版总署做出规定：“有条件的中央及省级报业集团经批准，可实行跨地区经营。”另一方面要求“清理不符合政策规定的跨地区投资”。出于稳定意识形态的考虑，非党报的扩张被叫停。

二、第一次跨地区办报中的《华西都市报》和《成都商报》

1995年，《华西都市报》抓住党报办都市报的机遇，通过报道的贴近性和

①黄蓉：《我国跨地区办报制度的变迁》，《当代传播》2007年第5期。

别具一格的“敲门发行”迅速获得成功。

《华西都市报》负责人席文举确立了报纸自办发行的目标：第一年占领成都，第二年占领重庆，第三年占领市县，比较早地打起了“异地办报”的念头。席文举最早提出“区域组合城市报”概念，认为四川的绵阳、德阳、成都、乐山已经形成了成都经济带，成渝高速公路的修通又加速了成渝经济带的发展，成都和重庆也将走到区域组合城市的路上去。《华西都市报》不应该只盯住成都市场，应扩张“市场范围和发展空间”。

《华西都市报》办“区域组合城市报”有一定优势：新闻源丰富，读者稳定，广告市场占据强势，拥有优秀新闻人才梯队。

但《华西都市报》“异地办报”一开始是为了打发行战。《华西都市报》在成都发行10多万份并坐上成都报刊零售量第一把交椅时，其在重庆的发行量只有3000份。1996年，《华西都市报》招聘了几百人的发行大军搞“敲门发行”，让重庆市民大开眼界。为了配合发行，报纸专门开设了两个重庆版，与“巴蜀版”、“成都新闻版”替换发行。严格说，这是“异地办版”，并非“异地办报”，但效果非常明显，《华西都市报》在重庆的发行量几个月内增长了4万份。到《华西都市报》1997年4月撤掉重庆办事处设重庆记者站时，发行量已达到了9万份。

《华西都市报》的实践是“异地办报”的雏形，其在重庆的成功既有“天时”，也有“地利”和“人和”的因素。重庆当时还不是直辖市，属于四川省管辖，作为省委机关报《四川日报》子报的《华西都市报》在重庆就有着得天独厚的优势，与当地其他报纸地位是不同的。1997年重庆改为直辖市后，《华西都市报》在重庆的优势不复存在。另一方面，在《华西都市报》打重庆市场时，重庆的报业经营运作水平还比较低。《华西都市报》贴近百姓生活的报道和新颖别致的“敲门发行”服务，也促成了其在重庆报业“执牛耳”的地位。

比较而言，《成都商报》是真正的“异地办报”，即通过“资本输出”，把钱投资到外地报纸。《成都商报》先后在昆明、内蒙古、天津、兰州、南昌办报，给当地报业带去巨大的冲击，但最终的结局却多以失败告终。

《成都商报》最早通过模仿《华西都市报》而迅速崛起，1999年借壳上市后，很快超过《华西都市报》进入全国强报之列。

《成都商报》借壳上市后，当年进军昆明，出资600万元与当时由云南计委主办的《云南信息报》合作。《成都商报》副总编辑郭平出任报纸的执行总编辑，并将《成都商报》的策划、版式和发行经验完全移植到《云南信息报》上，在昆明大打价格战，5角钱可以买到5份报纸。2000年，《云南信息报》发行量达到8万份，广告收入从430万元上升到1600万元。

尽管后来因为种种原因，《云南信息报》一段时间后在昆明市场退回到第二梯队，影响了双方的合作，但《成都商报》在昆明基本上算取得了成功。

2002年，《成都商报》进军南昌，以全资子公司博瑞传播第一大股东成都博瑞投资公司的名义持有江西商报文化传播股份公司15%的股份。《成都商报》将国内国际以及财经等新闻资源提供给《江西商报》。同年12月，因为与大股东的矛盾无法调和，《成都商报》撤回了全部人马。《成都商报》走后，《江西商报》严重亏损。

2002年，《成都商报》入股甘肃兰州的《西部商报》，占总股份的49%，派陈海泉出任总经理和执行总编。《成都商报》一进兰州，就在报业市场引起轩然大波。它策划“订报送自行车”活动，消费者花100多块钱订一份《西部商报》就可获得价值300多元的自行车，此举逼迫晚报、晨报纷纷改版。这些招数使《西部商报》发行量大幅增加，但其无论是发行量还是广告份额，在兰州市场仍为第三，排在《兰州晨报》和《兰州晚报》之后。

《成都商报》在异地办过一系列报纸：《云南信息报》、《天津青年报》、《西部商报》、《江西商报》、《上海侨报》……但结果都不圆满，被业界形容为“屡败屡战”。《成都商报》的折戟，主要有以下几个原因：

第一，国家关于异地办报的政策规定并不稳定，时“收”时“放”，影响媒体管理者的决策。2002年6月，新闻出版总署提出跨地区设立的分支机构须接受所在地新闻出版管理部门的属地管理；同年9月中宣部要求要清理媒体不符合政策规定的跨地区投资；2004年新闻出版总署允许“个别试点”进行跨地域联合办报；同年11月，中宣部宣布暂停审批跨地区办报。

第二，异地办报的管辖问题。报纸所在地党委、政府对异地办报的看法和做法对于异地办报影响甚大。由于报纸具有意识形态属性，异地办报自然受到当地党委、政府的严密监管。另一方面，异地办报被视为强者“入侵”，会打破原来的报业利益格局，往往在当地掀起“惊涛骇浪”，而这往往是报纸主管部门不乐意看到的。

第三，同行迫于压力进行的抵御。异地办报对于当地报业市场的冲击是非常明显的，本土传媒的第一反应是“外地人来抢地盘”，因此会千方百计将“入侵者”挤走。从另一个方面看，当地报业在“与狼共舞”中吸收了新的办报理念和经营理念，内功增强，抑制了外来办报者的进一步发展。

第四，控股和控权问题。一般情况下，到外地参股办报，对方基本都占绝对控股的地位，如参股《江西商报》，《成都商报》只有15%的股权，一旦发生权力纷争，直接就会导致合作失败。

三、第二次跨地区办报实践与特点

第二次跨地区办报高峰发生在2003年至2004年，主要有光明日报报业集团和南方日报报业集团办的《新京报》，安徽日报报业集团和《法制日报》联合办的《世界报》，解放日报报业集团和成都日报报业集团联合办的《每日经济新闻》，上海文广新闻传媒集团和北京青年报社及广州日报报业集团办的《第一财经日报》，等等。

第二次跨地区办报与第一次有很大的不同：首先，此次跨地区办报均由党报报业集团参与。其次，第二次跨地区办报的目标地区不再是报业不甚发达的西部和内地城市，而是广告资源丰富的中心城市如北京、上海等。这一变化也反映了此轮跨地区办报参与者的实力和自信。

2002年7月2日，新闻出版总署出台《贯彻落实〈关于深化新闻出版广播影视业改革的若干意见〉的实施细则》，规定有条件的中央及省级报业集团经批准，可实行跨地区经营。跨地区经营应主要通过兼并重组、合作联营的方式实现，并确定从2003年起，“进一步扩大报刊社之间通过重组、联合、并购进行跨地域办报办刊的试点，进行报纸创办地方版的试点”。第二次跨地区办报正是在这一背景下进行的，已经积累了相当实力的报业集团成为这次改革的主角。

站在新闻传媒高层管理者的角度考虑，他们也希望跨地区办报成为治理报业“散滥”的重要途径。允许实力较强的报业集团进入其他区域投资办报，兼并一些报纸，可以进一步压缩经营不善的报纸的生存空间。同时，通过资源重新配置，使报业市场化的程度得以提升，达到提高办报水平、优化报业结构的目标。所以，我们可以把第二次跨地区办报解读为政府主导下的报业集团有意识的扩张。

中国的报社是国家“归口管理”的，新闻出版总署出版物发行管理司原司长刘波对按行政系统组织进行的“归口管理”有过系统描述：“各个主管部门的组织范围和管辖权限把报刊社分割成相互封闭的庞杂的条条块块，任何两个报刊社之间的经济联系都必须得到他们各个主管上级的批准才能进行。任何跨地区、跨部门、跨组织系统的行为，都是对主管单位管辖权的侵犯。”刘波说，报业集团现在可以跨地区兼并和重组，但在目前这种情况下，运作起来有很大的难度，“我们总说要打造中国报刊的航空母舰，难道将数千个小舢板连接在一起就成了航母？”①

因此，“跨界”报纸与当地党委、政府之间的关系成为焦点问题。当某些重大政治事件以及突发事件发生时，跨地区报纸的存在使得宣传统筹、舆论控制的可操作性出现了不确定性。当跨地区办报方是中央级、省级报纸，而报纸发行区域仅是地市级时，这样的“级差”对于当地无疑造成无形压力。当地党委、政府对于跨地区办报的态度，是决定合作成败的很关键的因素。

四、第二次跨地区办报中的《新京报》和《第一财经日报》

2003年11月11日，中国第一张获国家有关部门正式批准的跨地区创办的报纸《新京报》创刊，它也是第一张由两家党报集团联合主办的大型日报，同

①参见《北京现代商报》2002年11月19日报道。

时也是中国首家股份制结构的时政类报纸。随后，由解放日报报业集团和成都日报报业集团联合主办的《每日经济新闻》等跨地区报纸先后创办，由上海文广新闻传媒集团和北京青年报社及广州日报报业集团联办的《第一财经日报》更是跨媒介合作的结晶。

《新京报》是由光明日报报业集团主管、光明日报报业集团与南方日报报业集团共同主办的大型日报。此次合作是我国第一次由一家中央级党报集团与一家最具市场扩张性的省级党报集团的跨地域合作。

《新京报》的前身是光明日报报业集团旗下子报《生活时报》。2003年夏天，光明日报报业集团与南方日报报业集团一经接触，在短短的十多天时间里便达成合作办《生活时报》的共识，并且很快进入了操作阶段。

《新京报》的创办获得了中宣部和新闻出版总署领导的支持与关注，这是中国传媒业改革发展进程中一个体制上的开创性探索。《新京报》的创刊号四开80版，定价1元。在百度百科，“新京报”词条是这样的：

《新京报》日均出版80版，周五112版，是目前北京地区版数最多、信息量最大的综合性日报。《新京报》自办发行，以征订和零售为主要发行渠道。成立至今，发行量持续增长，目前日均发行72.5万份，是一份密集覆盖北京市场，并得到主流人群喜爱的新型时政类日报。

《新京报》采用四开版式，按报道内容分为4个叠次：A叠为时事评论、北京新闻、中国新闻、国际新闻、体育新闻，B叠为经济（财经）新闻和产业周刊，C叠为娱乐新闻和文化艺术新闻，D叠为消费新闻和生活杂志。

《新京报》以独立的立场和客观的报道为基本准则，追求新闻的真实性和可读性，追求言论的稳健性和建设性。《新京报》拥有330多名有新闻理想和职业精神的记者编辑，创办以来发表了大量有影响力的报道和评论，这些报道和评论为中国各大门户网站、各家广播电视广泛转载。

…………

《新京报》在有关政策允许的范围内，设置企业化的经营架构，把广告和发行纳入公司化运作，使其与采编内容截然分离，保持报纸的独立性和公信力。正是基于报纸的影响力和公信力，基于对报业经营市场化的深刻领会和不懈实践，《新京报》的品牌价值和经营业绩不断提升，连续两年被有关权威机构评为“中国最具投资价值的媒体”、“中国最有成长潜力的媒体”、“中国最新锐报纸”、“中国最有影响力的时政类报纸”等。2006年《新京报》广告刊例达到6.12亿元，2007年《新京报》广告刊例达到7.1亿元，2008年《新京报》广告刊例达到8.61亿元。

《新京报》被解读为南方报业大鳄进军北方尤其是北京市场的象征性之举，导致北京报业市场“狼来了”之声不绝于耳。其实，惊慌大可不必，无论是报业“北上”还是“南下”，都是市场必然。南方得改革开放风气之先，经济发展与传媒产业发展均走在全国前列，突破地域限制寻找新的市场空间成为必然要求。优化资源配置，促进资本、人才等流动，对报业市场化、产业化而言是件好事。中共十六大报告指出：“要加快建设全国统一市场，大力推进市场对内对外开放，大力发展资本和其他要素市场，促进商品和各种要素在全国范围自由流动和充分竞争。”这也同样适用于报业市场。

2004年11月1日，《第一财经日报》在上海面世。此前的2003年8月，第一财经传媒有限公司注册成立，这是上海文广新闻传媒集团旗下的全资子公司，它整合了上海文广新闻传媒集团旗下原上海电视台财经频道和原上海东方电台财经频率的经营性资产，实现了广播与电视在人力资源、信息资源和品牌资源上的共享。第一财经传媒有限公司在增强核心竞争力的同时，积极拓展产业链，搭建起统一品牌下的广播、电视、报纸、网站四大媒体平台，还积极涉足财经数据产品以及财经公关服务领域。

《第一财经日报》由上海文广新闻传媒集团联合广州日报报业集团和北京青年报社共同打造。三家集团都是中国传媒业明星，可以说，《第一财经日报》是中国第一个由来自中国媒体产业发展最强势地区最具实力的媒体集团联手打造的跨媒体、跨地区的报纸。《第一财经日报》的创办得到了中宣部、新闻出版总署和国家广电总局的充分支持，也得到了上海、北京、广州三地的党委、政府和新闻出版管理部门的大力扶持。

与我们前述的跨地区办报情况不一样的是，这三家巨头创办的不是一家综合性的都市类报纸，而是更为专业的财经报纸；同时它也不是一份地方性报纸，而是面向全国发行的专业报纸。尽管报纸办在上海，但是它的全国发行和财经专业性质在某种层面上保证了它不会触动地方利益，也避免了一些报纸在对当地进行批评性报道时所承受的压力。

在《第一财经日报》创办之前，高度发展的中国经济推动了中国财经媒体的快速发展，除了以《财经》为代表的一批杂志外，还有《21世纪经济报道》、《经济观察报》等一批有影响力的财经周报。但是《第一财经日报》的问世仍然引起业界轰动，这是因为他们提出了整合优势、联手创办中国第一份跨媒体跨区域财经日报的口号。

《第一财经日报》首任总编辑秦朔后来说，三家新闻媒体集团联手办报，可以实现人力资源、信息资源和品牌资源的共享。他认为，中国的财经类媒体比综合性报纸和都市报纸的发展要晚，在《第一财经日报》之前，没有出现一个全国性的市场化的权威主流财经日报，说明财经类日报的市场空间非常大，这正是三大集团联合投资这个项目的主要原因。因此，《第一财经日报》被定位为全国性、高度市场化和权威的主流报纸。

按照百度“第一财经日报”词条的定义，《第一财经日报》追求新闻价值、工具价值、决策参考价值、投资指南价值、管理借鉴价值、潮流引导价值。其内容设置上，也尽量突出自身特色，如头版除重大的财经新闻外，还有“3分钟CBN”和“第六栏”等特色专栏。《第一财经日报》辟有“领导者”版，“解析新闻光环下的大家风范”，包括跨国公司领袖和本土著名经理人。还有专业性非常突出的“货币市场版”，聚焦货币政策、商业银行及外汇市场等领域内的新闻报道，“大宗商品版”关注当下市场参与者最为关注的新闻；评论则从热点事件、新闻出发，分析热点背后的原因；信息快递为读者提供当天国内、国际大宗商品发展动态；市场行情评述则从当天行情中的某一亮点出发，在给读者简要介绍行情变化情况后，分析引发这一变化的市场深层原因，“证券市场版”所涉范围包括内地、香港、纽约、东京、伦敦等主要证券市

■2008年7月，作者在“发现云南之美摄影巡展”开幕式上剪彩。

场，“数据版”则提供国内国际各大市场数据，涵盖和国内关联度很高的股票、基金、债券、贵金属、期货、货币市场数据，“公司新闻版”聚焦重工业领域、服务行业范畴及钢铁、化工、能源、房地产、汽车、零售、医药、旅游及食品饮料等领域，给予及时专业的关注，并经常推出独家、专业的报道。

第一财经传媒有限公司跟国内外相当多的重要财经资讯供应商，都有各种层次、各种程度的合作关系，以保证其站在全球财经资讯的背景下判断新闻价值和政策走向，保证其报道的准确和专业性。在人才培养上，《第一财经日报》除了强调采编人员对新闻事业的责任感和专业精神外，特别提倡合作和开放兼容的心态。《第一财经日报》总编辑秦朔在接受记者采访时曾经说：“因为我们这样一个媒体是跨地区、跨媒体的，所以我们的同事来自于四面八方，其原来的背景各种各样，我希望他们在一起长期工作、共事一定要非常善于合作，非常积极，能够建设性地进行沟通，一定要有这方面的追求。”

《第一财经日报》在发行上也非常有特色：北京地区通过《北京青年报》的小红帽发行公司发行；整个珠江三角洲地区和华南地区的读者可以通过广州

日报报业集团发行公司订阅；上海除了借助原有发行渠道以外还专门建立了发行渠道，可以上门订阅。

《第一财经日报》创刊后发展速度惊人，三方合作也比较顺利，其团队坚持既定的办报理念，采编队伍日渐成熟。尽管出现过“富士康诉讼案”，但是报纸坚持原则，同时又秉承宽容和谅解精神，在读者中的影响力和品牌价值均大有提升。

《第一财经日报》的成功经验有四：首先，获得了中宣部、新闻出版总署和国家广电总局等媒体主管部门的支持，也得到了上海、北京和广州三地党委、政府的扶持，报纸开展采编业务和经营活动有了有力保障。其次，《第一财经日报》定位为全国性报纸，不固定在某一地区与同行竞争，避免了通常的排挤和打压。再次，《第一财经日报》是一份专业财经日报，意识形态特征不太强，有较充分的自选动作空间。第四，《第一财经日报》是日报，在财经类媒体中同质性竞争不很明显。可以说，《第一财经日报》开拓了一片“蓝海”，而不是杀入一片“红海”。

《第一财经日报》打造全国性财经日报的理念被业界逐步认同，在它上市后不久，由解放日报报业集团和成都日报报业集团联手的《每日经济新闻》也在上海降生。

从以上梳理我们可以得出结论：尽管一些实力强大的报业集团有向外扩张的强烈冲动，但受制于中国报纸“事业—企业”二元结构制约，跨地区、跨行业办报还停留在尝试阶段，管理部门的态度对跨地区、跨行业办报的进程起着决定性影响。管理部门的利益诉求是通过跨地区、跨行业办报，加强对媒体的监管，并强化中国传媒“入世”后对抗西方传媒的话语权，而报业尤其是非时政类报业的投资方更看重项目带来的经济利益，并且希望通过跨地区、跨行业办报提升自身的影响力。

五、出版业的并购重组

在出版界，跨区域并购重组的案例也不鲜见，甚至比报业走得更快，更远，其中中南传媒的实践颇具代表性。

中南传媒通过建立战略联盟、兼并、收购等多种资本运作手段，积极参与出版行业“跨区域、跨行业、跨国界”的重组和整合，实现对优势传媒资源和通路资源的掌控。

中南传媒的并购重组早已迈出了实质性的步伐：早在2006年就战略并购整合了红网，通过共享集团所属《潇湘晨报》的内容资源，红网影响力和权威性不断攀升，已连续6年盈利，跃居地方新闻网站之首。2007年并购民营发行公司湖湘公司，重组后成立了湖南联合教育出版物发行公司，主营教辅发行，与新华书店形成了较好的协同关系。2009年11月，北上京城与知名民营出版商汪俊开展股权合作，合资成立了占股90%的涌思图书公司。2010年，中南传媒旗下全资子公司湖南天闻动漫传媒有限公司与日本角川控股集团全资子公司角川集团中国有限公司在广州共同出资3000万元人民币，设立广州天闻角川动漫有限公司，共享资源，共同推动动画、漫画及轻小说创作出版，天闻动漫和角川集团中国有限公司分别占股51%和49%。2010年7月，中南传媒旗下全资子公司红网与国家规划布局的重点软件企业拓维信息共同出资3000万元人民币，设立北京掌上红网文化传播股份有限公司，红网持股51%，整合红网优秀的内容资源与拓维的渠道资源和技术团队，以现有无线增值业务为基础，致力于3G技术应用的数字出版、无线互联网等新媒体、新技术领域的拓展。

当中南传媒在并购重组的道路上一路狂奔之时，云南出版集团也不甘落后，谋划强强联合的蓝图。

报业的发展历程，与国家的发展历程高度相关。

新中国是一个从半殖民地半封建社会脱胎换骨而来的国家，在意识形态、社会组织模型、国家目标等方面，与此前具有巨大差异。特别是社会组织模型方面，一改中国传统社会对普通民众缺乏动员、组织能力，通过新型政权建设，将最广大的民众和分散的资源动员、组织起来为国家目标服务。这一彻底巨大的变革，使20世纪上半叶积贫积弱的中国，骤然爆发出巨大的国家竞争力和建设力，在1950年之后的二三十年间取得了数次周边战争和冲突的胜利，国防科技获得了巨大突破，并奠定了基础工业体系。

作为舆论的权威载体，在新型国家的奠基及建设时期，报业无可避免地要承担起宣扬国家理想、确立和传播价值标准、凝聚民众力量的重任，也无可避免地强化政治宣传和动员功能、淡化企业经营和监督功能。在从传统国家到现代国家的急剧转型、国家对外竞争的急迫任务面前，报业传统的中断可谓局部服从全局。改革开放以来，基于中国的社会基层结构已经完成从传统到现代的转型，高度计划统配的发展方式虽然能聚集社会力量，但也制约了基层的效率和积极性，国家进一步发展需要新的动力——激发基层的活力，中国开始探索、建设新的政治文明、物质文明、精神文明和社会文明，也开启了报业新的历程。在破除极“左”的桎梏后，思想的解放，对真善美的精神需求，对生活的热爱和对未来的期盼，与基层的创新、民间活力的释放，汇聚成20世纪80年代报业春天般的绽放。相对应于当时中国的以计划经济为主体、市场经济为补充的整体改革路径，报业的市场化、企业化特征开始恢复，虽然还是以事业属性为主，但奠定了今后一段时间报业管理和经营方式改革发展的方向。

20世纪90年代，中国确立了建设社会主义市场经济的改革方向，确立了“三个有利于”的判断标准。与国内统一大市场形成，经济领域实现新突破相一致，报业也迎来了经营的新突破，广告收入剧增，集团化起步，市场的资源配置作用明显显现，报业资源跨单位、跨区域整合呼之欲出。进入21世纪加入WTO以后，中国的国际化有了明确的时间表，这个时间表又推动着国内一些管制较严的领域试水市场，进一步放松管制。

但报业毕竟是意识形态的一部分，社会主义市场经济的准确含义是“市场在国家宏观调控下对资源配置起基础性作用”。国家对于报业的宏观调控、管理指导，更是强于经济领域。报业服务于国家理想、确立和传播价值标准、凝聚民众力量的责任依然未变，报业资产属于国有的属性依然未变。对于新时代新闻人和媒体经营者而言，重要的是如何在新环境下创造性地履行责任。这其中包括：在全球化、信息化时代形成的全球范围内的话语权，形成对外的文化竞争力；对内更好地传播先进文化和价值观，满足民众的知情权，汇聚公众意见，行使媒体的监督权，服务于其他领域的建设和改革；培育品牌力和经济活力，让媒体从业者业务水平不断提高，并且有尊严地生活。

在过去很长一段时间，对报业的从紧和区域化管理，虽然在小范围内少了一些麻烦，但在一定程度上制约了先进文化生产力的社会效益最大化，也不利于媒体从业人员水平的快速提高，进而影响了中国媒体在全球化背景下话语权的强化、文化竞争力的成长。如何处理好眼前与长远、小范围与大格局、收和放的节奏，也是对报业管理指导部门的考验。

我们欣喜地看到：南方报业传媒集团与云南出版集团有限责任公司的跨地区办报，为更好地传播先进文化和价值观，培育品牌力和经济活力，快速提高媒体从业者水平，进行了一次卓有成效的实践。而新生的《云南信息报》，主动地服务于国家文化竞争力和话语权的大战略，致力于建设有区域性国际影响力的媒体，更是中国媒体在新时代对自身职责的高度自觉。

第二篇
强强联合

中国跨地区、跨行业办报受到二元结构制约，对办报主体提出了较高的资质要求。南方报业传媒集团与云南出版集团公司符合资质要求，这成为双方合作的基础。

作为云南出版集团公司《云南信息报》的分管领导，我在刚接手工作时就发现这张报纸在品牌、人才和资金三个方面已经缺乏优势，而最现实的困难是报社在财务上出现了亏损。集团党委要求，必须全力搞活这张报纸，不能让其继续亏损。基于此，我提出了三种扭亏方案：一是云南出版集团公司放弃对《云南信息报》的独家控股权，引进国内强势报业集团，如南方报业传媒集团这样的战略伙伴合作办报，并让南方报业传媒集团控股，实施资本重组；二是面向全国招聘高层次办报人才；三是放弃竞争，保存刊号，改办周报。

我自己倾向于第一种方案。联合办报是一种不错的思路，《云南信息报》之前也有过联合办报的经历。但是我在仔细分析过去的经验和教训之后，认识到要扭转《云南信息报》的亏损局面，必须走"强强联手"之路。

我花费了相当多的时间去说服我的上级、同级和下级。要说服这么多的人是一件很艰难的事情，因为大多数人不相信这件事能够做成功。最后，在集团主要领导的赞同下，集团党委多次研究后，决定采纳我的第一种方案，并由我全权负责实施此项战略重组方案的谈判和各项筹备工作。

这个方案在当时看来是大胆甚至是比较冒险的，但这正是中国改革的重要特点，就像西方人总结中国改革经验时常常引用邓小平说过的一句话："摸着石头过河"。我在这里也引用法国著名作家维克多•雨果的一句格言："大胆是取得进步所付出的代价。"

选择与南方报业传媒集团合作当然也经过了长时间的观察和思考，包括合作的必要性、可能性和操作的办法。在一年多的时间里，我先后五次赴广州拜访时任南方报业传媒集团社长杨兴锋先生，与他商谈合作方案。

这一篇内容主要是介绍两大强势媒体的情况，分析双方合作的动机。

有意思的是，我们这个中国式的联合重组项目，与世界传媒大鳄默多克的新闻集团收购世纪家族企业道琼斯，是同步进行的。

第一章　为什么选择与南方报业合作

一、南方报业的品牌价值

坦率地说，从一开始我们就只考虑与南方报业进行合作，我们开出了令南方报业“动心”的条件，主要原因是看中了南方报业品牌的影响力、战略思路以及人才优势。

南方报业传媒集团的前身为南方日报报业集团，于1998年5月18日正式挂牌运作。旗下主报《南方日报》创刊于1949年10月23日，是广东省委机关报，经过半个多世纪的发展，确立了华南地区主流政经媒体的地位。

2005年7月18日，南方日报报业集团更名为南方报业传媒集团。更名后，集团一方面强化了“南方”以文化为脉络的理念，由报刊向多媒体发展，形成品牌集群和人才集群；另一方面以资产为纽带，组建传媒集团公司，形成了规范的现代企业制度。

南方报业传媒集团前社长范以锦曾经谈到，早在2002年，南方报业就已开始实施品牌战略。随着中国经济发展和新闻改革深入，报业竞争出现白热化。南方报业较早认识到，应该从单一的新闻竞争和打价格战转到塑造媒体品牌上来。新闻竞争只体现报纸市场综合竞争力的一部分，新闻做好了只是提升影响力，还必须上升到提升报纸品牌价值的高度。此外，南方报业较早确定了从单一媒体品牌的竞争转到媒体多品牌的竞争上来的思路。南方日报拥有国内实力最强的省级机关报，但是当时的党委机关报难以满足读者多元化的需求，难以适应激烈的市场竞争，也难以支撑一个庞大的团队。因此，南方日报早早动手，办起了一批有广泛社会影响力的品牌子报，使集团的竞争力不断增强。此外，南方报业从单纯的媒体品牌战略转到该品牌可能延伸到的多个领域，在延长的价值链上获益。塑造品牌非一日之功，如果不能延伸开去拓展市场价值，品牌资源就是一种浪费。“品牌就是信誉，品牌就是市场，品牌就是财富，品牌就是难以估量的无形资产。”范以锦这样总结道。

经过多年的打造，到2007年，南方报业在市场上已经有了极大的影响力。国家教育部曾经组织全国百万学子参与投票推选“新世纪中国大学生就业首选企业”，南方报业跻身50强，是唯一上榜的报业集团。2001年以来，在北京大学企业管理案例研究中心的“中国最受尊敬企业”评选中，南方报业连续入选50强。在世界品牌实验室公布的中国最具价值品牌排行榜上，南方报业2006年的品牌价值接近90亿元，而且发展势头良好。2011年，南方报业旗下《南方日报》、《南方周末》、《南方都市报》、《21世纪经济报道》等品牌价值合计达到270.91亿元。2011年，以《南方日报》为旗舰的南方报业传媒集团已经形成12报8刊4网1出版社的媒体阵容，被誉为中国定位最清晰、结构最合理、综合运营能力最强的报业传媒集团。

二、南方报业的多品牌战略

在传媒界，南方报业传媒集团是一个神话——办报纸办一个成功一个。的确，今天南方报业旗下的报纸，无论是《南方日报》还是《南方都市报》、《南方周末》、《21世纪经济报道》，其影响力都令同行钦佩。

时任南方报业传媒集团管委会主任、南方日报社社长杨兴锋在《数字化时代南方报业聚合战略构想》一文及其主编的《南方报业之路》一书中，将南方报业的成就归功于差异化竞争和多品牌战略。

20世纪90年代，南方报业就提出实施“龙生龙，凤生凤”的多品牌发展战略。南方报业依托《南方日报》几十年积累起来的经验和人才队伍，先后创办了《南方周末》和《南方都市报》；《南方周末》日渐强大后，利用自身的人才和发行渠道等资源衍生出了《21世纪经济报道》、《南方人物周刊》等报刊；《南方都市报》派生出《南都周刊》、《风尚周报》等相关报刊；《21世纪经济报道》则孵化出《21世纪商业评论》、《商务旅行》、《理财周报》等系列报刊。这一战略的实施，使南方报业成为在多个细分市场中处于领先地位的品牌媒体。

《今日美国》资深记者凯文•曼尼在其著作《大媒体潮》中曾预测，21世纪的媒介品牌之争将成为激烈的战场，无论是同类媒体品牌之间的竞争，还是新兴媒介品牌对传统媒介品牌资源的争夺，都将使媒介市场更加不平静，媒介市场竞争已逐渐成为品牌的较量。

品牌是现代传媒面临国际化竞争时应该“珍视、重点培育、重点保护的国宝”。[①]南方报业通过多年的积累，提出“多品牌战略”，其核心为：首先是培育出品牌报纸，培育出来之后，以品牌报纸为龙头成立报系。现在南方报业传媒集团已经形成了自己的三个子报系列：南方周末报系、南方都市报报系和21世纪经济报道报系；其次，采取“龙生龙，凤生凤”的媒体多品牌滚动发展模式，用优质品牌为龙头的报系孵化新的子报。下面是南方报业传媒集团主要媒体的核心理念和品牌建设的一部分“成绩单”：

（1）《南方日报》。《南方日报》确立了“高度决定影响力”的品牌理念，以高质量的主流新闻和深度报道铸就高品位的大报风范，以此来塑造自己“最权威”的个性。《南方日报》在全国省级机关报中连续23年来影响力、发行量和广告额都居于第一位，在广东省各地区城市都设有记者站，目前在深圳、佛山、东莞、江门、中山等地开辟了地方版，各地方版又在一些重要的镇区开设了地方版。

（2）《南方周末》。《南方周末》的品牌理念是“在这里，读懂中国”，与全国读者共同分享生存的智慧、发展的智慧，新闻和时评以纵深见长，以自己独特的视角，赢得了读者的关注，是中国发行量最大、影响最广泛、传阅率高、公信力强的新闻周报。从20世纪90年代到21世纪，《南方周末》与时俱进，其“理性、正义、良知、爱心”的理念赢得了中国知识型读者的拥戴，一纸风行24年，至今广告额连续5年过亿元，最高发行量达130万份，

①徐永新：《提高品牌影响力 打造具有世界影响力的新闻集团》，《新闻实践》2009年第4期。

成为名副其实的“中国第一周报”。在北京、上海、成都等地都设有记者站。

（3）《南方都市报》。《南方都市报》以“办中国最好的报纸”作为品牌理念，拒绝平庸、追求卓越，它以深入都市生活、引领时代风尚、紧追经济热点、快速反映大众焦点为己任，在“传播消息，提供资讯，引导消费，服务生活”方面有口皆碑。《南方都市报》在2006年和2007年连续两年被国家新闻出版总署评定为全国晚报都市类报纸综合竞争力第一名。《南方都市报》面向中国最富庶的珠三角地区主流人群，以秉持公正、坚守良知的社论和不拘一格的时评成为社会进步的一股力量。它以高品质的新闻资讯引领时代潮流，不断发展壮大，朝着中国报业最有影响力、最具价值的品牌目标挺进。《南方都市报》也被认为是发行和广告业绩上升势头最猛的报纸，是中国最具投资价值的媒体之一。

（4）《21世纪经济报道》。《21世纪经济报道》确立了“新闻创造价值”的品牌理念，提出“与加入WTO的中国一起成长”、“代表积极的、向上生长的力量”等不同凡响的口号。这份与新世纪同时诞生的大型财经类报纸以分析国际形势、透视中国经济、观察行业动态、引导良性发展为宗旨，立足于国际通行的经济法规，及时有效地反映世界经济格局的变化，跟踪报道中国企业界的动态与发展。报道以深度取胜，以深度促新闻，意在打造一份高品质的经济类媒体。《21世纪经济报道》在国内财经类报纸中稳居首位，是南方报业传媒集团孕育的一份具有现代企业制度基础的专业财经媒体。其核心读者是企业决策层、合伙人、公司中层以上管理者、专业人士及政府高级官员。在南方报业发展史上，《21世纪经济报道》创造了三项第一：第一份在经营环节引进集团外部资本的报纸；第一份尝试建立相对规范的公司治理结构的报纸；第一份创下了头一年办报第二年就实现盈利纪录的报纸。无论在发行量、广告额还是影响力方面，都处于中国财经类报纸的首位。

（5）《南方农村报》。《南方农村报》将“新农村推动力”作为品牌理念，在“农”字类的报纸中独树一帜，致力于成为新农村建设的推动力。300多万读者中，包括3万关注“三农”的政府部门及研究机构人员，12万从事农业生产的企业主、管理人员、投资商，以及100多万农村中经济条件较好、文化水平较高的种养专业人士。该报获得了全国农村报刊“第一媒体”的美誉，成为关注“三农”、影响“三农”的媒体标杆与旗帜。

（6）《南都周刊》。《南都周刊》的品牌理念是“有温度的城市新闻”。它以新锐的阅读体验、强烈的视觉冲击力，成为“跟他们不同”的新型休闲类报纸。它面向全国读者，面向时尚人士，提供娱乐及生活看法，在北京、上海、广州、深圳及珠三角其他地区同步发行，在北京、上海、武汉、宁波等地设有记者站，其《南都娱乐周刊》杂志已经处于全国同类刊物前列。

（7）《城市画报》。《城市画报》亮出了“新生活的引领者”的品牌理念，关注都市人的快乐健康新生活、新感觉。这是一份以资讯为重、新闻和娱乐并举的生活类双周刊全彩杂志，反映现代都市年轻人的生活形态及生活方式，对生活和时尚趋向进行前瞻性观察，并在理念上提供指引，核心读者为国内大中型城市中20至40岁的年轻人。

（8）《名牌》。《名牌》以“读懂中国精英阶层”为核心理念，是中国唯一一本针对高端精英男性的泛时尚杂志。它以开创中国的精英时代、缔造中国的精英阶层为己任，与300万成长中的中国精英男性共同追求卓越、品味生活。《名牌》独揽2005年美国国家金墨奖（第18届）金奖、有全球印刷行业“奥斯卡”之称的Benny Award（美国印刷大奖）2005年杂志类“优胜奖”和2004年IAPHC（国际印刷工艺师协会）银奖，是中国首家集世界三大奖于一身的媒体。2006年，《名牌》被新浪网评定为中国“年度最具影响力男性时尚杂志”。

（9）《南方人物周刊》。《南方人物周刊》以“记录我们的命运”为办刊理念，在2004年“风尚媒体大奖”中获得新锐大奖。据新生代年度第三方调查结果，2005年上半年，在北京、上海、广州、深圳、成都五大中心城市，《南方人物周刊》以明显优势排名新闻类期刊读者数量第一及阅读率第一。

多品牌战略的实施，使南方报业传媒集团拥有抵御市场风险的强大动能。2005年以来，传统媒体的发展速度出现了拐点，但南方报业依然保持了两位数的增长速度。

南方报业多品牌战略的核心是裂变，即由主报裂变孵化子报，子报品牌效应出现后还可以继续裂变。

随着数字化时代来临，报业生态发生了急剧的变化，南方报业适时实施媒体聚合战略，通过聚变式发展，走出一条与裂变式发展模式相关但不同的新的发展道路，以获得更优的发展动能和效益。

南方报业传媒集团原社长杨兴锋认为，媒体聚合战略就是通过集团旗下不同媒体形态的聚合、不同媒体品牌的聚合以及不同业务单元的聚合，将南方报业打造成为数字化时代国内实力最强、成长性最好、最具影响力和国际竞争力的跨媒体、跨行业、跨地域的传媒集团，更好地服务于国家的经济社会建设。南方报业致力于数字化时代的媒体拓展，既包括在原有平面媒体领域的继续拓展，目标是成为在本区域和国内拥有强大竞争力的平面媒体集团；也包括在网络媒体、移动媒体等新兴媒体领域的拓展，目标是拥有国内最具活力的新媒体传媒集团；还包括在相关多元化领域的拓展，目标是成为中国最具成长性的传媒集团。

聚变战略不是对裂变战略的简单否定，可以说，南方报业传媒集团过去实施的多品牌裂变战略所打下的良好基础，成为聚变战略实施的前提。多品牌裂变战略产生了强大的发展动能，聚变式发展则有望为集团带来新的更大的发展活力与发展后劲，为集团整合资源、实现跨越式发展提供新的、更加广阔的舞台。

三、南方报业的人才优势

南方报业培养了一大批职业报人，是业界公认的中国报业“黄埔军校”。对南方报业的人才优势，主要可从以下几个层面来分析：

首先，南方报业的领军人物在中国传媒界的地位无可替代。我先后接触过的南方报业两任掌门人范以锦和杨兴锋，都是传媒界的英才。

范以锦是南方报业传媒集团媒体多品牌战略的倡导者、策划者和实践者之一。他对媒体多品牌战略的诠释，就是“龙生龙，凤生凤”。他认为，对新办子报，主报应当倾其优质的人力资源、新闻资源和技术设备、资金优势，以此作为催生子报的“孵化器”，不办则已，要办就志在必成，容不得半点犹豫；每一个“儿子”不仅有各自的名字，还得有各自的面孔和个性、各自的定位和理念追求；从市场覆盖来说，既有面向全国的，也有主攻广东的，既有阳春白雪的，也有下里巴人的；从组织结构来说，集团与下属单位形成利益共同体，其权力分配遵循既利于强化集团调控力，又有利于激活各局部积极性的原则。这些理念和实践，使集团的整体品牌形象与局部的品牌个性形象形成合力，转化为巨大的社会影响力。

范以锦在南方报业工作了30多年，对政治家办报、舆论导向把握、新闻运作规律等都有深刻的领悟和独到的见解，表现了非常高超的办报水平和专业水准。他的人格魅力感染着、激励着这个群体，形成一个强大的磁场，聚集着、涌动着一个一流人才团队。他曾经说：“我可能不是有本事的人，但作为社长，我有责任把最有本事的人用到最关键的岗位上，把各种人用到最适合他

■2008年12月，“发现东盟”大型采访活动启动仪式在昆明翠湖宾馆举行，作者与多个国家驻昆领事摁动启动球。

■2009年9月，作者陪同时任广东省委常委、宣传部长林雄（右四）一行视察云南信息报。

发挥才能的地方。领导者应该是黏合剂，把人才黏合在一起。”在范以锦当总编辑和社长任内，南方报业大刀阔斧地推进人事制度改革，为大批有能力有抱负的年轻人提供了展示才华的舞台。范以锦曾经入选新闻出版总署主管的《传媒》杂志2003年中国传媒业“英雄榜”；在北京大学文化产业研究所和国家文化产业创新与发展研究基地2003年度报告中，被列为“中国文化产业发展人物志”15人之一；他还入选《南方周末》2003年度“最具赞许传媒人物”、2005年度中国传媒年度人物。范以锦退休之后，于2006年出任暨南大学新闻与传播学院院长。

范以锦的继任者杨兴锋于2006年11月任南方报业传媒集团负责人。杨兴锋是南方报业聚合战略的倡导者。他提出：南方报业的聚合战略，是为了适应数字化时代和形势发展的需要，目的是要通过聚变式的发展，走出一条与裂变式发展模式相关但不同的新路，以获得更优的发展动能和效益。为了贯彻聚合战略、向全媒体进军，他提出大力实施跨区域扩张的思路。杨兴锋高度重视人才队伍建设，包括培养精通媒体内容生产、信息加工的人才，以及了解日新月异的传播技术和传播领域最新发展趋势的复合型人才。2010年，杨兴锋当选“2001—2010中国传媒领军人物”。

其次，南方报业通过实施人才战略，聚集和培养了一大批优秀的报业人才。南方报业培养和引进了一批在海内外有一定知名度和影响力的名记者、名编辑、名评论员以及熟悉传媒经营的中高层人才，重点培养了一批善于打造和运营品牌媒体的报刊传媒企业家，造就了10年乃至15年后堪当市场竞争大任的年轻一代传媒业领军人物。

南方报业有一大批具有专业精神的报人。这种专业精神首先是有灵魂，有骨气，有独立思想；其次是新闻从业人员有事业心、忠诚于新闻事实、富有社会良知；再次是整个报社充满社会责任感和担当精神，崇尚用新闻媒体力量推动社会的进步。在南方报业，评价一篇稿件的标准就是“是否忠诚于事实、能否彰显真理和正义”。用这个标准来评判文章的价值，决定文章在报纸上安排的位置和处理的突出程度，这已成为整个编辑部的共识。同样，对采编人员的能力和水平做评价，也是以他的文章为依据，以专业精神的体现为标准，不为这个人的社会背景、人际关系甚至是学历、职称所影响。这样的评价标准让很多优秀人才觉得公平，觉得机会均等。阿里巴巴集团副总裁朱德付曾经是一名南方报人，他说：“在我看来，南方日报的优良传统之一就是重本事，这本事不是钻营，不是投机，不是会搞关系，而是会写文章会编稿件。我在南方日报那几年，总的感觉是文字不行的基本没有出路。只要文章写得好，哪怕不会做人不懂政治，领导都会青睐有加着力培养，报社同仁也会给予充分的尊重。如沈颢、陈朝华等，都是以能书善写脱颖而出的。南方报业之所以人才辈出、薪火相传，正是得益于这种不拘一格唯才是举的社风。”

知情人说，南方报业的专业精神之所以能够得到传承，和过去20年的领导班子的配备有极大关系。南方日报社的社长、总编辑等几个最主要的领导都是从基层成长出来的。他们从编辑、记者，成长为部门主任，然后担任编委、副总编辑、总编辑、社长职务，一步步成长。他们在基层岗位上就受到报人专业精神的熏陶，也非常坚决地接受了报社这种“以业务为导向的评价标准”，他们信任、培养和重用的，都是具有专业精神、接受业务导向评价标准的人。

再次，南方报业的影响力，包括对优秀新闻人才的聚集和培养能力，又吸引了一大批具有新闻梦想的大学生。从2000年开始，南方报业传媒集团旗下的《南方都市报》、《21世纪经济报道》高速发展，大量的年轻编辑记者获得了成长机会。这种快速成长的现象在高校再次传播，吸引了更多的优秀学生到来。过去五六年，全国名牌大学的大批毕业生参加了南方报业的校园招聘活动。优秀学生到了南方报业，在各自岗位上得到很好的锻炼和培养，迅速成长了起来。

南方报业在多年的人力资源管理中形成了具有特色的用人理念，比如塑造团队合力。南方报业在人才培养中，努力以强势创新团队构筑强大的品牌。比如培育年轻人才，南方报业的领导者有一个共识，就是用人要在“风华正茂时”，因为年轻人创新能力强，对德才兼备的优秀人才，在他们精力最充沛、最能发挥作用的时候就要使用起来。再比如，在集团创办新的报刊时，谁提出的办报方案被采纳，集团领导层经过考察后觉得方案可行，提议人合适，就让提议人办，形成责权利统一的用人机制。

我们强调南方报业的人才优势，不仅因为联合办报本身需要人才，还因为南方报业用人与育人的模式，可以在办《云南信息报》时提供学习和借鉴模式。

第二章　南方报业首次跨区域办报试点：《新京报》

一、第一家正式获批的跨地区经营报纸

2003年，南方报业与光明日报报业集团联手，在北京创办了《新京报》。这次试点让南方报业传媒集团获得了跨区域办报的宝贵经验。

2003年，南方都市报在广州和深圳的发展已经稳固，无论品牌影响力还是经营业绩都很喜人，于是有了异地办报的构想。

南方都市报最初选择的合作对象是上海商报，由于上海商报主管方意见不统一，合作搁浅。2003年6月，南方都市报与光明日报开始接触，双方在7月基本敲定合作模式：由光明日报提供刊号资源和办公场所及一部分股本金，由南方日报报业集团提供部分股本金和流动资金，以及《南方都市报》的版面资源和经营资源。按照协议，两家报业集团投入相应的资金、资源，光明日报报业集团作为主管方，占51%股权，南方日报报业集团作为合作方，占49%的股权。人事方面，第一任社长由光明日报报业集团推荐任命，第一任总编辑、总经理由南方日报报业集团推荐、光明日报报业集团任命。8月15日，光明日报报业集团、南方日报报业集团战略合作签字仪式正式举行。8月25日，光明日报报业集团将经营不善的《生活时报》更名为《北京时报》（后来更名为《新京报》）的申请和增加主办单位的公函递交国家新闻出版总署。10月18日，国家新闻出版总署批复同意。

受南方日报报业集团委派，南方都市报派出了160多名采编、经营和行政管理骨干参与创办《新京报》。11月11日，第一期《新京报》问世。作为一项试点，《新京报》是中国文化体制改革取得的重要成果，它标志着中国报业改

革又迈出了一大步。

值得一提的是，后来在《云南信息报》重组改版中发挥重要作用的谭智良（先后任《云南信息报》副总编辑、总编辑、社长）曾参与《新京报》的筹备工作，《新京报》创刊号的封面就是他编辑的。

二、在北京报业市场迅速崛起

《新京报》以追求新闻的终极价值为办报准则，办报理念为“品质源于责任”，致力于观点、事实的表达，以其敏锐的视角、快速的反应、独立的立场、客观的报道、深厚的功力，持续推出重磅新闻和独立评论，彰显法治与人文精神，推动中国社会走向现代文明。《新京报》诞生以来，不断创新求变，追求品质提升，把报人的新闻理想、社会责任与职业经理人的营销理念结合起来，从办报模式、办报理念到管理体制、经营方式等方面不断创新和超越，在群雄割据的北京报业市场迅速崛起，一时成为业界称道的最具公信力的新锐媒体。

《新京报》日均出版80版，周五112版，是目前北京地区版数最多、信息量最大的综合性日报。《新京报》自办发行，以征订和零售为主要发行渠道。成立至今，发行量持续增长，日均发行超过70万份，是一份密集覆盖北京市场，并得到主流人群喜爱的新型时政类日报。

《新京报》采用四开版式，内容分为4个叠次：A叠为时事评论、北京新闻、中国新闻、国际新闻、体育新闻，B叠为经济（财经）新闻和产业周刊，C叠为娱乐新闻和文化艺术新闻，D叠为消费新闻和生活杂志。

《新京报》有较高知名度的栏目和周刊有时事评论、核心报道、目击、赛道周刊、娱乐周刊、书评周刊、汽车周刊、黄金楼市、地球周刊、北京地理、北京爱情等，这些周刊和栏目各自拥有众多忠实读者。

《新京报》版式风格简洁、现代、优雅，追求“厚报时代，轻松阅读”，注重图片与插图的应用，引领国内报媒进入读图时代。《新京报》的摄影记者曾多人多次获得中国新闻摄影大奖，2006年，《新京报》的摄影记者还获得世界新闻摄影比赛三等奖。在2007年度第29届世界新闻视觉设计大赛中，《新京报》成为首家获得SND奖项的中国大陆媒体；2008年度《新京报》又获得6个优秀奖，成为该项大赛中获奖数量最多的中国媒体。

《新京报》在政策允许的范围内，设置企业化的经营架构，把广告和发行纳入公司化运作，使其与采编截然分离，保持报纸的独立性和公信力。正是基于报纸的影响力和公信力，基于对报业经营市场化的深刻体会和不懈实践，《新京报》的品牌价值和经营业绩不断提升，连续两年被权威机构评为“中国最具投资价值的媒体”、“中国最新锐报纸”、“中国最有影响力的时政类报纸”等。2006年《新京报》广告刊例达到6.12亿元，2007年达到7.1亿元。[①]

三、跨区域扩张要“名正言顺”

《南方都市报》依靠核心竞争力在广州这个区域中心城市打开市场后，只增加一叠深圳的内容，就在深圳快速打开了局面。事实证明，这种低成本的扩张是成功的。从国内外的经验来看，报纸在不同的地方创办发行不同的版本，可以实现新闻和版面资源共享，实现品牌的输出和扩张。

但是多版本战略在中国也会遭遇政策风险和当地媒体的抵制，所以南方报业一直在寻求“名正言顺”地在国内进行跨区域合作办报的路径。

不能“名正言顺”，是因为国内的许多合作办报只是以资金、采编人员和经营团队加入，有实无名，合作方之间容易出现分歧，合作的纽带不够牢固。在这种状况下，即使合作出了一点成绩，也容易出现矛盾，如果市场培育不顺，预期的收益达不到，就更容易一拍两散。

合作双方的优势是合作的前提条件，必要的“名分”是合作的外在保障，“门当户对”是合作双赢的基础，但具备了上述条件还不够，如何保证合作过程中的良性运作，才是最为关键的东西。

南方报业对首次跨区域办报经验进行了总结：

合作办报也好，引入战略投资者也好，开办的这张报纸（或者是杂志、新

---

①本节部分内容参照百度百科词条“新京报”。

■2009年9月，作者陪同时任广东省委常委、宣传部长林雄一行在昆明震庄宾馆与时任云南省委常委、昆明市委书记仇和会晤。

媒体项目）都必须独立运作。

合作创办的新报的全体员工和管理团队，要担起市场主体的责任，并且有对等的权利和义务。比如《新京报》，它的采编、发行、广告等各方员工尽管来自合作各方，但进入《新京报》后，他们既不代表光明日报报业集团，也不代表南方日报报业集团，他们的身份就是《新京报》的员工。

对合作项目要组建一个有凝聚力的管理团队，而不是双方各派一些人凑合在一起，成为一个松散的联合体，管又管得不到位，放又放得不够开，甚至互相掣肘，产生内耗。要用利益纽带把他们强有力地拧在一起，要想办法去营造管理团队的激励机制。[①]

四、异地办报的原则

范以锦曾经在南方报业传媒集团内部提出了南方报业异地办报的几项原则：

跨地域办报要立足于集团的核心能力适度推行。是否跨地域办报，取决于

①参见范以锦《南方报业战略》，南方日报出版社，2005年版。

集团是否具备两个方面的条件：有没有充裕的资金启动，有没有充足的人力资源储备。有资金有人才，才能稳妥地实施扩张。

选择异地经营的地区，应综合考察该地区的政治、经济、文化和社会发展现状，重点考察该地区的传媒市场开放程度，发行、广告市场的现实容量和发展潜力，特别是该地区是否存在足够规模的与南方报业办报品位相适应的高素质读者群。

为规避风险，跨媒体办报应采取与有条件的当地媒体合作的方式。不能找那些在当地背景脆弱的报纸来合作，要选择那些有资源、有实力，与南方报业能形成优势互补，具备足够的合作诚意的当地优质媒体，强强联合。

范以锦提出的异地办报原则得到了南方报业传媒集团其他领导的赞同和支持。集团社委会一致认为，与异地媒体合作办报，是南方报业传媒集团实现跨地域扩张的第一步，这一步对于集团实施多品牌发展战略十分关键，对集团未来的发展十分重要，因此必须慎之又慎。集团既要仔细考察各方面的条件，又要审慎研究项目的可行性，更要严格挑选合作伙伴。

由此可见，南方报业并非“来者不拒”。正因为有了跨区域办《新京报》的经验，再加上合办《云南信息报》项目的可行性很高，南方报业才敲定了与云南出版集团公司合作，促成了新《云南信息报》的诞生。

第三章　云南出版集团公司与《云南信息报》

一、云南出版集团公司：云南的文化产业龙头骨干

2005年1月25日，云南出版集团公司经中共中央宣传部、国家新闻出版总署、中共云南省委、云南省人民政府批准成立，是云南省政府出资的省属国有独资企业。云南省政府授权集团公司依法经营管理其所属成员单位占用的国有资产，云南出版集团公司具有独立的企业法人资格。

云南出版集团公司也是云南省的文化产业龙头骨干企业。2006年出版品种2000余种，销售收入28.39亿元，利润总额2亿多元，总资产26.13亿元，净资产12亿元。集团有30多种出版物获“五个一工程”图书奖、国家图书奖、中国图书奖，有近2000种图书获省部级图书奖。

云南出版集团公司建立了“产权清晰、权责明确、政企分开、管理科学”的现代企业制度，产业链涵盖出版、发行、印刷、物资供应及相关经营领域。以图书、报刊、音像制品、电子出版物的编辑、出版、制作、印刷、发行、物资供应、版权贸易、图书进口为主业，并涉足教育、旅游、科研、中介、房地产开发、物业管理等行业。发行网点覆盖全国，并积极向东南亚地区拓展；印刷企业市场竞争能力不断增强，是云南省年出书品种最多、发行网络最全、最具影响力的综合性出版集团。下属出版社有云南人民出版社、云南教育出版社、云南科技出版社、晨光出版社、云南美术出版社，另有两家印刷厂和一家发行集团，还有一批报纸、期刊，其中《大家》、《漫画Party》、《生态经济》等期刊在全国已有较高知名度。

云南出版集团公司拥有一支高素质的、有现代出版意识的、有责任感的书、报、刊编辑出版队伍和管理、营销队伍。其中，具有高级专业技术职称的

有146人，具有中级专业技术职称的有349人。他们中有“中国韬奋出版奖”获得者、全国百佳出版工作者、全国有突出贡献的专家、全国中青年优秀编辑，更不乏思想敏锐、市场意识强、富有前瞻性眼光的全国一流策划编辑和全国知名的资深编辑。

二、《云南信息报》：云南报业发展史的一个范本

《云南信息报》创刊于1985年2月，原名《云南经济信息报》，由时任中共中央总书记胡耀邦题写报名。1999年之前，该报是云南省计委下属的一张名不见经传的行业机关报，长期以来一直依靠行政输血，徘徊在市场边缘。

1999年的昆明报业大战，是云南报业发展历程上的一件大事，它标志着云南报业开始了市场化进程。长期以来，《春城晚报》独享广告盛宴，到1999年则出现了“群雄逐鹿”，几家都市类报纸争切广告蛋糕。这一年，《云南信息报》转型成为都市类报纸，与《春城晚报》、《都市时报》、《生活新报》、《滇池晨报》和《东陆时报》展开市场竞争。

1. 1999—2003年：《成都商报》治理下的《云南信息报》

1999年1月，《成都商报》和云南省计委签订了合办《云南经济信息报》协议，《成都商报》注入600万元资金，《成都商报》副总编辑郭平出任执行总编辑，将当时还是周报的《云南经济信息报》改为综合性日报——《云南信息报》。1999年3月29日，改造后的《云南信息报》正式面世，打响“昆明报战第一枪”。

《成都商报》派出采编、发行、广告人员10多人进驻《云南信息报》，将《成都商报》的新闻策划、版面模式、发行经验全面移植过来，每天向昆明传送4个版的新闻。改造后的《云南信息报》扩为对开每日12版，以成熟的办报模式和理念打造的“商报昆明版”，让云南读者耳目一新。

1999年5月7日我国驻南联盟大使馆被炸事件发生后，昆明其他几家报纸仅仅做了例行报道，而《云南信息报》则及时以几个整版的篇幅进行了图文并茂的深度报道，这成为他们立足云南市场的经典之作。几个月之后，《云南信息报》脱离邮局发行系统，自办发行，发行量一路飙升。该报当年的广告收入在

近8个月的时间内猛增到1000多万元，成为仅次于云南日报报业集团的云南报业广告经营大户。据该报一位副总编辑说，短短6个月，《成都商报》就收回了投资。

《云南信息报》的出师大捷，让业界意识到云南报业市场具有较大的利润空间，加上“传媒暴利论”的影响，云南原有的几份机关报在报业整顿的惶恐中惊醒过来，纷纷采取合作办报的方式，从省外引进资金、人才。2002年初，由云南省残联主办的《残疾人导报》转型而来的《生活新报》，引入《华西都市报》原副总编辑向先跃任执行总编辑，并融资1000万元实施改造。3月份，《生活新报》到成都大举招聘报业人才。除招聘采编人员外，还以每月600元底薪外加发行提成，招聘300名发行员。

在成都报界的强烈冲击下，昆明报业“风平浪静”的局面被打破。1999年5月28日，《昆明日报》主办的《都市时报》宣布正式创刊。加上省委宣传部外宣办主管的《东陆时报》及《云南日报》旗下的《春城晚报》、《滇池晨报》，共有6家综合性都市类报纸聚集昆明，市场气氛立即紧张起来，新闻资源大战、读者资源大战、发行大战、广告大战一触即发。

为了扩大新闻来源，争取新闻线索，吸引读者的注意力，各报各施所长：《东陆时报》的“读者在线”栏目打出“时刻听从您召唤”的口号；《都市时报》有奖征集新闻线索，同时推出“投诉灵、反应灵、服务灵”的“百姓之声”，致力于替读者排忧解难；《生活新报》策划了“11万元重奖买意见”，请读者对自己说三道四、为自己出谋划策；《滇池晨报》也在悄悄改变面貌，先后推出“赴粤寻亲”、“阿诗玛回家”等较有影响的新闻策划报道。

新闻竞争不断升温，报纸大战不断升级，最终引发价格大战。昆明价格大战之激烈，圈内人士以“惨烈”两字来形容。

2000年6月7日，《都市时报》头版头条以通栏标题《本报日发行量突破10万》宣布：“《都市时报》成为目前昆明地区覆盖密度最大、发行量最大的日报”，该报还举行了日发行量突破10万大关公证大会。

次日，《春城晚报》在报眼发表了针锋相对的消息：“本报发行量稳居全

■2009年11月，作者会见法国里尔高等新闻学院院长。

省都市类报纸首位”，报道引用有关部门的调查数据：目前云南省内都市类报纸有六七张之多，日发行量30多万份，其中“本报占总量的一半以上”。

《生活新报》则迅速作出降价决定，推出“改版百日酬宾”活动，宣布大幅度降价，每份报纸零售0.20元，到下午允许报贩降价为0.10元，同时每天在报头旁标注当天印数。该报6月30日发表的消息称，6月29日的《生活新报》发行量已高达24.6万份。

《生活新报》的降价措施引起连锁反应，其他报纸纷纷跟进。据业内人士称，许多报纸虽然标价0.50元，但为了刺激零售，批发给报贩每份只要0.10元。有些报纸4开16版，成本起码要0.60元，批发给报贩只要5分钱，比卖废纸还要便宜，以至有些报贩批发的报纸卖不掉时，转手卖到废品收购站，也能保证不亏本。一时间，昆明读者只要花5角钱就可以买到3份报纸。

不仅报纸零售价格在降，广告价格也在降。有的报纸整版广告开价10万元，实际只收2000元；一个通栏广告只要80元，刚好是广告制作的胶片成本费用。而给广告代理的回扣，有些报纸甚至高达55%，不少报纸已经到了“赔本赚吆喝”的地步。

惨烈的昆明报业价格战引起了主管部门的重视，云南省委宣传部下发文件规定：“所有报纸必须按核定价格销售，不得压价倾销，否则将予以警告。被警告两次者，撤换报纸负责人。被警告三次者，报纸停刊。”在主管部门的行政干预下，硝烟稍微散去，但是各报之间激烈竞争的态势依旧。

按照2003年昆明的报纸排行榜，《云南信息报》仍然只是第二梯队，排在《春城晚报》、《都市时报》的后面。2003年，“传媒川军”《成都商报》与《云南信息报》的合作终止。

2. 2005—2007年：云南出版集团公司治下不断亏损的《云南信息报》

2005年，《云南信息报》成建制整体划入云南出版集团公司。

2004年，《云南信息报》收入为5597万元，盈利194万元；2005年收入6191万元，基本持平；2006年收入4718万元，亏损1325万元。截至2006年12月31日，《云南信息报》的净资产为-579万元。2006年经营下滑的主要原因是：昆明报业恶性竞争导致发行收入、广告刊发量大幅减少。

2006年6月16日，《都市时报》将2007年全年定价降至30元。其他三家都市类报纸被动应战，最低降至20元。这是昆明报业“第二次大战”，而其后果与影响则远胜2000年那次发行价格战。

以下是新华社记者陈鹏2006年7月27日对这场报业混战的描述：

报纸当成白菜卖：昆明都市报业恶性竞争见闻

6月中旬，一位退休老人来到云南省新闻出版局报刊出版管理处找到处长刘水云，要求领取1000元举报奖——这是读者一旦发现昆明市场上4份都市类报纸全年定价低于每份120元给予的特别奖。

“现在的报纸每份只要20元！”老人激动地伸出两个手指，“你们不会不兑现吧？”

一切变得像一场闹剧。刘水云只能把老人打发回家，他已经记不清楚这是第几个前来索要举报奖金的读者。2005年9月，昆明都市类报纸达成的自律协议曾经“独步全国”，千元举报奖随之出台。120元，这是4家报纸同意坚守的“警戒线”。

但在2006年6月中旬，这条被屡屡撕破的防线显得如此可笑。36元、25元、20元甚至6元，昆明4份都市类报纸身价一路暴跌，不断创造全国新低！乱战之后，哀鸿遍野——昆明报业近10年来竟然没有走出降价怪圈，可以借用《追捕》中杜丘那句悲凉的喟叹：这哪里有个头啊……

这还是报纸吗？

目前，昆明都市类报纸有4份：《春城晚报》（云南日报报业集团）、《都市时报》（昆明日报社）、《生活新报》（云南省残疾人联合会——实际已经被福建民营资本掌控）、《云南信息报》（云南省出版集团——云南省新闻出版局）。江湖已经是1999年以来9份报纸几番起伏更迭之后的江湖，在这个常住人口不过300万人的狭小市场上，竞争之惨烈全国罕见。

首轮大战发轫于2000年，刚刚面世的《都市时报》将零售价压至2毛抢夺市场，当时昆明的报纸甚至比大白菜便宜，各报零售价为1元钱4份，傍晚甚至卖到5毛4份。经主管部门干预，价格最终统一在每份5毛，但游动小贩零售的1元3份一直持续到2005年年底。

2003年也引发过征订之战，大多局限于随报赠送、优惠等常见手法，2006年风云突变，《生活新报》4月再次抛出重磅炸弹——继续使用福建《东南快报》36元租报策略，即36元订阅全年报纸，报社保证旧报回收。

“这只是报业进入发行为王阶段的战术之一，只要回收得当，我们的报价仍在每份100元以上。”生活新报社长李烽说。

6月16日，《都市时报》出手了，“忍无可忍！不能总是守规矩的报社吃亏。”都市时报社总编辑赵健吾说。云南信息报社掌管发行的副社长程昕更是一脸愤懑，“早在2005年3月，新报就已经推出36元租报。我们默默忍受了大半年！”

这一年之中，曾经由《都市时报》牵头，在省委宣传部、省新闻出版局主持下，四方签订了自律协议，其中最重要的一条就是全年征订价不低于120元，并率全国之先达成攻守同盟，各自拿出20万元诚信保证金交新闻出版局，约定一旦违规就严惩不贷。2005年9月1日，协议正式执行。

但据《生活新报》之外三家报纸的口径：树欲静而风不止，新报的“36元租报”在2006年4月“死灰复燃”。赵健吾承认，6月16日的率先跟进实在是被逼无奈，再听之任之就是坐以待毙。

6月18日，《春城晚报》迅速作出反应，压至25元。

6月19日，《都市时报》再度出手，压至20元。

6月22日，《云南信息报》跟进，每份20元。据说还有几天跌至闻所未闻的6元。

市民们目瞪口呆，似乎那些活跃在小区门口的订报宣传员上演的真实一幕只是一个难以置信的幻觉。“这还是报纸吗？”

资本抢市场

一场乱战没有持续多长时间就被行政主管部门叫停。7月3日，由省新闻出版局、省政府纠风办等部门联合发文明令禁止低价残杀，四方再次回到谈判桌上，据知情者说，现场“吵得很凶，各说各话，互相指责，很难协调！”但总算达成一致：全年征订价不低于80元。

在昆明，被业内公认的报业江湖座次大体如此：晚报领衔，时报紧跟其后，新报、信息报居三、四位。但在这场乱战中，晚报、时报、信息报一致认为新报已经通过一年来的36元租报成功扩张，正如2000年时报的2毛钱杀入，当战局初定，他们乐于接受行政干预。

“应该停火。”李烽说，“2005年，我们通过36元租报已经实现了发行量的飙升，基本与晚报打成平手，甚至一度超过晚报。不用再提时报，2006年我们的发行、广告已经把它甩在身后。”李烽强调，昆明报业有格局、无定局，有老大、无霸主。这个从《东南快报》赶赴新报的年轻社长对昆明报业竞争有自己的看法——2005年之前居然没有一家报纸的发行量在20万份以上，远低于同类城市平均水准，报业尚有巨大的竞争空间。新报从不放弃觊觎“霸主”的雄心。

但在程昕、赵健吾和《春城晚报》负责发行的副总刘卫平看来，新报没有跟进既是得了便宜卖乖，也是实力使然——持续一年的36元扩张已经使负债高达数千万元的新报基本丧失了在6月大战中的出手能力，它只能眼睁睁看着时报、晚报、信息报将它曾经夺走的阵地再次抢回一部分。

无论赵健吾还是刘卫平都态度强硬。“作为云南唯一的报业集团的子报，我们不怕任何竞争！”刘卫平说。“我们不愿意看到类似的恶战，更希望看到高水准的竞争，但既然要打仗，就一定要分个胜负！”赵健吾说。

程昕分析，昆明报业市场最理想的容纳度是两家，“三家刚好，四家只能抢饭吃”。《生活新报》一直被传统三强视为不守规矩的搅局者，但似乎一直未能对晚报、时报够成致命威胁，这也是两家报纸放任“36元租报”长达半年的原因。但自信并非无视对手一而再再而三的“贪婪”；反击有各种路数，但在2006年发行季的关键点上，似乎只剩下降价这一种。

“这是典型的用资本血拼市场！”程昕说。

国有资产严重流失

这笔账很容易算：一份80个版的报纸每天的印刷及纸张成本大约1.6元，现在每份卖不到1分钱，几乎倒贴1.6元，一年就是500多元。据业内透露，这场价格乱战尽管速战速决，但晚报、时报的损失至少1000多万元，信息报也有几百万元。

“这是往里扔钱！但扔的是谁的钱？是国家的，这绝对不是单纯的市场行为，是国有资产的严重流失！”云南出版集团公司副总经理龙雪飞大声疾呼，报业占用的是国家公共资源，这场价格乱战是各家报社没心没肺慷国家之慨。“如果是私人掏腰包，你看他还敢资本拼市场？”

在报业竞争中，零售或批发价与成本的倒挂已经是“行规”，发行量越大意味着报纸越不赚钱，只能靠广告抹平。龙雪飞痛斥这次疯狂的价格乱战：“这种低层次竞争的后患显而易见，报纸即便把发行量搞上去了，但是采编、经营、人才各个环节能跟上去吗？我们首先要搞清楚，报纸办给谁看？是广告商，还是广大读者？这么滥下去，报纸会最终变成被读者、广告商抛弃的垃圾。”

现在最让程昕担心的是，征订大战会向广告大战悄然过渡，“那是更惨烈的肉搏，非死人不可！”但广告大战的硝烟已经在弥漫，业内透露，以晚报为首的广告价格正在“微调”，5年前一个整版的价格高达8万—9万元，5年之后的今天，这个价格已经冲破9000元底线。多米诺骨牌似乎一触即倒。

谁说报业的生命线——广告不能碰？在昆明的报业大战中，既然杀价征订这样的低级别较量无法禁止，广告滥价并非没有可能。业内认为可能不用等到2007年的发行季，一旦广告大战来临，2007年上半年就可以为一两家报社举办葬礼。

准确定位

“都市类报纸对于广告的天性追逐决定它们不太可能真正抱成团。”刘水云认为报纸征订大战恰恰是某种征候：云南报业市场又到了重新洗牌的关键时刻。但身处乱局，各报的声音惊人地一致：低层次市场尤其需要主管部门的积极引导，绝不该放任不管，下手更要稳准狠！

但现在无论省委宣传部还是省新闻出版局等主管部门都给人“失之于宽”的印象。2003年烧起零星战火时没有及时出手，2005年有报纸擅自破坏协议也被一再姑息，当各方达成攻守同盟之后更没有严惩违规者，到了2006年的征订乱战时已是覆水难收。

刘水云对此感到很无奈：“虽然中宣部、新闻出版总署、国务院纠风办曾经联合发文要求各地报业不许通过不正当手段进行非正当竞争，但是当这种非正当竞争开始时，我们几乎束手无策——我们找不到任何法律依据对类似举动进行处罚，而中央的文件又缺少可操作性。同时，四家各自多多少少都有违规，处理起来难度很大，诚信保证金也就失去了意义。”

刘水云认为，“36元租报”作为中国报业2005年10大创举之一，显然是颇具技术含量的发行策略，也是一种积极探索，尚无法认定它属于“非正当”。如果新报真能从回收及后续服务中获利，行政主管者就无权干涉；即使统一报纸零售价、调高报纸征订价，罚款也是师出无名。“我们还没有想出更好的办法。”

类似的价格大战在南京、沈阳、福建等城市也曾经上演过，但最终都使办报人坐到一起共商大计，价格更没有跌破类似昆明的30元大关。“当人家已经在进行人才、内容、服务、管理的竞争，昆明几家报纸还在进行低层次的舍本逐末，他们玩命捍卫的远比他们刻意放弃的少得多。”刘水云说。

在云南大学人文学院新闻系主任单晓红看来，昆明报业竞争也在警示全国纸媒，尤其是同质化非常严重的都市类报纸。对本地新闻、广告资源的拼命哄抢很容易造成同质化，一个有层次的细分市场应该是各家报纸积极考虑的战略之一——在进行价格决策时，必须高度重视报纸的“差异化”构建，都市类报纸必须对版面内容进行更细层次的准确“定位”以制造差异，将战略视线不仅锁定在竞争对手身上，更要锁定受众或次级市场，走出价格战怪圈。成都、西安、南京、北京等城市正是通过差异化完成了都市类报纸的嬗变。

同质化严重、竞争胶着不清与云南经济文化底蕴息息相关，要改变绝非易事。但业内认为主管部门同样对“定位”难辞其咎——被批准的综合类报纸仅有《春城晚报》、《都市时报》，严格说来，《生活新报》、《云南信息报》都是行业类报纸，是谁放任行业类报纸变成了都市类报纸？

龙雪飞认为，昆明报业市场的当务之急是行政主管部门必须“硬”起来——督促各方遵守自律协议、赏罚分明、对违规者动真格的，未尝不能“救市”。但昆明报业的出路恐怕无法复制一些城市报业的整合或合并经验，最好争取外来强势媒体入滇，对传媒市场重新定位。无论如何，一个中等城市拥有4份差距并不大的都市类报纸，在多年内耗中已元气大伤，重新洗牌，重新进行资源配置才是长远之计。

第四章　强强合作的动机和市场依据

一、两家集团合作的动机

1. 南方报业方面

《南方都市报》是南方报业传媒集团在都市报领域的核心品牌，在珠三角区域实行的是“多版本”战略。所谓“多版本”，即使用相同的报名，在不同的地区或不同的时间内为不同的读者服务，各版本之间的内容差别较小。世界传媒经济大会主席罗伯特•G.皮卡特介绍说，在西方，“规模较大的报业公司经常出版多版本报纸。这些报纸版本使用相同的报名，然而，每个报纸版本通常定位于一天不同时间或截然不同地区的读者。虽然各个版本在内容上存在某些差异，但这些差异通常仅仅涉及报纸少数几页版面或报纸某个部分”。广州三大报业集团都在各地开设地方版。《羊城晚报》在东莞、佛山、深圳先后开设了“东莞新闻”、“佛山新闻”、“深圳新闻”。《新快报》在佛山、东莞、中山、珠海开设了地方版。《广州日报》在东莞、佛山、深圳、中山、江门开设地方版。《信息时报》开设了东莞、佛山、中山等三地地方版，分别命名为“新东莞”、“新佛山”、“新中山”。

南方报业传媒集团早就有向外扩张的意愿，而早期在省内的扩张主要是实行“多版本”发行。《南方都市报》从2000年就开始了向广州市以外地区的扩张，即以广州和深圳为立足点，形成东莞、佛山、珠海、中山、惠州五个城市的城市群效应，日均发行量达到100多万份。

《南方都市报》是国内较早采取“多版本”发行战略并取得成功的报纸。他们最先打造了一个《南方都市报》深圳版，很快在深圳获得较大的发行量。《南方都市报》瞄准的是深圳诱人的经济总量，地方版能抓住当地读者的阅读需求。

广东报纸的“多版本”发行模式被国内多家报纸借鉴，如2003年《燕赵都市报》经由国家新闻出版总署正式批准，在冀东（唐山、秦皇岛市）开办冀东地方版，在省会石家庄地区开办《都市时讯》省会版。2004年，《楚天都市报》也相继开办了“宜昌版”、“襄樊版”、“荆州版”、“鄂东版”等四个省内地方版。

不过，“多版本”战略在实践中也会遇到很多实际问题。首先，报纸异地发行会碰到政策上的问题，如遇到当地政府或相关部门阻遏，这一战略就难以实行。其次，一份报纸出多个版本，究竟算一家报纸还是多家报纸呢？是否有法律保障？“多版本”的合法性一度遭到质疑。

基于这些问题，南方报业开始考虑走出去的战略。2003年《新京报》的创办可以看成一次试点。虽然《新京报》开局良好，但2005年底报社高层发生人事变动，来自南方报业的《新京报》总编辑杨斌和两名副总编辑同时离职，合作陷入了僵局。南方报业传媒集团高层这时认识到，南方报业只拥有《新京报》49%的股份，导致了决策权的丧失。

尽管在《新京报》合作中遭遇挫折，但南方报业的多品牌扩张战略没有改变，他们仍在寻找第二次跨地区合作办报的机会，但是会注重股份的占有比例。

2. 云南出版集团方面

相对于北京、上海、广州等地，云南报业缺乏专业人才，报纸质量不高，竞争力不强。《云南信息报》在合作前出现亏损，报纸版面数量减少，人员流失较多，新闻内容缺乏竞争力，在昆明四家都市类报纸中，发行和广告收入从第二位下降到第四位，不进行合作，将面临被市场淘汰的危机。引进南方报业传媒集团实施重组，可以使《云南信息报》走出困境，提升竞争力；可以整合品牌，帮助《云南信息报》把影响力扩展到全国，甚至扩展到与云南临近的东南亚国家。这符合云南省委、省政府鼓励本省媒体做强做大的战略。

当时我是云南出版集团分管《云南信息报》的领导。集团党委要求必须全力搞活这张报纸，不能让其继续亏损。为此，我提出三个方案（见前）。最后，集团领导经过多次开会研究，采纳了我的意见，选择了与南方报业传媒集团合作办报之路，并由我全权负责实施此项战略重组方案的谈判和各项筹备工作。

我在深圳报业集团工作多年，又来云南工作了多年，对两地的情况都有所了解，因此才提出跨地区合作办报的方案。在一年多的时间里，我先后5次赴广州，拜访了时任南方报业传媒集团负责人杨兴锋先生，与他商谈合作事宜。

二、两家集团合作的前提和市场依据

在合作前，南方报业传媒集团派出考察小组，对云南的报业市场做出了分析：

1. 云南总体情况

云南作为资源大省、民族大省以及中国面向南亚、东南亚的门户，具有独特的区位优势和强劲的发展潜力。近年来，烟草、矿产、冶金、化工、电力、旅游等重点行业及交通、水利等基础设施建设均实现高速增长，房产、汽车及其他居民消费旺盛。

2007年，云南省实现GDP总额4700亿元，较2006年增长12%以上，增幅创13年来最高；现有人口4514万，人均GDP达10450元，折合1430美元，同比增长11.2%；人均可支配收入达11496元，同比增长14.2%；人均消费支出7922元，同比增长7.3%。

2007年云南社会消费品零售总额1394.54亿元，较2006年增长17.3%，其中餐饮住宿、家居类商品及服务性消费所带动的商品零售增长较快，汽车类零售则呈现恢复性增长。①

目前，云南依托国家西部大开发以及构建“第三亚欧大陆桥”战略，大力加强基础设施建设，注重发挥区位优势和资源优势，着力建设绿色经济强省、民族文化大省和中国连接南亚、东南亚的国际大通道。在可预计的将来，云南必将迎来政治、经济、社会、文化高速发展的黄金时期。

---

①云南省统计局综合处：《2007年云南国民经济又好又快发展》，云南统计信息网，http://www.yuanmou.gov.cn/ynstjjwz/468515098734886912O/20080123/167793.html.

2. 昆明及昆明报业市场的基本情况

（1）昆明经济发展情况

近年来昆明市的生产总值均保持10%以上的增长，2004、2005、2006年的生产总值分别为942亿元、1062亿元、1203亿元，同比增长12%、11%、12%。2006年，昆明市生产总值约为广州市的1/5；昆明市年人均可支配收入9616元，约为广州市的1/2；昆明市总人口已超过600万。

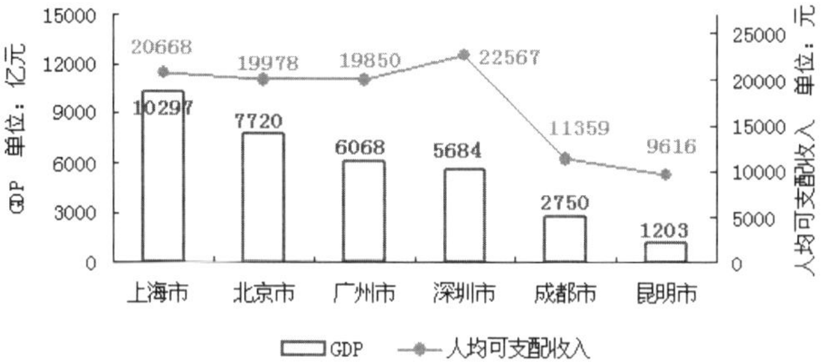

2006年度六城市GDP、人均可支配收入比较（数据来源：国家统计局）

（2）昆明报业市场情况

昆明报业市场约占云南全省的80%以上。到2006年，四家都市类报纸广告收入占昆明报纸广告收入的2/3以上，其他由两家机关报（《云南日报》、《昆明日报》）和各种专业报瓜分。2006年昆明报业广告约在5亿至6亿元之间，近几年增长率约在15%—20%。

昆明的四家都市报是：《春城晚报》（云南日报报业集团主办）、《都市时报》（昆明日报社主办）、《生活新报》（云南省残疾人联合会主办）、《云南信息报》（云南出版集团公司主办）。当时市场大致情况是：《春城晚报》领先，《都市时报》紧跟其后，《生活新报》、《云南信息报》分别居第三、四位。

2006年，四家都市报宣称的广告及发行收入大致是：《春城晚报》2亿元（利润6000万元），《都市时报》1.2亿元，《生活新报》7000万元，《云南信息报》4700万元。近三年同城媒体广告及发行收入情况大致是：

	春城晚报		都市时报		生活新报		云南信息报
	公开数据	估计	公开数据	估计	公开数据	估计	实际数据
2004年	1亿	9000万	7000万	6000万	4500万	4000万	5600千万
2005年	1.4亿	1.2亿	1亿	8000万	6200万	5800万	6200千万
2006年	2亿	1.7亿	1.2亿	1亿	7000万	6000万	4700千万

2006年，四家都市报的发行（平均印数）大致是：《春城晚报》20万—21万份，《都市时报》18万—19万份，《生活新报》16万—17万份，《云南信息报》12万—13万份。

（3）《云南信息报》基本情况

《云南信息报》当时有员工近700人，其中采编106人，广告经营45人，发行人员515人，行政人员27人。《云南信息报》日均20个版（对开），以“报道最有价值新闻”为办报宗旨。在出版规模上，《云南信息报》是四家都市报当中最小的，与排名第一的《春城晚报》相比，平均每天少12个对开张。《云南信息报》没有自己的印刷厂，报纸印刷由云南国防印刷公司（云南出版集团公司旗下企业）负责，每年签订印刷合同。

3. 云信项目优势

《云南信息报》引入南方报业传媒集团，尤其是《南方都市报》作为战略合作方，可以分享对方的诸多优势：

第一，品牌优势。南方报业传媒集团和《南方都市报》是目前中国最好的传媒集团和平面媒体之一，拥有强大的品牌影响力和号召力，在新闻报道、市场开拓乃至人才引进等方面，能够给予《云南信息报》极大的帮助。

第二，人才优势。《南方都市报》经过十年发展，储备了高水平运营都市类报纸的大量优秀的采编、经营和管理人才，派驻云信的团队是从中挑选出的骨干人员，拥有丰富的办报经验和出色的工作能力。

第三，采编优势。新的《云南信息报》在报纸形态、内容、风格、理念上与《南方都市报》一脉相承。其国内、国际、财经、体育、娱乐等方面的报道可以大量采用南都稿件。在本地新闻采访中，则可以充分借助南方报业传媒集团及《南方都市报》的力量，整合《南方周末》、《21世纪经济报道》、新

2009年11月，作者在法国里尔科技大学向院长介绍云南少数民族工艺品。

浪、搜狐、网易、凤凰卫视等兄弟媒体资源，进行大手笔、高规格运作。

第四，经营优势。在广告经营上，云信项目将复制南都“普代加直客”的广告营销模式，将客户资源掌握在报社手中，同时严格控制软文内容和数量，与同城竞争对手采用的“主持人制度”相比，能够保障新闻报道品质，并将经营成果留在报社内部，避免出现“富了和尚穷了庙”的情况。在客户资源上，凭借《南方都市报》积累的近6万个广告客户及良好的合作关系，《云南信息报》能够获得很多省内外客户的资源。

第五，内部管理优势。《云南信息报》复制南都管理模式，采用采编、经营、行政“三驾马车”并行的管理制度，各部门既各司其职又精诚合作。同时大量借鉴南方报业传媒集团和《南方都市报》成熟的内部规章和激励机制，可以迅速搭建起一套高效、有序、统一的制度管理体系。

4. 云信项目风险

主要存在政策、经营两方面的风险：

第一，政策风险。联合主办《云南信息报》的申请，上级主管部门尚未作出正式批复，一旦不获批准，将对项目本身的运营造成一定影响。另外，在《云南信息报》逐步做强做大的情况下，其他本地媒体有利用自身政治资源优势，采用非经济手段对其进行打压的可能。

第二，经营风险。云南市场总量较小，全省GDP总额尚不及广州或深圳；都市报类媒体的广告市场总量当时也仅4亿元左右，尚不及《南方都市报》广告收入的一半。短期来看，市场空间狭小造成经营风险加大。另外，同城媒体竞争激烈且欠缺理性，经常打价格战，可能造成项目经营业绩不佳。

5. 《云南信息报》各项指标较好，合作办报条件成熟

南方报业考察小组经多次沟通和讨论，最终形成以下判断：

（1）大环境较好。云南不仅拥有五大自然资源优势（气候、生物、旅游、水能、矿产），还是中国面向东南亚的桥头堡，具有沟通两大洋（太平洋、印度洋）、三大市场（中国、东南亚、南亚）的独特区位优势。在西部大开发的战略背景下，云南特别是省会昆明保持较高的经济增长速度是可以预见的。

（2）昆明报业市场整体水平不高。因为经济发展相对滞后，到2005年昆明才出现广告额过亿元的报纸。办报理念相对落后，以致出现2006年的低价恶性竞争。《春城晚报》以2亿元收入即获得6000万元利润，说明市场竞争不够充分。

（3）《云南信息报》有一定发展基础，与竞争对手差距不大，追赶相对容易。《云南信息报》的办报流程较为有序，办报场所和办报设备较为完备。2005年，《云南信息报》仍排在四家都市报第三名，与第二名相差不大。即使在2006年，《云南信息报》发行量与排名第一的《春城晚报》也只相差8万份。不过，这几年其他三家报纸业绩均在增长，只有《云南信息报》在下滑。

（4）允许南方报业传媒集团绝对控股经营公司的机会比较难得。云南出版集团公司主要领导思想较为开放，同意联合主办和出让经营公司控股权，这样的机遇应抓住。

（5）如果集团能组织一个较为坚实的经营团队，对《云南信息报》进行

整合，生产出拳头产品，估计能达到财务预测的水平，成为集团良好的经济增长点。

从财务预测来看，如果南方报业传媒集团能够成功进入并控股《云南信息报》，以每年前进一位为目标，即2007年发行量和广告额达到2006年《生活新报》的水平、2008年达到2006年《都市时报》的水平、2009年达到2006年《春城晚报》的水平，则今后三年的净利润分别是：2007年300万元左右，2008年2000万元左右，2009年6000万元左右。

从法律角度来看，增加南方报业传媒集团成为主办单位，并对《云南信息报》经营公司进行控股，能够得到广东、云南两地管理部门的批准。此外，《云南信息报》没有影响合作的重大诉讼和仲裁案件。虽然合作存在一定的法律风险，但是风险不大，通过合同约定的方式，可以控制在可承受范围之内，如异地办报的审批手续、债权债务、重大诉讼仲裁、劳动人事、福利待遇等方面的法律风险，都可以在合同中约定清楚，避免相关法律风险。

南方报业考察小组认为，南方报业传媒集团拥有人才、管理的优势，合作办报可以克隆《南方都市报》时评、国内、国际、娱乐、体育、副刊、经济、网眼、深度调查等内容，这些内容是国内一流的资源，比云南本地媒体的可读性更强，在深度和广度方面均具有优势。使用这些资源，不仅可以提升《云南信息报》在云南市场的竞争力，而且节约了办报成本。如果再提升云南本地新闻的报道质量，报纸的质量将明显高于其他三份同城都市报。云南出版集团公司拥有强大经济实力和本地影响力，两家集团合作，将实现优势互补。

为此，南方报业考察小组建议：同意该项目合作。谈判底线建议定为：增加南方报业传媒集团作为《云南信息报》的联合主办方；双方按实际占有股份出资设立《云南信息报》经营公司，其授权经营期限不低于20年；南方报业传媒集团绝对控股（51%或以上），投入资金在1000万—1500万元之间。在绝对控股的基础之上，可以考虑拿出10%左右的股份给管理团队高层持股。

考察小组多次到昆明考察后，向南方报业传媒集团高层提交了建议合作的报告。之后，两家集团很快达成协议：以公司制为基础，双方共同主办《云南信息报》，并共同出资设立“云南云信报业传媒有限责任公司”，由报社高层管理团队持有一定比例的股份。

新《云南信息报》的基本构架为股份制报业公司，这在当时是比较新的管理体制，符合市场经济规律，有利于项目的长远发展，为《云南信息报》今后向其他领域融资、进一步资本运营奠定了制度基础。

谈判一年多后，两大集团终于达成协议：双方共同主办《云南信息报》，并共同出资2000万元人民币设立“云南云信报业传媒有限责任公司”。公司出资及股权结构为：南方日报社出资920万元，持股比例46%；云南出版集团公司出资880万元，持股比例44%；高层管理团队出资200万元，持股比例10%。

根据双方达成的协议，新《云南信息报》由南方报业传媒集团委派社长、总编辑、总经理、行政总监、财务副总监，云南出版集团公司委派副社长、副总编辑、副总经理、行政副总监、财务总监。项目于2007年9月正式启动，并约定对9月前发生的与《云南信息报》有关的各类债权、债务、担保、诉讼、仲裁等事项，新项目不承担任何经济责任和法律责任。

有意思的是，就在云南出版集团和南方报业紧锣密鼓洽谈合作之时，默多克的新闻集团也在启动一项庞大的收购计划。2007年8月，新闻集团签署了以56亿美元收购道琼斯的协议，道琼斯这一世纪家族企业终于易主，而新闻集团这个全球媒体帝国则又为自己添上了一顶璀璨的皇冠。据报道，此前经过长时间的努力，新闻集团才使得几代以来一直控制道琼斯的班克罗夫特家族产生分化，获得了班氏家族成员足够的支持。道琼斯和新闻集团在联合声明中表示，班克罗夫特家族成员和理事中有37%支持这项交易，加上29%的倾向于默多克的公共股东支持，这项交易才得以通过。

谈及此项世界瞩目的传媒收购案，道琼斯首席执行官赞尼诺（Richard F.Zannino）说：“新闻集团的申购体现出了道琼斯的重要性和独特性，以及它作为世界级新闻报刊、品牌和商业的价值。这笔交易也会为我们的股东带来明显的收益，当然也会进一步促进其未来发展，尤其是新闻集团强大的全球配送能力和市场营销平台，能给我们的读者和客户带来更多更精彩的体验。”

默多克则表示：“道琼斯是一家伟大的公司，是全世界最伟大的媒体集团之一，在金融信息和商业报刊中是龙头老大。在和新闻集团结合之后，《华尔街日报》和其他道琼斯经营的媒体，将在新闻集团的注资下更加具有竞争力。我们将通过印刷品、广播电视和数码平台将这些无价的信息传递到全世界。”①

此次收购成功，意味着默多克得到了美国最出色的新闻报纸之一，有力扩充了他的全球势力范围。现在新闻集团旗下拥有福克斯广播网、福克斯新闻频道、20世纪福克斯电影和电视台、MySpac、英国和澳大利亚的报纸以及很多卫星电视广播公司。

新闻集团收购道琼斯刚刚尘埃落定，2007年9月19日，重组后的《云南信息报》正式出街。

---

①朱周良：《56亿美元拿下道琼斯　默多克剑指新传媒帝国》，《上海证券报》2007年8月2日。

联合、重组，是优化资源配置、转变增长方式、提高产出效率的重要方式。这种以引入外部因素促进增长的方式，与通过内部变革促进增长的方式互为表里，成为人类社会发展的最主要的动力源，前者表述为开放，后者表述为改革。改革开放作为30多年来中国发展的核心动力，同样也是中国报业发展的核心动力。

不过，在报业领域，改革发挥的作用更大。30多年来中国涌现出了无数的报业传奇和经典案例，这是报业人勇于改革、勇于担当的结晶，报业的内容生产力和社会影响力空前扩大。但地域化条块管理的方式，又导致局部区域报业的重大成就和发展，难以向其他地区扩散和输出，如同高压锅里煮了一锅好菜却倒不出来。地方对报业的管理权和指导权，就是高压锅的锅壁，或是玻璃门，限制了报业领域的跨地域开放。

与经济领域的联合重组要么依据市场法则，要么通过行政整合不同，报业领域的联合重组充满了市场因素和行政因素的纠结。

首先是联合重组需要资源互补，一方的优势资源已经出现边际收益递减，而另一方的资源使用效率严重偏低，重组能够使双方的资源配置优化，同步提升收益和效率，实现共赢。这是市场的功能和力量，不但优势资源持有方有动力，闲置资源持有方也有联合的动力。中国报业经过近二三十年的发展，早已具备了市场意识和商业操作能力，通过各种方式跨地域联合办报的尝试和努力从来没有中断。

与此同时，行政因素在不断异化或消解市场因素的合理性。虽然全国从总体上而言有统一的方向、目标和理念，但由于国土辽阔，人口、政治、文化、经济和自然资源配置区域差别极大，中国一直在发展和治理上实行中央和地方分权，允许在大原则一致的前提下各地施政有所变通。区域之间有改革先行和继进之分、社会结构有重构和传统之别、经济基础有活跃与保守之比较，也自然要求报业与本地基础政治、经济和社会环境相协调。因此，当异地报业借由市场之力进入本地时，本地报业管理和指导机构也会考量对当地舆论环境的冲击。在难以预测或控制其后果的情况下，收紧行政关口不失为理性的选择。

如此复杂的背景，决定了报业联合和重组必然具有鲜明的中国方式。它不仅需要企业家的精明和创新精神，也需要政治家的远见、担当和行政艺术。

所谓强强联合，不只是双方的经济实力和品牌实力要强，还要求双方的政治判断力、企划力都超越一般的企业和报业集团，才能为中国式的媒体联合重组探索出一条新型路径。可以说，强强联合还有另一层含义：经营能力强，政治能力也要强。只有这样，才能在市场因素和行政因素的纠结中，推开联合重组这道门。

南方报业传媒集团和云南出版集团有限责任公司的强强联合，开创了报业领域开放与改革良性互动的范例。它为中国今后在媒体领域通过开放手段，释放、倍增改革的成效，实现增长和发展方式转变，推动中国媒体产业跨越式发展，提供了价值无可估量的借鉴。

第三篇
云信解码

2007年8月22日，南方报业传媒集团派出的“先遣部队”抵达昆明，领队的是南都社管会领导庄慎之、王培兴。这个团队由一批采编、经营、行政各方面的精兵强将组成，他们中的一部分人成为新云信管理团队的核心，如总编辑谭智良、总经理胡西文、行政总监漆晓舟等；另外一部分人则是临时抽调来支援报纸改版工作的。一行人在机场合影留念，记录下这个有意义的时刻。

作为两大集团联合重组的项目，新团队与老团队的合作是成败关键。对此，包括我在内，出版集团党委态度明确：完全放手，概不干涉。事实证明，这个态度是明智的，新云信的管理团队后来在总结成功经验时，常常把这一条纳入进来。

此时距离9月19日改版不到一个月时间，新团队在短时间里完成了一系列改造重组工作。他们首先给新云信提出新的定位：“办云南市场化运营程度最高的政经主流大报”，不走传统都市类媒体靠社会新闻打天下的老路，靠打价值战而不是价格战来赢得市场竞争。在经营上彻底颠覆原来的“主持人制”，而移植南都的直客营销模式。管理上则强调制度先行、依靠制度来管人，制定了一系列管理措施。总而言之，新团队在采编理念、经营模式和管理制度上进行了一系列大刀阔斧的改革，很快搭建起新的架构。

9月19日，《云南信息报》一变倾城。

第一章　全新定位：政经主流大报

2007年9月19日，《云南信息报》全新改版，由日均16版的对开报纸改为日均64版四开报纸，并从报纸形态、采编理念、管理模式、经营运作等方面进行全方位改造。

当天，报纸显著位置刊发了《改版致读者：新信息，新看法》一文：

这是一次跨越千山万水的风云际会。

一个“我”在珠江源，一个“我”在珠江口。浩浩汤汤，云水激荡，合成一个“我们”。

这个“我”叫春城，那个“我”叫花城。这个“我”在云之南，七彩江山美如画，拥自然之胜；那个“我”在海之滨，东方风来满眼春，领风气之先。

这不是1加1那么简单，这是我们，你手中这张悄然变脸的报纸，云南出版集团公司与南方报业传媒集团联合推出的全新的云南信息报。

■2007年9月19日，《云南信息报》全新改版，这是改版当天的封面。

9月19日。

一变倾城。

改变使人进步。看上去我们变小了，但其实我们变大了，厚重了，眼界更宽，格局更大，品质更高——

我们说，新信息，新看法；

我们说，视界就是世界；

我们说，观点就是价值。

不变的是报头，那五个苍劲的大字，端端是胡耀邦的手迹。不变的是"报道最有价值的新闻"的追求。遥想当年，云南出版集团麾下这张20多年前诞生的报纸，曾经搅动一城春水，曾经引领风骚。

这个不变，是向传统，向历史，也是向一种至高的精神致敬。

谁说纸包不住火？南方报业传媒集团旗下，是"高度决定影响力"的南方日报，是"总有一种力量让你泪流满面"的南方周末，是21世纪经济报道，是新京报……其中南方都市报异军突起，以"办中国最好的报纸"为号召，十年砥砺，终成大器。在华人传媒界，"南方"是一面旗帜，一种理念，是现象，是基因。"南方"的纸里，包着熊熊之火。

今天，云南信息报注入了"南方"的基因。

这基因，这血脉，如珠江水，每一次潮涌里，有云贵高原冰雪的气息，更有来自太平洋风暴的气息。

我们这张新闻纸，包着理想之火，包着人间烟火。春城无处不飞花，撒向寻常巷陌百姓家。

金马碧鸡，大道朝天；翠湖横波，联大遗风，滇池在望，金殿岿然，更有东寺街西寺巷里藏不住的市语喧声。

你把我们带回家，摊开来，是现代的清明上河图，是春城的风情万般，扑面而来。

每一天，打开的都是新的历史。站在9月19日，我们焕然一新，走向你，走向春城深处。

对2003年11月11日《新京报》创刊时刊发的那篇著名的创刊词还有印象的业界人士会发现，时隔4年，同样由南方报业创业团队"操刀"的新《云南信息报》，从改版词上就体现出了不一样的风格。前者意气风发，进取性极强；后者低调温婉，走温情路线——其实，这是一种姿态，也是一种策略。

对一个跨地区合作的项目而言，这样的姿态、这样的策略是明智的。

一、政经主流大报定位确立

万事开头难。对《云南信息报》来说，百废待兴。改版前，新的管理团队提出了“制度先行”的思路，建立起一系列规章制度，正所谓兵马未动，制度先行。其中最值得一提的是《〈云南信息报〉新编辑大纲》的制订，新管理团队将其视为新云信改版工作的基础工程，为此耗费了大量精力。整个大纲分为总纲和分目，全文达4万多字，对新的报纸定位、形态、各版块采编理念和操作规范等等进行了详细的阐述，具有很强的指导性和可操作性。

2008年，《云南信息报》社管会在改版第一个年度报告里总结改版经验时，第一条就是报纸定位准确。“办云南（昆明）市场化运营程度最高的政经主流大报”的新定位是新云信编辑大纲第一条的内容。5年后重新审视这一定位，应该说是非常准确的，是符合现实环境需要和媒体发展趋势的明智选择。

以下是该编辑大纲中对新云信定位的核心解读：

1. 新的云信，新的定位

按照新的定位，新《云南信息报》改版主题为“新信息，新看法”，这既指报纸内容上为读者提供全新资讯及新锐观点，又指报纸形态上的更新换代，新的信息报将给读者带来全新的阅读感受。

在内容取向上，新《云南信息报》的口号是“报道最有价值的新闻”，争取读者的“必读性”选择，突出时政、文教、经济、民生等对读者有直接价值、体现服务性的“有用新闻”，同时兼顾“可读性”。“可读性”除指注重社会新闻中的奇闻趣事、娱乐新闻的“花边八卦”等等外，还强调整份报纸每一个版块、每一篇文章所应追求的，能给读者带来更高的“间接价值”——情感的愉悦，视野的延展，情趣的熏陶，思想的触动甚至升华，等等。

在读者群选择上，新《云南信息报》以知识阶层、商业阶层、政府公务员等社会中坚力量为最大主体，向上下两头延伸覆盖整个城市人群，即能体现生成这个城市的生活消费形态、形成决定这个城市的主流价值观、影响主导这个城市运行发展的群体要成为本报的最主要目标受众。这个群体的特征描述为：中青年，职业人士，大专以上学历，月收入2000元以上。

在运营模式上，新《云南信息报》以品牌为核心，以内容品质为基础，采编、广告、发行联动，全面提升报纸作为产业的市场化运营水平，打造在城市的综合影响力，坚决“打价值战而不是价格战”以赢得市场竞争。

2. 政经主流大报的核心内涵

政经主流大报定位的核心是两个词，一个是“大报”，一个是“主流”。

新《云南信息报》编辑大纲对“大报”的解释是：拥有足够的“经济实力”，包括优良的经营业绩与巨大的办报规模、发行规模；更重要的是“社会实力”，那就是报纸所具有的关注度、公信力及影响力。关注度、公信力、影响力并非来自庸俗报道诱发感官刺激所带来的浅层吸引力，而是来自于报道所呈现的眼界的宽广与眼光的深刻，它带来的是思想的触动与生活的变革。

新《云南信息报》编辑大纲对“主流”的解释是：“主流”首先意味着是“体制内的”、建设性的，所有的改革、创新都是在这一框架之内，所有的报道包括舆论监督也都是在这一框架之内；另一方面，“主流”不是随大流，不是要抹杀都市报的特色个性，重走机关报的老路，而是要反映、倡导与树立社会主流价值观，其报道内容与读者层面都有普遍性与代表性，即在报道内容上以对社会具有广泛或深层意义的新闻为报道重点，读者群体代表社会中坚力量。但更重要的，主流更意味着先进性，追求的是一种对社会发展持续、深入的推动力量（有时甚至是引领力量），主流报纸所秉持倡导的核心理念价值观，必须与这个时代、这个国家、这个社会对物质文明、精神文明、政治文明等整个改革发展前进的思路、方向、大势相吻合相呼应。在对“主流”的体认方面，可以看出新《云南信息报》改版之初已经对传统都市报模式进行了反思。事实证明，打造主流报纸的理念具有先进性，并符合报纸发展的规律。

二、新云信对新闻理念的阐释

围绕政经主流大报的定位，编辑大纲对新闻理念做了深入的阐释：

1. 新云信的核心价值观

新《云南信息报》的核心价值观是：在政治上赞同民主和法治的方向，经济上赞同市场导向、自由竞争的秩序，文化上赞同多元共同繁荣的格局。

新《云南信息报》认为新闻媒体的社会角色，应该是社会公共利益的看护者和代言人，媒体通过给读者提供资讯服务，满足其知情权而获得市场回报。

新《云南信息报》提出了报纸基于公众利益的“独立立场”，认为这种独立立场是媒体、新闻、新闻从业人员的立身之本。对狭隘的团体利益、部门利益、局部利益的超脱，是新闻报道做到客观公正的前提。

对权势和财富的谗媚，对任何一个群体和个体（包括在道德或法律上处境不利的群体和个体）的歧视，都会影响媒体的公正立场。

在编辑大纲中，新《云南信息报》提出最容易被歧视的对象是：农民，外来人口，罪犯，犯罪嫌疑人，为道德不容者，私营企业。最容易被谗媚的对象是：拥有权力的人，拥有财富的人，拥有荣誉和名气的人。

2. 四大原则：客观、公正、全面、深入

新《云南信息报》在核心价值观外，还提出新闻记者的至高追求：客观、公正、全面、深入。

客观：新闻记者在特定的时间内不可能完全了解到新闻事件的全部真相，新闻报道在特定的时间内不可能做到完全反映新闻事件的真相。记者能做到的是，稿件中的每条信息都有来源。而编辑最重要的工作之一，就是核实记者稿件的消息来源，剔除来源可疑的消息。

公正：记者不应该在新闻稿件中发表自己的评论，同时采访中应该注意利益涉及各方的平衡。编辑应该剔除记者新闻稿件中的评论和明显的偏颇，平衡利益涉及各方。

全面：记者应该采访尽可能多的信息源，从多个侧面了解事件。编辑对消息来源单一的稿件要保持警惕。

深入：包括两个方面，采访的深入和认识的深入。真相永远隐藏在表象之后，追求真相就要不断地穿透事物的表象。记者和编辑要不停地学习，提高对采访所涉及业务和国家宏观政治、经济问题的认识水平，在写作和编辑时迅速抓住问题的核心。

3. 四个层次：真实、客观、价值、情趣

新云信提出了新闻报道的四个层次：

第一个层次：真实的新闻。新闻中的每一条信息都是有来源的，记者真实地记录采访对象的话，描述记者见到的场景，不捏造，不夸张。这是新闻的底线。记者捏造消息源是对基本新闻道德的违反，是不能被容忍的。

第二个层次：客观的新闻。新闻不是一面之词，尤其是涉及对利益一方的描述或评价时，必须有利益对立方的意见作为平衡。记者的叙述能够自圆其说，逻辑能够自满。

第三个层次：有价值的新闻。新闻所反映的矛盾，是当前政治、经济大背景下的矛盾，新闻体现捍卫公共利益的立场。这是新闻价值的纵深支撑。

第四个层次：有情趣的新闻。新闻的文字能带给人阅读乐趣，新闻本身的格调和情趣能满足高层次读者的品位。报纸必须保证刊发的新闻至少能满足第一个层次，争取上到第二个层次，追求第三和第四个层次。

4. 三条标准：公众利益、读者立场、阅读兴趣

新《云南信息报》提出了新闻采编的三条标准，即记者写稿和编辑编稿时始终要问的三个问题：（1）这事情和公众利益有没有关系？（2）稿子是否站在公众立场、读者立场说话？（3）读者能否被我的标题吸引，是否会有兴趣浏览这条新闻？

如果对这三个问题有一个否定的回答，就应该考虑修改这条新闻和它的标题；如果有两个否定的答案，就应考虑发不发这条新闻；如果有三个否定的回答，就应该马上撤下这条新闻。

三、新云信的操作规范

解决了定位与理念问题，接下来是操作层面上的问题。

1. 版面设置

改版后的《云南信息报》日常版面设置向《南方都市报》看齐，构成如

下：

A叠时事新闻（24个版）：地方新闻中心与综合编辑中心联合打造。这是整张报纸的头脸，体现报纸核心竞争力的重中之重，由封面、重点、本地新闻、中国新闻、国际新闻、时评、气象彩票版构成。

B叠娱乐体育副刊新闻（16个版）：综合编辑中心负责。整合南方都市报优质资源，给本土读者奉献最具娱乐精神和专业水准的精神大餐。

C叠经济新闻（16个版）：经济新闻中心负责。高起点，高标准，开拓本地财经、产经新闻新领域，为业界树风向标，给读者理财参谋。

D叠城市杂志（8个版）：城市杂志中心负责。周一至周五每天一期“昆明杂志”，涵盖汽车房产、时尚消费、美食旅游、健康生活等方方面面，活色生香，引领时尚潮流，让边疆与世界接轨。

2. 采编规范

新云信管理团队对报纸各版块采编理念和操作规范等也在编辑大纲的分目里进行了详细的阐述，为记者编辑提供具操作性的指导。

比如编辑理念，提出综合新闻的编辑要培养对受众情绪的把握和对热点的抓取能力；要有敢于打破常规跳出惯常思维的精神；要有预见性，第一时间把握新闻事件的发展趋势；要有团队精神，保持积极的工作心态。

比如关于采编选题标准，地方新闻的编辑大纲提出了八项原则：

（1）时效：原则上，主体新闻事实发生时间以见报前24小时内为主，重大预见性报道主体事实发生时间应在见报后24小时内。属于新闻纪律须延迟报道的解密性新闻，时效性要求可适当降低。可预期产生重大影响力的独家新闻或批评报道等，重在推出时机的选择。

（2）地域：原则上，全国范围内最热点之及时新闻事实或省内发生及时新闻事实可引起全国关注者，可做重点版题材。省内发生最热点但未必全国都关注之及时新闻事实，亦可做重点版题材。

（3）字数：整版一般不超过两个题材。若最热点及时之新闻事实采写的字数过少，且时间不允许再行补充，可妥协采用次热点及时之新闻事实，作为重点版候选题材。

（4）可靠：备选之新闻事实，若编辑提出质疑且无法及时解惑，当立即舍去。稿件未能达到客观、公正、全面的基本选择标准又未能在指定时间内作出修正的，编辑应向记者提出指导性意见后推迟见报或不见报。

（5）导向：涉及国家内政外交等重大新闻须参考新华社的导向把握。宣传部门、相关主管机构严令禁止并将出现严重后果者，当舍去不用。稿件若存在低层次趣味倾向，又未能在指定时间内作出修正的，编辑应向记者提出相关指导性意见后推迟见报或不见报。

（6）情理：确为及时之热门新闻事实，亦属独家采访获得，但若见报明显对当事人造成重大人身伤害，则应不见报或推迟见报，或尽可能进行文字版式处理，以便将伤害减少到最低度。

（7）法理：若怀疑稿件见报可能导致不利之法律诉讼纠纷，编辑把握不坚定者，可请报社法律顾问或资深法律专家帮助判断，如未有足够把握规避风险当推迟见报或不见报。

（8）例外：尽管重点版候选稿图应取于全国或全省最热点的及时新闻事实，但有两个例外。一是出于媒体新闻竞争需要，各同线竞争媒体都有采访并将报道的较热点及时新闻事实，可考虑由重点版突出包装处理。二是出于媒体营收竞争急需，便于突出包装的公众较关注或较关系民生之及时新闻事实，可考虑由重点版进行大版面处理。

比如编辑流程，规定了各部门编辑上班时间、评报环节、报题等非常细节的内容，这样不仅使编辑工作更加标准化，也便于在采编团队重组后马上可以规范工作，保证改版工作的顺利和成功。

在记者方面，除了需要同样了解报纸及各版块的编辑理念和思路外，也对采访工作作出明确规定，以便于记者执行。这些规定主要是对各部门记者的采访报道提出了基本要求，以及相关的工作流程。

对记者的基本要求是记者工作的标准，同时也是底线。比如要求稿件基本杜绝错别字和病句；尽最大可能确保事实准确，时间、人名、地名核实无误；

对无法找到旁证的事关重大的说法，须予以点明；对怀疑是谎言的说法，应予调查，切忌妄加猜测和评判；保持客观、中立的立场，不先入为主，不用偏激和有明显倾向性的形容词；对不予以配合的采访对象，不以文字公器对其抨击、嘲讽，要有基本的度量和冷静的文风。

对记者的工作流程要求不仅使记者工作规范，也是报纸顺利出版的保证。我们可以透过经济新闻中心的编辑大纲对财经记者的工作流程的规定，来看看大纲细化到什么程度。

比如报题，大纲规定了记者报当日稿件题目的时间，报题内容包括采访事件、意义、稿件字数及最迟交稿时间；分管主任在确定当日见报题目之后，应及时就重大稿件及头条与记者沟通，并做出必要辅导。

比如选题，大纲规定了各报道组每周召开选题会的时间，就一周能够预见的重要新闻做出讨论并确定相关专题。两个版以上（含两个版）要有详细的策划方案，具体要素包括每个版的内容、格式、字数规定，采写记者、摄影记者、交稿时间等。

比如交稿，大纲规定了每日各版块截稿时间，截稿时间后的重要突发新闻，记者要及时知会相关编辑。记者由于个人原因延误交稿，或出现采访变故无法及时交稿而没有向分管主任报告并进行版面沟通，导致延误出版的，记者将承担报社对编辑处罚额的80%。

从以上的介绍可以看出，《〈云南信息报〉新编辑大纲》不仅是一本采编“宝典”，更是报纸核心价值观的确立和传达。对《云南信息报》原有的近百名采编人员来说，这些理念是新鲜而具体的，既具有理论的高度，又具有可操作性。依靠这份编辑大纲，管理团队迅速把源自“南方”的采编理念、操作方法传递下去，整个采编队伍迅速凝聚起来，很快改变了精神面貌。

对于报纸的定位，这些年国内的都市类报纸都在探索。比如，《成都商报》提出了都市报由“社会新闻纸”向“严肃新闻纸”转型的命题，这两年云南本地也有报纸提出所谓“新主流报”的定位。对《云南信息报》来说，这个转型，在2007年9月19日改版之日起，已经启动。如何贯彻、实施报纸定位是个系统工程，贯穿在报纸运作的方方面面，这些在后文中会有进一步的论述。

后来，《云南信息报》提出了一个形象的说法，来进一步阐释这个“政经主流大报”的定位，称之为介于党报与都市报之间的新型报纸，还打出了“我们不是都市报，而是都市报的升级版”的广告。我对此的理解是，这张已有20多年历史的报纸通过涅槃重生，寻找到了自己全新的价值。

第二章 差异化策略：打好两张牌

改版后，《云南信息报》焕然一新，赢得各界一致好评，给云南报业树立了新的标杆，并对当地报业格局产生深远影响。在2007年年底地方新闻中心的总结会议上，新《云南信息报》副总编辑王雷说："我们只用了短短4个月时间，就赢回了尊重，赢得了认同，同时，我们也重新认识了自己：我们是一个个富有激情和理想的新闻人，我们是一支有能力让对手胆寒的队伍，我们是一个能改写云南新闻史的团队。"

一份新《云南信息报》是怎样炼成的？简单地说就是搬用南都优质新闻资源，同时做好云南本地新闻。这种模式被总编辑谭智良比喻为"打好两张牌"："南方牌"和"本地牌"。

其实，"打两张牌"模式在中国这些年的媒体改革实践中已不鲜见，尤其是那些与世界接轨的时尚类杂志。从最早的一批女性时尚杂志，到近几年的《体育画报》、《男人装》等，都大量搬用国外"母体杂志"的文章，配合中国本地采写的稿件，很快能够占领市场。这其中的重要因素自然是"母体"品牌的优势。

新《云南信息报》面临的情况和时尚杂志并不完全一样，最重要的区别是，杂志面对的是全国市场，报纸是区域性的地方市场。因此，新《云南信息报》除充分利用南方报业传媒集团的强大平台和优质资源外，报社管理层也充分意识到，新《云南信息报》必须立足云南市场，融入本地文化，并不断推进本地文化建设，这种理念在改版一开始就非常明确。融入本地文化，真正打好本地牌，对于一份依托地方市场的日报尤为重要。

一、打南方牌：充分整合南方报业资源

新《云南信息报》充分整合利用南方报业，特别是《南方都市报》的资

源，报纸版面设置向南都看齐。在改版初期，时评、国内、国际、娱乐、体育新闻及副刊版面70%至80%的内容基本整合南都内容，经济新闻、城市杂志也在整合南都相关内容的基础上，进行本地化操作。这样做，既是低成本扩张的需要，在这些版块减少人力投入，更重要的是保证了报纸的整体内容和质量高人一等，在同城竞争中占据优势。毕竟，《南方都市报》是公认的中国都市类报纸翘楚，它的新闻产品自然有品质保障。

这种优势在重大新闻报道上体现得尤为充分。

1. 版块设置打上“南都制造”印记

为了充分利用南方报业的新闻资源，《云南信息报》专门设立综合编辑中心，主要负责整合《南方都市报》优质资源，主要包括国内、国际、时评、体育、娱乐、副刊六大版块。

国内版块要求迅速、全面、客观、准确地将国内每天发生的一切重大事件告诉读者，并提供适当解读，传播先进理念和制度，启迪民智。参照《南方都市报》的设置，《云南信息报》的国内新闻常设版面为时政、社会。因为地缘优势，南都的港澳台新闻相对较强，有一定独家性，但这对云南读者而言距离太远了，所以《云南信息报》没有采用这些版面。而南都的王牌栏目网眼、深度，《云南信息报》则重点采用。

国际报道也是《南方都市报》的强势内容之一。《云南信息报》的国际版块常设版面包括国际重点版，报道最重要的新闻，不限于时政新闻，重大的社会新闻、科技新闻均可选择。国际时政版报道所有重大政治新闻。国际社会版报道重要社会事件，罕见、有趣的社会奇闻，重要科技进展等。国际新闻非常设版面包括“第一问答”，主要是南都独家的访谈类报道，首选重要政治人物的专访，也可以是知名人士、国际问题专家等，要求可读性强，或透露出重大新闻信息。此外还不定期开设“第二落点”版，对某一事件进行全方位报道和深入分析解读。“第三只眼”版主要刊发外报外刊对中国的报道及评论，注重原汁原味。

时评是《南方都市报》的王牌版面，常设有社论、众论、个论3个版：

“社论”代表报社立场，由报社专职时事评论员或邀请各领域权威人士和资深学者，对当前重大事件、热点新闻进行评论；“众论”汇集民间话题，集媒体、网民意见之大成；“个论”是国内外一线知名时评作者的专栏平台，代表国内时评版的一流水准。《云南信息报》把《南方都市报》的3个时评版集纳成一个精华版，其中以社论与个论版的稿件为主，每期再自行组织一篇本地重大新闻题材的评论，构成了自己的时评版块。

体育新闻版块以热门的竞技体育项目为中心，以人为本，突出体育本身的乐趣。《云南信息报》体育版曾经在省内具备较高的影响力，新《云南信息报》自然要把这一品牌的质量继续经营到最好。体育新闻的常设版面有“重点”版，报道每天最重要的新闻。“足球”版则是重头版面。此外还有综合和其他专题报道。

《南方都市报》的娱乐新闻报道在国内纸媒中影响非常大，一直保持领先优势。比方说，在全球所有中文报纸中，能够同时邀请香港知名作词人林夕、台湾著名电影人焦雄屏、香港知名文化人梁文道，艺人郑佩佩、刘德华、吴君如、张达明、汪明荃、已故音乐大师黄霑等数十位圈中名人一道开设专栏的，恐怕只有《南方都市报》。《云南信息报》当然不会放弃这些现成的“大餐”，只需“拿来主义”即可。

《南方都市报》为《云南信息报》提供强大的内容支持，也使得《云南信息报》打上了明显的“南都制造”印记，在市场上大受欢迎。

2. 依托南方资源，迅速扩大影响力

有了南都提供的大量优质新闻内容和版面，新《云南信息报》的改版就成功了一半。改版之初，新团队抓住机遇，依托南方资源，连续推出了大手笔制作，打响了第一炮。

案例1：十七大报道

2007年国内最受关注的重大新闻是中共十七大召开，这是中国政治舞台上的大事件，这次会议确定的发展思路将成为未来五年中国政治的主导方向。

我们注意到，从十六大以来的五年间，过去那种效率优先、以经济发展速度为核心的发展模式，开始转向更为重视公平，努力弥合越来越大的贫富差异，使社会各方面更协调发展的新模式，即科学发展观和构建和谐社会。梳理过去五年这些理念的提出与发展脉络，可以对未来中国社会的走向有更清晰的认识。同时，十七大的召开也是全国的一件大喜事，五年改革发展的历程，与每一个老百姓的生活息息相关。改版后的《云南信息报》要与“政经主流大报”定位吻合，十七大报道既是办报宗旨的重要体现，也是对报纸实力的一次重要证明。

基于以上理念，《云南信息报》决定充分发挥云南出版集团公司和南方报业传媒集团的优势，精挑细选本地题材，派出最优秀记者，给予足够版面，全力做好这次报道。

自9月中旬至大会结束，《云南信息报》共投入约170个整版。除了重点推出“和谐云南·成就篇”、“云岭英杰”等本地化栏目外，相继与《南方都市报》同步推出“高端访谈”、“新政解读”、“国是开讲”、“新闻会客”等一系列重头栏目，从三个层次进行报道：

第一层次是重磅宏论开篇，高视角纵论十六大以来的五年：9月15日，《云南信息报》和《南方都市报》同步刊发了对中央党校副校长李君如的专访。第二层次是对一些民生话题做对话式的访谈：刊发了对国务院发展研究中心社会发展部部长、新医改方案主持人丁宁宁，国家发改委宏观经济研究院国土开发与地区经济研究所副所长、中国区域经济学会常务理事、副秘书长、天津滨海新区项目组组长肖金成，中国人民大学校长纪宝成等人的专访。第三层次以解读为主，对一些较概括抽象的时政概念做来龙去脉的梳理和背景呈现，以求使那些普通读者虽耳熟能详但其实十分疏远的政治概念呈现出清晰的面目。

更值得一提的是，2007年10月22日，新一届中共中央政治局常委亮相，《云南信息报》第一时间推出了全彩印刷的16个版《号外》，得到读者的极大好评。在昆明巫家坝国际机场，即将飞往各地和从各地降落昆明的乘客，几乎人手一份《号外》，而当地其他媒体当天全无反应。实际上，这个《号外》真正的制作者是《南方都市报》，《云南信息报》只不过是提前筹备，及时做好后期制作、印刷和发行的工作，就取得了事半功倍的效果。

《云南信息报》的十七大系列报道达到了当地其他媒体难以企及的高度、广度和深度，社会各界反响热烈。媒体同行不得不承认，在此之前，云南没有哪家媒体能做到如此高规格、大规模的报道。

《云南信息报》十七大系列报道给很多媒体同行带来思考，不少媒体人过去一直认为时政报道不好做，实际上时政报道大有可为。《云南信息报》打出了办“政经主流大报”的旗号，是基于时政新闻与社会公民的生活密切相关，只要找到准确的切入点，采访到核心人物，写出生动的稿件，时政报道是最容易出彩的。

《云南信息报》十七大系列报道有几条成功经验：一是充分准备，做足功课。时政报道要出彩，需要创新精神，但创新的前提是要做好准备工作，掌握足够多的信息和资料。二是高度重视，动用各种资源，保证报道的高品质。报社安排最优秀的记者采访，并不计成本，为采访提供最好的条件。《南方都市报》记者先后十数人到北京驻守，《云南信息报》也派出记者到北京、云南各地州采访，保证了稿件质量。三是加强策划，严格执行，对稿件质量严格把关。“高端访谈”的采访对象都身居高位，轻易不接受采访，报社动用一切资源，逐一拜访，深入交流，最终如愿采访到理想人选。稿件由部门主任、编辑、编委、总编辑层层审读，不断修改。有些稿件在上版当天，还被要求做大的修改。

报道结束后，昆明市委宣传部邀请报社介绍报道方案，并推荐给有关领导阅示。同行也纷纷评价，说很少能见到如此高规格、大规模的时政报道。不少读者打来电话表示感谢，说这组报道帮助他们加深了对时局的认识。

十七大系列报道的成功，也让两大集团的领导和报社员工对报纸重组改版有了更大的信心。大家认识到，在国内重大题材的报道上，充分利用好南方报业的资源，可以较快地提升报纸的影响力。

之后，《云南信息报》在嫦娥一号发射、陕西华南虎事件、水危机系列、纪念南京大屠杀70周年、纪念改革开放30周年等国内重大新闻报道战役中，都表现不俗，影响力大增。

案例2：“发现云南之美”大型采访活动

2007年12月3日，“发现云南之美”大型采访活动启动仪式在红河州隆重举行，出席的领导有红河州人大常委会副主任张卫东、州政协副主席侯伟国、南方报业传媒集团党委副书记朱正红以及云南出版集团公司的领导。红河州委副书记、州长杨福生在启动仪式结束后与采访团有关领导进行座谈，并接受了记者的采访。

“发现云南之美”是《云南信息报》在改版两个月后推出的大型采访活动，采访团由《南方日报》、《南方周末》、《南方都市报》、《21世纪经济报道》和《云南信息报》的记者组成，广东、浙江等商会也随团进行商务考察。

■2007年11月，改版仅两个月的《云南信息报》推出“发现云南之美”大型采访活动。这是首站红河的特刊封面。

■2007年12月，“发现云南之美”启动仪式在昆明翠湖宾馆启动，作者与采访队伍合影。

这个大型采访活动的执行团队由新云信的管理团队和从南都抽调的业务骨干组成，事前进行了精心的策划和筹备。执行团队认为，云南正处在历史上发展最迅速的时期之一，通过这次采访活动，可以让社会更清晰地认识到云南新一轮的发展机遇，这不仅对云南省自身有着深远意义，对与云南有着密切合作关系的外界也有重要价值。

云南最广为人知的优势就是旅游和边贸。到2004年，云南旅游支柱产业的地位基本形成，2006年实现旅游业总收入499.78亿元，实现旅游外汇收入6.58亿美元。然而，云南近年的旅游产业总体经济效益不高，2004年旅游业增加值占全省GDP比重仅5.9%；海外游客比重偏低，2005年全省接待海外旅游者只占全省旅游接待总量的2%。旁观近邻四川，其旅游业近年来异军突起，从云南的学生变成了云南的师傅，总体经营能力和收入规模已超越云南，2004年已稳坐西部旅游第一把交椅。尤其是2006年，两省旅游收入相差近一倍，四川比云南多了近500亿元。

2006年云南人均GDP超过1000美元大关，而同一时间全国人均GDP已超过2000美元，2005年前云南的平均经济增幅长期居于全国下游。全国城市化率达到40%，而云南仅为28%。云南有4000多公里的边境线，但2007年头10个月云南的对外贸易额刚突破70亿美元，而全国对外贸易额是1万多亿元。

但执行团队也看到，为缩小差距，云南发展步伐越来越快，城市化进程一日千里，现代新昆明建设正在全面推进，大理、玉溪、曲靖和蒙自等区域中心城市的建设不断提速。16个州市都在以全球化的视野，结合自身特点，奋起直追。同时，越来越多的外来投资者瞄准云南的资源优势，纷至沓来“掘金”。

执行团队提出，云南这个资源丰富、潜力巨大的省份需要“发现”，需要把这个“发现”通过强大的媒体平台传播出去，这是“发现云南之美”活动的动因。通过这次活动，让云南的魅力展现在珠三角乃至全国的读者面前。

根据策划，这次采访活动按4条主线对云南价值进行重新审视和再梳理，对云南州市风土和文化旅游资源再发现。这4条主线是：

“发现云南州市之美”，采访云南16个州市高层领导，针对地域经济、社会发展状况、自然环境和人文环境，地州未来功能布局和发展方向进行专题采访，展示各州市已经产生或即将产生的重大商业机会。

“发现云南价值之美”，发现云南的投资价值，制作大型的云南投资寻宝地图，为投资者推荐云南最有经济活力和潜力的地区。

“发现云南秘境之美”，旨在助力云南旅游二次创业。除了大理、丽江之外，云南还有众多的未开发的风土人文资源，它们是云南下一步挖掘的金矿。

“发现云南建筑之美”，旨在为二、三线城市地产投资助力。以昆明、大理、丽江等若干城市为主要描述对象，对过去两年房价总曲线图做一个总体描述，寻找未来最有潜力的区域。

按计划，活动结束之后，《云南信息报》还将推出“发现云南秘境之美”旅游手册、“发现云南建筑之美”地产投资手册、“发现云南价值之美”投资寻宝地图，吸引游客，吸引外来资本投资云南。

“发现云南之美”活动为期数月，用如此浩大声势把云南集体打包向外营销，这是当地任何一家其他媒体都无法操作的，充分展示了《云南信息报》背靠南方报业大树的优势。

这次活动影响巨大，引起包括云南省委、省政府官员在内的各界人士的关注，极少接受媒体专访的省委常委、时任省委宣传部长张田欣破例接受了《云南信息报》的采访，畅谈云南之美。

“发现云南之美”活动为《云南信息报》提供了一个成功的范本，此后每年报社都组织大型采访活动，有力地提升了报纸的影响力。

除了大型采访活动，打好“南方牌”贯穿于《云南信息报》日常报道和其他重大事件的报道中，这样的例子非常多。

比如2007年度新闻盘点策划。《云南信息报》从12月25日起推出了《2007新闻年鉴》，每天推出一至两个特刊，一直持续到2008年1月12日，从本地、国内、国际、财经、体育、娱乐、文化等方面全面回顾总结2007年，打出的宣传口号是“吹响年终新闻‘集结号’”、“总版数超过400版”。报道推出后，昆明当地其他媒体仓促应战，但基本上撑了一两期就再无下文。在这个系列特刊里，除了本地内容为《云南信息报》原创，其他内容则全部来源于《南方都市报》。

再比如2008年汶川大地震系列报道。《云南信息报》派出了12名记者，而《南方都市报》派出了56名记者。《云南信息报》的记者纳入到《南方都市报》的采访团队，由《南方都市报》采访部负责人在成都坐镇指挥，统一调度，稿件发回南都，编辑好之后再返回《云南信息报》刊发。这样，《云南信息报》的报道建立在一支由60多名前方记者、30多名后方编辑组成的庞大采编团队的基础之上。特别是《5•12汶川大地震七日祭》特刊，按照时间顺序，多条线索，全方位展示地震灾情和抗震救灾工作，充满了大量人性化的故事和丰富细致的细节描写。整个特刊仅文字就超过了8万字，还有大量有震撼力的图片，质量在国内媒体中难有比肩者。

“打南方牌”，是《云南信息报》在云南市场迅速获得成功的秘诀之一。

二、打本地牌：立足云南服务云南

南方报业进军云南之初，当地媒体的普遍看法是会不会“水土不服”？《春城晚报》在《云南信息报》改版当天刊发的社论中，用“高高飘在空中”表达了这一看法，认为有南方报业特色的《云南信息报》，不一定被本地读者接受。

事实上，从筹备开始，在考虑打好“南方牌”的同时，打好“云南牌”、“本地牌”已经成为新《云南信息报》管理团队的共识。这不仅体现在机构设置、版面设置和团队建设方面，也体现在从改版上市之时，就源源不断推出许多本地题材的大策划、大动作。今天回头看，《云南信息报》的“本地牌”打得有章有法，打得可圈可点。

为了打好“本地牌”，《云南信息报》专门成立了地方新闻中心，它的工作就是打好“本地牌”：改变原报纸的新闻报道气质，提升新闻品质；在适应当地办报环境和读者阅读口味的同时引导、改变这些外部因素，发扬南方报业的新闻理念。

地方新闻中心成立之初就确立了自己的编辑理念：（1）鲜活。强调新闻的时效性，主打短平快而不乏厚重的本地新闻。最大化丰富新闻资源的占有量，要提供给读者欲知、应知而未知的信息，做昆明乃至云南24小时全天候新闻记录员和观察家。（2）实用。强调新闻的本地化和服务性，从新闻选材、内容、角度和写法乃至用语上去寻求贴近，加强服务性。（3）新锐。追求新闻的卓越感，强调永无止境的进取精神和创新能力，对新闻有超前卓越的理解能力和判断能力。要不断开掘未知领域的新闻资源，要不断寻找和尝试全新的新闻操作手法。（4）责任。强调新闻的公信力，对报道的新闻负责，对社会公众负责。

地方新闻中心为了打好“本地牌”，需要练“内”、“外”两方面的功夫。《云南信息报》要提升新闻品质，突出新闻报道的本地优势，吸引本土读者，提升报纸的影响力和品牌价值，内在的动力就是一支能够完成这样的任务的记者编辑团队。《南方都市报》在新闻策划和报道方面的优势非常突出，所以当时调来了一批南都的记者编辑到《云南信息报》轮岗，支持改版工作。他们一方面给《云南信息报》的同事讲课培训，灌输理念，另一方面也亲自参加采访和编辑工作，在实践中言传身教。

要改变外部办报环境和读者阅读习惯，则难得多，也敏感得多。我在《南方传媒研究》发表的《跨地区、跨行业合作办报的尝试及对策》一文中对此进行过分析：跨地区办报一个重要课题是如何处理与当地政府的关系，当某些重大政治事件以及突发事件发生时，跨地区报纸的存在使得当地进行宣传统筹、舆论控制的可操作性出现了不确定性。当地党委、政府对于跨地区办报的态度，被认为是合作成功与否的很关键的因素。

《成都商报》原总编辑陈舒平作为中国跨地区办报的先行者，在“2003报业经营国际峰会”上谈到跨地区办报的困难时说：“当地的一些人，某种意义上来说是一种地方保护，当地的人出事没问题，我们合作的媒体稍微出一点事，就往高处提，这样的话，让人家觉得事很难办，很麻烦。”

在南方报业传媒集团派驻管理团队到昆明前，时任南方报业传媒集团社长杨兴锋特意强调，新《云南信息报》要处理好与当地政府、当地竞争对手的关系。管理团队在入驻昆明后，也立即感受到了广东与云南不同的政治环境及读者阅读喜好，为此，管理团队特意进行了研究。

《南方都市报》和原《云南信息报》是两份不同的报纸，这种不同不仅体现在报纸的版式等外在形式上，更是内容上的不同。《南方都市报》编辑大纲强调三条原则：政治上赞成民主化，经济上赞成市场化，文化上赞成多元化。可以说，《南方都市报》有自己明确的价值追求，它的读者主要是珠三角地区的白领、公务员、私营企业主、自由职业者、学者等相对富裕和相对有知识的阶层，他们也比较认同《南方都市报》的价值理念。

《南方都市报》的新闻理念能否被云南的读者接受？《云南信息报》如何扎根本地文化和读者阅读习惯，从而被当地政府和读者接受？改版后的《云南信息报》做了一系列尝试，取得了较好的效果。

1. 在不违背基本原则的前提下争取支持

新云信管理团队的一名高层回忆：“2007年8月，我随第一个进驻云信的南都团队来到昆明。在进入南都之前，我在云南的两家报社先后工作过3年，熟悉云南和广东的情况，深知两地报业的外部环境和内部环境很不相同。在不少厅局举办的新闻发布会上，我不时听见有记者公开给在座的官员保证：‘这件事我们绝不添乱，你们做得好的告诉我，我告诉全国，你们做得不好的告诉我，等你们解决改善了，我再告诉全国。’这些发言无不博得与会官员的掌声。报纸究竟是公器还是私器，报纸应该为谁代言，报纸如何赢得公信力，这些在南都早已不是问题的问题，在云南，很多媒体的领导和记者还没找到答案。当然，我对时政记者的跑线苦衷深有体会，但广州和昆明的情况显然不同，说明各地的媒体虽然都在一定程度上依赖权力部门提供大量新闻，但依附的程度是不同的。有没有可能既坚持南都的原则，又能改善和权力部门的关系呢？”①

为此，改版后的《云南信息报》主要做了以下三项工作：一是和权力部门的宣传官员们多沟通，了解他们敏感的范畴是哪些，关心的题材是什么，同时输出南都、云信的观念，找机会说服他们接受报社的意见。二是重大事件一定要报道好，不仅要高于同城其他媒体，还要能让当地主管宣传的官员们眼前一亮，例如十七大报道、全国两会报道，在云信转载了南都对全国高级官员、学者访谈的几天后，昆明市政府的官员主动找到报社，索要报纸，以提供给市政府的高层领导阅读。本地的时政报道也不断努力，典型的是在昆明市两会结束当天，推出了《新昆明》特刊，这份特刊大获成功，在会场派发出500多份，当天与会代表几乎人手一份，第二天昆明市新闻官员又要了样报保存。还有昆明城中村改造系列报道，抓住热点，借鉴国内四城经验，受到昆明市政府的肯定。正是靠高端、优质的时政报道，新云信一点一点赢得权力部门的尊重。三是重大的“负面”报道要把握好，在坚持舆论监督立场的同时保证准确，在清楚敏感范畴的同时掌握好度。虽然在和权力机关打交道的过程中，总结了以上几点经验，但由于“新闻纪律”极大的模糊性和复杂的官场生态，新云信也强调首先要“安全生产”。

①王雷：《融入与提升》，《南方传媒研究》第12辑。

2. 版面和内容的本地化

在慢慢“夯实”报纸的“基石”后，《云南信息报》开始打造全新社区版。从改版开始，《云南信息报》就非常注重社区工作，推出社区论坛，在社区反响热烈。

从2008年开始，《云南信息报》每年举办一次“邻里节”，走进社区，走近街坊，与读者交流。2007年12月9日，《云南信息报》改版才两个月，就在永和里社区举办社区论坛，吸引了大批群众参加，500多份报纸被一抢而光。2009年“和谐春城”第二届邻里节由昆明市文明办和《云南信息报》共同举办，倡导市民走出家门，结识左邻右舍。活动持续了6个月，先后走进昆明20多个社区和小区，开展健康讲坛、互动论坛、有奖知识问答、趣味竞技游戏等丰富多彩的活动，还开展了“十大金牌社区”、“十大邻里之星”和“十大好邻居”评选。80多个社区积极参与，经过网友投票、评选组委会的综合评定，三大评选的结果一一揭晓。2010年，《云南信息报》再度联手昆明市文明办启动“文明昆明·和谐春城”第三届云信邻里节，除了开展社区文化展示、法律进社区、知识问答、趣味竞技游戏等丰富多彩的活

云南信息报

2008年7月20日 周日 农历戊子年六月十八

19天

港台元素 丰富中国软实力

昨日，云岭公众论坛第三期主讲嘉宾杨锦麟先生在昆明市图书馆开讲 重点·A02版

“大时代的中国及其软实力构成，是一个充满想像力的主题。这中间，香港和台湾这两个地区的元素，和大陆之间是一种密不可分、相互依存的关系。”

思想大解放 促进大发展

“流浪儿”当场擒抢匪

昭通小伙流落昆明，加入社区巡防队一月即受到奖励 本地·A05版

几番“射雕”谁为经典？

绿丝带传情 邻里一家亲

本报社区论坛昨走进东华路社区 本地·A06-07版

本报24小时新闻热线 0871-3624000 13608840000

新闻传真电话 0871-3609936

■2008年，《云南信息报》举办“云岭公众论坛”，邀请华文界知名专家学者开讲，给云南民众带来思想前沿的声音。图为凤凰卫视“有报天天读”主持人杨锦麟在演讲。

动外，还推出云信义工队进社区开展公益活动、在社区放映优秀电影等特色活动。2011年，《云南信息报》启动“和谐春城第四届邻里节”，更注重与社区、小区居民间的互动。趣味性的活动拉近了邻里间的距离，营造了社区人与人、人与社区、人与自然和谐相处的氛围。昆明市委宣传部副部长、市文明办主任杨凤华说：“《云南信息报》作为一家负责任的媒体，连续举办邻里节活动，不仅拉近了邻里间的距离，同时为昆明市百万空巢老人送去关爱。”

《云南信息报》改版1个月后，《都市时报》和《春城晚报》也开设了社区版；改版6个月后，《春城晚报》酝酿改版，据说这次改版专门为应对《云南信息报》。多家报社每天专门点评《云南信息报》，一些报社还规定中层干部必须订《云南信息报》，每天研究。

相比以前昆明报业的价格战，这次竞争性质不同，各家报社都致力于提升产品品质，这种竞争是良性的。这种竞争逼迫《云南信息报》拿出更好的产品，对《云南信息报》的质量提升也是不可或缺的外部力量。

经济新闻作为《云南信息报》着力打造的品牌之一，也特别注重当地经济的重要发展变化和热点话题。在改版第一天，就推出了特别报道——《商城昆明之痛》，聚焦昆明商业城市地位连续下跌，专访代市长张祖林谈昆明的投资环境。该报道在政府与企业界引起强烈反响，此后，连续推出话题性报道《世界500强为何抛弃昆明》、《世界500强昆明高管眼中的昆明》、《云南新首富亮相》等。目前，《云南信息报》的经济新闻已经成为当地媒体中最专业最权威的经济新闻。

3. 本地策划好戏连台

改版以后，《云南信息报》在本地新闻策划上连连出手，几乎每个月都推出一个大策划，高潮迭起，好戏连台。以下介绍几个影响较大的策划报道：

案例1：昆明往事并不如烟

改版之初，《云南信息报》管理层通过调查发现，昆明的市民社会发育远不如深圳、广州成熟，公共领域相对狭小，故相关新闻得不到热烈追捧，同时云南生活节奏慢，读者更喜欢看故事，为此报社决定投入重兵开设《昆明往事》栏目。

2007年11月19日，《云南信息报》刚刚改版两个月，跨年度大型策划报道《昆明往事》开始在A叠12—13跨版的黄金版面推出。该报道每周一至四推出，按《南方都市报·广州旧闻》的模式，从旧报纸和出版物中追寻昆明的历史记忆。

为了打造好这一栏目，报社不仅抽调最优秀的编辑记者，而且还邀请本土知名专家学者作为“外援”，前后有30多名记者编辑和10多位专家学者共同参与了这组报道。在本土专家学者的支持下，记者们埋首于发黄的故纸堆中，穿行于昆明的街头巷陌，以求准确重现过去的市井百态。多位文史专家、学者和大学教师也欣然担任该系列报道的顾问，积极提供资料，挤时间参与文章采写和点评。从“旧闻”到“老房子”再到“老字号”，《昆明往事》将最鲜活、最独特、最鲜为人知的故事呈现给了读者。到2009年3月，共发表3个系列的《昆明往事》共152篇，规模为300余个版面，成为《云南信息报》报道时间最

A08 昆明往事·老房子

老房子

钱王成就“南邦之雄”

百年“同庆丰”隐居闹市

坐北朝南的“传统商圈”

昆明往事

之老房子系列

延续历史 传承繁华

正文坊 FASHION

百年商脉 传承财富

■《昆明往事》系列报道勾起了昆明人的历史记忆。

长、参与记者最广泛的一次系列报道。《昆明往事》系列报道刚推出时，曾出现读者抢购报纸的场面。有的父母将百余期报纸收集起来赠给子女，有的高校教师托关系向本报讨要整套《昆明往事》作为教学资料……后来，报社将《昆明往事》修改结集为丛书，于2009年9月出版。

时任《云南信息报》总编辑谭智良在接受访问时谈到策划初衷："昆明拥有丰富的人文地理题材，而此前本地媒体挖掘虽然不少，但大都是平面的、简单的、不成系统的。我们觉得这些题材应该能引起读者共鸣，可以为昆明这座历史悠久的城市做点事情。同时，更重要的一点，是我们有信心用全新的视角和方式去操作，就去做了。如我在《昆明往事》丛书的序文《从新的起点，向历史深处出发》中所写：'我们可以通过触摸过去、刻画现在、解构未来，重建人们对这座城市的文化认同。'"

这组报道一开始就强调了三个原则：一是要准确。几乎每篇报道都请专家审看，特别是涉及地名、人名、时间等硬元素的时候。对历史事件的评判也做到尽量公允。二是要有趣。这组报道不是简单再现历史资料，而是要结合当下，用当下的观点、当下的视角去审视、梳理历史，与当下发生互动。三是文本要精益求精。报纸的写作多年来还停留在粗糙的阶段，报社要求采编人员对文本负责，改变写作风格，要用故事的写法来还原历史，当然前提是不能编造、篡改、杜撰历史。

由于这组报道用现代视角解读老新闻，立意高远，质量精细，版面大气，《昆明往事》一推出，便叫好声不绝，尤其吸引了大批包括省领导、大学教授在内的高层次读者。云南大学新闻系主任单晓红女士评价，《昆明往事》使《云南信息报》成为云南第一份可以"慢读"的报纸。而远在重庆的媒体也派人来"取经"。

案例2："空袭"昆明

2007年12月19日，《云南信息报》在改版三个月之际首次航拍昆明，推出全彩特刊《瞰，新昆明！》，开云南纸媒先河，为读者展示了一个全新的昆明。

■2007年12月19日，《云南信息报》推出航拍昆明特刊，此举为当地媒体首创，引起全城轰动。

这次大型航拍，是《云南信息报》对昆明这座城市更高、更宽、全新、立体解读的一次尝试。2003年5月云南省委、省政府提出建设现代新昆明战略以后，昆明发生了日新月异的变化。以滇池为中心实施的“环湖截污”、“环湖交通”、“环湖生态”、“环湖新城”的“一湖四环”工程等一批重大交通工程的新建、改扩建，让昆明人感受到了奇迹般的速度；创建国家园林城市、卫生城市、环保模范城市、文明城市，昆明也正如火如荼地进行……那么，跳出熙熙攘攘的人流和车流，跳出这个奔涌的城市，站得更高些，从天上看看昆明如何？这就是当初策划航拍的动因。

《瞰，新昆明！》特刊用了16个全彩版面，分新昆明、地理、地标、宜居四部分，以精选的航拍图片和凝练的文字，对昆明的地貌、人文、历史、市政、交通、经济、旅游、房产、绿化等方面逐一进行解读。

■《瞰，新昆明！》让市民换个角度看这座城市。

特刊一出，立即在政府和民间引起巨大反响：

航拍要展现什么？要让市民记住什么？昆明航拍与其他城市有什么不同？此次航拍有张照片十分让人心动，就是海鸥图。记得有媒体提炼昆明精神，指出是“春融万物，和谐发展，敢为人先，追求卓越”，这张照片让我们看到了昆明的春融万物，和谐发展。云南的敢为人先，创造出许多个世界第一、中国第一，做出过许多惊天动地的事业。此次航拍留下了许多节奏感很强的图片，激励我们新一代昆明人要“敢为人先”。

——云南省商务厅副厅长　李极明

看到航拍昆明特刊《瞰，新昆明！》的第一感觉很震撼，第一，这是一个好选题，它以新视角反映了新昆明建设推进五年来的成就，全面展示了昆明的变化，直观地反映了新昆明最新的面貌；第二，手段创新，看了很震撼，让人们随着空中拍摄的镜头，来感受这个我们生活的城市，感受春城的别致景观，以一个新视角来看在昆明春城过冬的小精灵——海鸥，看我们的滇池和公园休闲的游船，看我们美丽的旅游度假村，看独具地方特色的城市建筑；第三，图片有创新，让读者和受众从媒体报道上看到了新意，让大家更有热爱生活、关心城市发展的热情。我们鼓励媒体多探索这样的创新方式，用新视角关注生活亮点。应该说，这样的创新方式是反映我们城市建设和所取得成就的具体举措，希望媒体多运用创新手段和好的选题为读者提供更多更好的精神享受。

——云南省委宣传部新闻处副处长　龚飞

航拍的策划很大气，有冲击力、震撼力。这是云南媒体首次用大规模航拍的方式来解读昆明，创意独特。看了《云南信息报》才发现，原来，我们还可以用这样的角度来看昆明。报道直观地告诉了我们一个正在向前迅速发展的现代化城市，但它又不是单纯的现代化，它是温暖的、和谐的。从视觉上来看，这些图片从高于我们日常生活的角度来表现昆明，具有博大宽宏的视野和胸怀，和昆明春融万物的精神很合拍，昆明人需要这样的视野和胸怀；从画面上来看，我感受到了它的线条和色彩，都很美、很大气，给了我们美学意义上的直观认识。

——昆明市委宣传部新闻处处长　刘光平

《云南信息报》这次航拍把昆明的现代化和人文元素进行了全方位、立体化的结合，展示了昆明这个令人向往的魅力之城。该报对昆明的人文、自然、城市等内容进行的分类，体现了昆明之美，而且该报的航拍可以给本土市民留做纪念。这次航拍是昆明历来都市类报纸做得最好的一次，这是以前没有见到的，我给予充分的肯定。

——云南大学新闻系教授　庄晓东

这个创意带着“空袭”的意味，让昆明市民随着这个漂亮的动作进入一种状态：知道如何赞美自己的城市。这可以是一个文化城市的符号，可以是一个引领的动作，一举手一投足，展现读图时代的震撼。

——云南电视台生活资讯频道总监　曹先强

航拍报道如同在昆明上空奏响交响乐一般，让人耳目一新。如果把《云南信息报》航拍图片拿去招商引资，外地投资商肯定会为之一动。

——香港大公报云南办事处主任　陆琼

这次航拍的另一个重要意义是，《云南信息报》借此提出了一个响亮又契

■2009年4月15日，云南信息报丽江记者站挂牌仪式。

合新云信特质的口号："站得更高，看得更远。"的确，新的《云南信息报》站在南方报业和云南出版集团两个"巨人"的肩膀之上，与本地其他媒体相比，有着更广阔的视野，更深厚的资源，更远大的理想。

此次航拍报道成功后，《云南信息报》在2009年4月15日丽江记者站成立时，又航拍了"天下丽江"，将世遗之壮美展现给世人。2010年，第三次航拍选择了昆明的新城——呈贡。

案例3：问计新加坡，谋计新昆明

2008年5月27日，30位昆明官员步入新加坡管理大学经济学院，开始为期20天的城市规划建设管理培训。此后，陆续有来自昆明规划、建设、城管、财政、环保、滇管、国土、园林、房管等部门及部分县（区）、开发区共90名昆明干部在新加坡分批学习城市规划建设管理的培训课程，被称为"昆明最大规模的一次国外培训干部"。

为什么问计新加坡？是因为正在进行的新昆明建设。政府当时急需以落实"四项制度"为解放思想突破口，急需在更高层次上强势推进，急需以超常规的速度和模式发展。

选择新加坡作为昆明的学习范本，是因为新加坡是个脱胎换骨速度最快的小国家。新加坡只有43年的独立历史，面积仅为昆明的1/30，气候和旅游条件根本无法与昆明比。然而，它制造出了奇迹——它是世界上最干净、最美丽的“花园城市”，被世行连续两年评为“全球最便于经商的地方”，它以34000美元的人均GDP荣居亚洲之首，它拥有世界上最大的集装箱码头、第二大钻井平台生产基地、第三大炼油中心、第四大外汇交易中心。在这里，云集着约7000家跨国公司和10万家中小企业，其中有超过4000家在新加坡建立了企业总部。

正因为此，中国各地政府在改革发展过程中，都希望学习新加坡的成功经验。早在1992年，新加坡就为中国培训过官员。1997年开办的管理经济学硕士课程（中国“市长班”）和1998年开办的公共管理硕士课程班（“高官班”）曾经被媒体广泛报道。2007年8月，深圳派出由129人组成的“跨海取经团”远赴新加坡。2008年初，先后有来自中共中央组织部、教育部及辽宁、重庆、四川、湖北、福建、广西、河北等地方组织部的129名中高级官员成为新加坡学员。

2007年底，仇和来到昆明，担任云南省委常委、昆明市委书记。在履新之前，仇和就多次到新加坡学习考察。2008年5月，仇和决定派干部到新加坡学习培训。他认为，新加坡的城市规划建设管理至少有五个方面值得学习：一是科学编制规划，严格监督执行。二是加强城市设计，彰显城市个性。三是注重生态建设，突出以人为本。四是制定完备法规，实行严管重罚。五是坚持环保优先，促进科学发展。“新加坡经验的内涵远远不止这些”，仇和要求干部在赴新加坡培训中勤于学习、善于思考、认真总结，力争提炼出更多对当前工作有指导意义的新鲜经验。仇和说：“之所以组织干部到新加坡学习培训，是因为新加坡鲜明的城市形象、协调的城市空间、舒适的城市环境和高度发达的城市经济，已经成为全世界城市规划建设管理的模范。学习和借鉴新加坡经验，反思和审视我们的做法，摒弃决策过程中的盲目性，更好地规划、建设和管理城市，更多地关注民生，创出城市特色，营造宜人和谐的城市环境，是我们城市工作的努力方向。”

考虑到这些背景，从2008年6月下旬至7月上旬，《云南信息报》特派记者飞赴新加坡，遍访国会议员、政府官员、专家学者、媒体、民众等各阶层人士，走访人民行动党总部、市区建设局、建屋发展局、国家环境局、陆路交通管理局、公用事业局、工业园区、金融区、商业区、社区等，解密“昆明最大规模的一次国外培训干部”之台前幕后，并着力展示这个海外榜样的原貌和细节，探寻它快速崛起的路径。

报道最有价值的新闻

云南信息报

2008年7月21日 周一 农历戊子年六月十九

云南出版集团公司 南方报业传媒集团

18天

残奥会倒计时 47天

孟连冲突事件已平息

胶农与民警冲突，41民警受伤，警方被迫防暴自卫致2人死亡

聚集胶农被劝返，省领导批示尽快查明原委及时公布事实真相

本地·A06版

本报特派记者赴狮城10日观察，今起推出大型系列报道

问计新加坡 谋计新昆明

《联合早报》供图

第一重点·A02-03版

梁朝伟刘嘉玲

今日不丹大婚

娱乐·B08版

本报继续推出滇池治理系列之三“河流篇”

不要再伤害盘龙江

第二重点·A04-05版

汇率改革3年 人民币升值21%

国内·A15版

云南上半年GDP增幅已经超全国

本地·A06版

总第4965期

定价:0.5元

外埠:1元

今日昆明48版 分A、B、C、D叠

其它地区40版 分A、B、C叠

本报24小时新闻热线

0871-3624000

13608840000

新闻传真电话

0871-3609936

短信平台

■2008年7月21日起，《云南信息报》连续推出7篇《问计新加坡　谋计新昆明》系列报道。

《问计新加坡　谋计新昆明》大型系列报道自7月21日开始推出，以12个整版的篇幅推出记者王力采写的报道。在“问计”部分，发表了《寻找新加坡的DNA》，回答李光耀为什么能够带领新加坡走向成功的关键：一是务实，二是法治，三是开放。《每一寸土地都有未来》回答了新加坡如何做出最前瞻、最科学、最节约、最精致的规划。《能喝的“污水”和“雨水”》回答了新加坡作为一个严重缺水国如何利用世界首创的全新循环计划解决缺水难题。《前瞻，才能带来灵活》回答了新加坡如何前瞻性地采用可持续措施打造绿色“花园城市”。《每一座城市都应有身份》回答了新加坡作为一个多文化交融的国家如何打造自己的建筑特色。《新加坡公共交通十分便利》回答了新加坡作为世界上人口密度最高的国家之一如何解决交通拥堵。《房价：要让多数家庭“扛得住”》回答了新加坡的公共房屋计划如何保证住在建屋发展局建造的组屋里的新加坡人数超过90%。在“谋变”篇，记者透过首批赴新加坡参训“规划建设管理”的昆明官员谈体会、谈收获，透过昆明的企业家和读者谈感想、谈心得。

系列报道一推出，不仅在云南社会各界引起强烈反响，也受到新加坡各个阶层人士的密切关注。“访谈报告十分全面，文笔生动流畅，一气呵成，版面设计精美，内容安排合理。”新加坡人民行动党总部执行理事刘炳森将每日最新刊登的报道送达新加坡内阁资政李光耀、总理李显龙的手中。新加坡《联合早报》7月27日以“中国昆明《云南信息报》看新加坡”为题，用一个整版的篇幅，全文转载该系列报道的首篇《在新加坡进行一场头脑风暴》，并在“联合早报网”首页的显著位置上做了醒目导读。

《联合早报》在“编者按”中称，转载此文，是为了引导新加坡读者了解新加坡和昆明两地的情况，并能从中国记者眼中重新认识新加坡。昆明市委一位官员称，赴新加坡参加城市规划建设管理首期培训班的昆明市领导干部临出发之前，省委常委、昆明市委书记仇和就特别交代：“这次培训也是一次招商引资的良好机会。要主动与当地客商联系、交流、沟通，广交朋友，让更多的新加坡企业家了解昆明，相信昆明，考察昆明，投资昆明。”这位官员告诉记者，他没想到《云南信息报》跑得这么快，通过宣传报道，为昆明与新加坡之间增进了解架起了一座桥梁。

“这组报道不仅将新加坡的规划建设管理经验生动形象地介绍进来，而且联系到昆明实际，很有可读性和实用性。”昆明市委组织部干部教育处处长廖助宁的评价很有代表性，“我非常高兴的是，这组报道还被新加坡媒体转载，这对昆明的对外形象宣传，起到了推波助澜的作用。”

案例4：滇池治理和昆明水危机

滇池污染是一个令人揪心的话题。滇池是云南最大的湖泊，昆明的“母亲湖”，南北长约40公里，东西宽约8公里，总面积300平方公里。滇池污染经历了一个长期而复杂的过程。据专家研究，水质污染从20世纪70年代后期开始，进入80年代特别是90年代，富营养化日趋严重。造成滇池水污染的原因一是滇池地处昆明城市下游，是滇池盆地最低凹地带；二是生活污水进入滇池；三是工业废水进入滇池；四是农业面源污染，即在农业生产和居民生活过程中产生的、未经合理处置的污染物对水体、土壤和空气及农产品造成污染；五是滇池流域城镇化迅速发展；六是滇池属于半封闭性湖泊，缺乏充足的洁净水对湖泊水体进行置换；七是在自然演化过程中，湖面缩小，湖盆变浅，进入老龄化阶段，内源污染物堆积。“七五”以来，国家和云南省投入滇池污染治理的经费突破了40亿元。这些来自中央、地方政府的款项和世界银行的贷款虽然有效地缓解了滇池生态环境的恶化，但未完全根治污染，滇地被国务院列为重点治理的“三湖三河”之一。

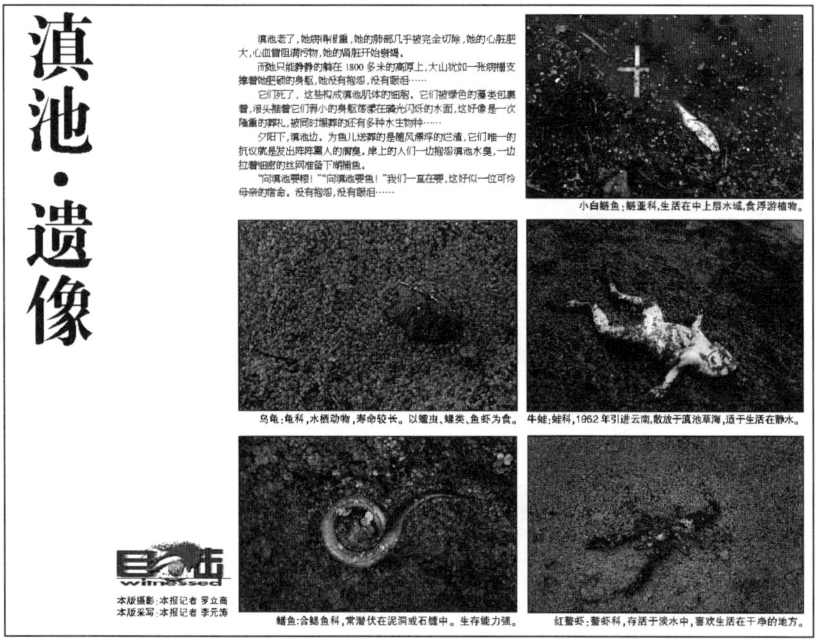

滇池·遗像

滇池老了，她病得很重，她的肺部几乎被完全切除，她的心脏肥大，心血管阻满污物，她的肾脏开始衰竭。

而她只能静静的躺在1800多米的高原上，大山犹如一张病榻支撑着她肥硕的身躯，她没有抱怨，没有眼泪……

它们死了，这些构成滇池肌体的细胞。它们被绿色的藻类包裹着，浪头推着它们弱小的身躯荡漾在磷光闪烁的水面，这好像是一次隆重的葬礼，被同时埋葬的还有多种水生物种……

夕阳下，滇池边。为鱼儿送葬的是随风漂浮的烂渣，它们唯一的抗议就是发出阵阵熏人的腐臭。岸上的人们一边抱怨滇池水臭，一边拉着细密的丝网准备下湖捕鱼。

“向滇池要粮！”“向滇池要鱼！”我们一直在要，这好似一位可怜母亲的宿命。没有抱怨，没有眼泪……

小白鲢鱼：鲢亚科，生活在中上层水域，食浮游植物。

乌龟：龟科，水栖动物，寿命较长。以蠕虫、螺类、鱼虾为食。

牛蛙：蛙科，1962年引进云南，散放于滇池草海，适于生活在静水。

鳝鱼：合鳃鱼科，常潜伏在泥洞或石缝中。生存能力强。

红螯虾：螯虾科，存活于淡水中，喜欢生活在干净的地方。

目击 witnessed

本版摄影：本报记者 罗立高

本版采写：本报记者 李元涛

■《云南信息报》持续关注滇池治理，推出大批有深度的报道。

对这个昆明的“母亲湖”，《云南信息报》投以极大的关注。2007年11月，即改版不到两个月，《云南信息报》就推出“昆明水资源调查”系列报道，用20个整版的篇幅，从城市供水、中水利用、污水处理、地下水开采、桶装饮用水安全、洗车场用水和农村饮用水等视角，全面解读了昆明的水环境。报道结束后，《云南信息报》又邀请各界专家、环保人士和居民代表参加昆明“水危机”论坛，讨论“昆明水资源现状”、“水危机与城市发展”和“如何化危为机”等话题。在论坛上，大家认为滇池污染是人为的污染，每一个人都是一个污染源，这不是天灾是人祸。

这个系列报道和活动，可以说是《云南信息报》改版后对滇池治理发起的第一轮新闻攻势。之后，《云南信息报》每年都会以滇池治理为主题推出不同角度的策划报道：2009年就市民提出的滇池治理方法，如网上热议的“抽干滇池”治理污染等办法及时组织报道，引发更多舆论关注。2010年，旅游地产威胁滇池事件引起昆明市长震怒，斥开发商行为令人发指。《云南信息报》连续跟踪报道，在全国引起反响。2011年则推出“滇池治理微访谈系列”，报道昆明市委宣传部官方微博与昆明市滇池管理局官方微博与网民就滇池治理问题的在线互动。“随手拍拯救滇池”，是《云南信息报》联合绿色昆明、云大唤青社、昆明乐水行、昆明之美等关注滇池的公益组织开展的公益活动。

《云南信息报》抓住了滇池治理这一关系所有昆明市民利益的热点，报道形式上多有创新，“本地牌”打出了效果。

4. 竞争对手的态度变了

很多人读完《云南信息报》改版致读者的文章后都感觉到，这篇改版“宣言”不太像南方报业的风格，显得过于低调和温婉。确实，文章没有刻意表达南方系进军云南市场的锐气，更多的是以《云南信息报》的辉煌过去来标明，今日改革仍将高举当年定下的“报道最有价值的新闻”大旗，同时更多的是表达了一种友好——今天“南方”的基因注入《云南信息报》，只是在“云贵高原冰雪的气息”外，多一份“来自太平洋风暴的气息”，目的还是为了云南的读者，“走向你，走向春城深处”。

新《云南信息报》以温婉的笔墨表达了善意的态度，其目的正如时任南方报业传媒集团董事长、社长杨兴锋所提出的，南方系进入云信，一要低调，二要多赢。

低调不是示弱，温婉也是一种力量。“低”更是务实的姿态，表示新的《云南信息报》团队不仅要有“理想之火”，也要食“人间烟火”。

多赢的“多”，也包括昆明市场上的其他同行。曾经的恶性竞争让大家都受到伤害，而良性竞争，打价值战不打价格战，让昆明的读者有更多更好的选择，这样所有的媒体都是赢家，昆明的读者也是赢家。

当然，《云南信息报》新的管理层一开始的这种态度也许有点“一厢情愿”，但是坚持并让时间证明你是对的，这才是力量。

同城媒体有的一开始并不看好《云南信息报》的重组和改版，但是在10个月后（对一份新改版报纸，这个时间并不算长），态度变化了。

在《云南信息报》改版10个月的时候，时任《春城晚报》管委会主任的张光旭在内部论坛的“总编辑评报”专栏写下一个帖子，标题就叫《写在〈云南信息报〉改版10个月之际》。张光旭说，他写作此文的目的在于提醒晚报全体报人：改版10个月以来，《云南信息报》的竞争优势已经开始形成，尤其是内容优势已经形成，晚报到了真正重视《云南信息报》的竞争优势的时候了。他在文章中说：“一种沉重的忧虑由此压上我的心头。”

张光旭列举了《云南信息报》一天所刊发的几篇报道：

A2版：《三声巨响“火电王”轰然倒地》；A7版：《嫖娼钱被调包泄愤刺10路人　省公安厅及时通报文山案情》；A8、A9版：《11年一个孩子的一生》；A13版：《滇池·遗像》；A14版：《云南野生动物园禁塑啦》。

文章说，和同城媒体相比，《云南信息报》的上述报道均属于“人无我有”或者“人有我优”的类型，构成了当《云南日信息报》在内容竞争方面的优势。尤其是前三篇报道，其采写人员在采访时捕捉细节的能力、在写作时讲述故事的能力，已经达到一个很高的水平。“滇池·遗像”这组摄影报道，视角独特，画面集中，令人震撼。然后他列举了《春城晚报》当天“可以称为亮点的几篇报道”并发出感慨：“我耐着性子全部读完了，试图从中找出一点新闻元素或者有用的东西，但是很遗憾，我没有找到。读完这些报道，我真正体会到了什么叫阅读的痛苦。建议我们的总编辑们、部门主任们，以及采编人员都读读。”

文章还说：“实事求是地说，昆明的四家都市类报纸，目前在内容上仍然互有优势，并没有哪一家在一段时间内全面和持续地胜出。但信息报在内容方面的优势越来越明显，却是不容否认和忽视的事实。今天，当我们回头审视信息报改版10个月以来，这张报纸成长的路径，以及由此而带来的昆滇报业市场竞争形势的新情况时，我们应该下这样一个结论了：从现在开始，晚报真正的竞争对手是《云南信息报》！”

坦率说，我在网络上读到这个帖子的时候，心情是喜悦的。作为《云南信息报》“重生”计划的策划人和参与者，我的喜悦来自两个方面：一是我知道，《云南信息报》要在昆明立住脚跟，需要获得承认，包括主管领导部门、两大集团、读者、同行的承认。在某种层面上来说，我认为同城其他媒体对于《云南信息报》的态度更为重要，因为无论从专业的角度还是市场的角度，同行的反应更敏感，他们的态度同时也能反映多个方面包括读者的态度。二是我看到了新的媒体竞争格局即将出现，那就是在内容和质量上的竞争，作为一个媒体管理人，我很愿意看到这样的局面。

第三章　经营创新：打价值战，不打价格战

一、为什么不打价格战

改版后的《云南信息报》明确提出："打价值战而不是价格战以赢得市场。"《云南信息报》确定营运模式以品牌为核心，以内容品质为基础，采编、广告、发行联动，全面提升报纸作为产业的市场化运营水平，打造报媒在城市中的综合影响力。

关于昆明报业几轮价格战的情况，第二篇已做了介绍，在此不赘述。需要说明的是，价格战的结果是，昆明的报业市场出现恶性竞争格局，几乎所有报纸都是输家，最终迎来行政干预。

1. 价格战是双刃剑

用价格来调节市场供需，也是一种常见的市场手段。在市场化程度较高的报业市场，价格战并不罕见。

传媒学者研究发现，中国报纸价格战最早是1872年创办的《申报》发动的。1872年的上海，《上海新报》一枝独秀。1872年4月30日，英国商人安纳斯脱•美查创办了综合性报纸《申报》，它是近代中国发行时间最久、具有广泛社会影响的报纸，是中国现代报纸的开端和标志。《申报》重视政论文章，提出言论要"有系乎国计民生"，要"上关皇朝经济，下知小民稼穑之苦"。《申报》注重反映社会实际生活，连续三年报道"杨乃武冤案"，是当时中文报刊中最早、最长的连续报道，直到冤案真相被揭露。

《申报》创办后最大的动作就是价格战，为了快速抢占市场，一上市便定价为铜钱8文，而当时上海发行量最大的报纸《上海新报》售价为每份30文。为了应战，《上海新报》也降价为每份8文。但是由于《上海新报》是用"洋

纸”印刷，成本非常高，5个月后被迫关门。消灭了对手之后，《申报》将售价提高到每份10文，以弥补亏空。

在华文报业界，20世纪末的香港报纸价格战已成为许多老报人的痛苦回忆。1995年前，小小的香港报业市场，《东方日报》占据绝对的市场份额，《明报》、《星岛晚报》、《快报》、《联合报》、《新报》、《成报》等恪守香港报业公会于1994年10月制订的行业自律价——每份5港币。就在这时，市场杀出一匹黑马——佐丹奴创始人黎智英创办了《苹果日报》。《苹果日报》高薪挖角，使用大胆鲜亮刺激的版面语言，还用买一份报纸送一个苹果的方式促销。其最让同行瞠目的是，报纸价格每份2港币。靠系列刺激措施，《苹果日报》发行量一路飙升，很快达到40万份。在取得骄人成绩后，《苹果日报》将价格调整到每份报纸4港币。同年12月，市场龙头老大《东方日报》开始反攻，主动降价为2港币一份，点燃价格战战火。紧接着，《苹果日报》和《成报》降到2港币，《天天日报》和《星岛晚报》在抵制一段时间后也卷入混战。其间，《新报》更是火上加油，将价格降到每份1港币。1996年7月，这场价格战停息，各家报纸恢复每份5港币的售价，而《快报》、《联合报》、《星岛晚报》、《电视日报》、《东快讯》、《华南经济新闻》六家报纸被迫关门。1997年5月，复刊的《快报》以2港币售价重回市场，向《东方日报》、《苹果日报》和《明报》挑战。《东方日报》再次降价为2港币。在这轮新的战争中，《新晚报》停刊，回光返照的《快报》也再次阵亡。

报纸价格战是一柄双刃剑，有输家也有赢家。这是为什么呢？媒体的市场竞争，价格战是一种手段，最直接的底气来自实力尤其是财力。除此之外，我们应该看到，报纸竞争是多个层面的竞争。首先，报纸的市场定位是否准确，按照市场定位能否提供更好的内容服务，是决定报纸发行量多少的关键因素。比如《申报》，创办伊始就强调新闻的真实准确，依靠“杨乃武冤案”这样重大题材的连续报道，为报纸赢得了读者。《苹果日报》贴近市民阶层，刊发大量娱乐和社会新闻，也吸引了香港市场上的众多读者。其次，媒体之间的竞争是人才的竞争。《苹果日报》创刊时，就高薪挖角，对其他报纸的团队杀伤力非常大。所以盲目使用价格战手段，命运会跟香港《快报》一样。

2. 多败俱伤的内地报业价格战

昆明的报业价格战因为行政干预和媒体的广泛报道而广为人知，其实，国内不少城市都发生过惨烈的报业价格战。

南京的报纸价格战，可能是内地报业市场化开始后最早的价格战。对这次价格战，吉鹏在《透过沾满油墨的硝烟——关于南京报业价格战的调查与启示》中做了详细的描述：

1999年5月9日，《江苏商报》吹响了“江苏商报，一看就有回报”的号角，以当时南京报业的最低价——两角一份隆重推出，打进南京早报市场，并因此点燃了南京报业大战的导火索。

四个月后，也就是9月份，《人民日报》下属的《市场报》主办的《江南市场报》改名为《江南时报》，对开8版，也是两角一份跟进《江苏商报》，正式拉开了价格大战的序幕。

价格大战的烽烟刚刚燃起，不到一个月，新华社江苏分社下属的《现代经济报》扩版并更名为《现代快报》，4开16版的报纸仅以一角钱面世，在报纸价格再创新低的情况下也小有收获，发行达到了6万份。

两个月后的12月8日，《新华日报》旗下的《每日桥报》不但开本从小变大，而且以彩印大报的形式出现。更加棋高一招的是，不仅以每份1角的价格酬宾，而且在买《每日桥报》时还能获赠一份《服务导报》。

年底，南京市场的“老大”——《南京日报》再也坐不住了，也推出买《南京日报》送《金陵晚报》的决定。如果单订2000年的《金陵晚报》则等于免费，144元订报费可全额返还或者返还同等值的牛奶、矿泉水等实物……

一时间，南京的电视、电台、街头传单、公共汽车车厢都变成了各媒体的宣传阵地，报业广告铺天盖地，报摊上各种报纸争奇斗艳。但是降了价的报纸并没有得到市民的尊重，本该受到珍惜的报纸由于来得太过容易和过量，浪费之风开始蔓延，休息娱乐场所往往看到遍地被丢弃的报纸。当天的报纸没看完，隔天就当垃圾扔掉，学生宿舍里摞成山的报纸如何处理让人头疼，在市场上，报纸充当了廉价的包装纸……

价格战造成了报业市场的紊乱，只顾争夺市场而信息芜杂粗劣的报纸，使得新闻资源的价值在价格战的硝烟中被忽视，并且造成了纸张等资源浪费，这样下去会降低报纸在人们心目中的地位。于是，2000年2月，江苏省新闻工作者协会和南京地区部分报纸就调整报纸零售价格达成协议：自2000年3月1日起，4开16版或对开8版报纸的最低零售价调整至3角，同时在报纸发行或零售中不得采取“买一送一”等其他变相降价方式。

2000年3月，《现代快报》、《江苏商报》市场零售价仍然保持在每份0.20元，表明多方努力达成的报纸零售价格协议已被撕毁，大战硝烟再次弥漫南京报业市场。

2001年2月21日，中共江苏省委宣传部、省新闻出版局和江苏省廉政办公室联合下发了关于进一步规范南京地区报纸价格的紧急通知。自2001年2月26日起，南京地区报纸（4开16版或对开8版）每份最低零售价为0.30元；自2月26日起，各报纸不再实行相互搭售、“酬宾”、“优惠”等变相降价销售方式；违者将视情况给予警告、停刊整顿等处罚，并追究报社领导责任。至此，南京报业的价格大战受到了有效的遏制，报业市场重新规范。

这场价格战使得南京报业市场被重新分割。从发行量上看，《现代快报》从其前身《现代经济报》最高2万多份的发行量上升到如今的50多万份，《江苏商报》也由原来的几千份上涨到如今的20万份，《江南时报》的发行量也稳定在3万多份。《服务导报》、《每日桥报》和《金陵晚报》则有一定程度的损失。连在南京报纸市场一直处于大哥大地位的《扬子晚报》也受到了冲击，总发行量下降三四万份。

南京价格战刚停息，报纸价格战接着就在武汉上演了。

2001年10月，《武汉晚报》和《今日快报》合并，对抗最受市场欢迎的武汉都市类报纸《楚天都市报》。2001年11月，湖北日报报业集团的《市场指南报》改版为《楚天金报》，以3毛钱的定价进入市场。本来，这个定价仅仅是《楚天金报》初入市场的临时策略，没料到成了武汉报业价格战的导火索。

2002年1月5日，隶属长江日报报业集团的《武汉晨报》以1毛钱价格正式挑起武汉价格战的序幕。该报1月8日称，降价后已连续两日位居武汉地区销售量第一，降价第一天省内总销量就飙升至62.6万份。同日，《武汉晚报》也宣布降价。1月10日，湖北省新闻出版局出面干预，宣布“武汉地区所有晚报类、都市类报纸今日起实行统一零售价”。随后，各家报纸调整零售价到每份5毛。

报业价格战给同城报业带来了强烈的危机感。价格战结束后，各报纷纷改版，力争在内容上胜出对方，争夺读者。可以说，在经历惨痛的价格战后，报纸必然步入“价值战”时代。

二、如何打好价值战

1. 南都不打价格战的经验

《云南信息报》打价值战不打价格战，通过品质占领市场的策略，与报业价格战的经历有关，更与南都的运作经验有关。

2007年，在中国大部分报纸仍试图通过价格因素（低定价或者折扣）来扩大发行的时候，《南方都市报》却于当年11月1日将其深圳版零售价由1元提高到2元，年订价由360元提高至720元。尽管提价行为配合了最大规模的一次新闻改扩版和服务全面升级行动，但是舆论关注的主要还是提价。《南方日报》、广东电台、《第一财经日报》以及香港《太阳报》、新加坡《联合早报》等媒体均刊播了《南方都市报》涨价的消息，称其已“成为全国最贵的都市类报纸”。在互联网上，《南方都市报》提价的消息不胫而走，大家讨论的焦点都落在了“提价”上，有喝彩的，有担心的，有泼冷水讲风凉话的，有讥讽谩骂甚至造谣中伤的，好不热闹。

在各种猜测四起时，时任《南方都市报》执行总编辑庄慎之接受了媒体采访。他认为，从发行的形态上看，国内报纸尤其是都市类日报都以低于成本的价格发行，最终再靠二次销售即广告投放的盈利模式来获利。这种亏损发行方式有时候在某些地方走向了极端，即打价格战。“它们抢占市场不是靠内容，不是靠品质，不是靠本身与其他报纸的差异化，而是靠极低的价格，或者采用

■2009年12月，法国里尔高等新闻学院教务长向作者赠送圣诞老人。

另一种极端的方式，比如说送日用消费品，甚至送彩电等，来打价格战”。

庄慎之说：选择深圳调价是因为特区是一个改革的试验田，读者对于改革举措不会大惊小怪。加上深圳普遍消费能力比较强，2元定价又在一个合理的区间，仍然是接近甚至低于成本的价格。另一个理由是，南都对产品核心竞争力有很强自信。

中国人民大学舆论研究所所长喻国明教授认为，售价2元的报纸仍然属于国际上公认的大众化报纸。[①]“什么叫大众化报纸，就是这个报纸并不构成阅读障碍、太大的经济负担或价格困扰；也就是说，如果人们愿意阅读，那么这两块钱并不是他出不起的，而是比较容易拿出手的。”他介绍，报纸售价多少算合适，世界上有个通行的系数，那就是当地居民人均收入的1/50。“现在中国大城市的人均收入都超过2000元，1/50就是40元，中国报纸现在的订价水平远远低于这个标准。”

①喻国明：《卖2元仍属大众化报纸》，《青年记者》2008年第1期。

重视公共利益和社会责任，是任何国家的媒体都无法拒绝的义务，媒体不可避免地要在引导新闻品位与迎合市场之间不断寻找平衡。针对此次提价在社会上引起的质疑，庄慎之解释说，作为一个媒体，必须承担应有的社会责任，但是作为一个企业，首先要解决正常经营和生存问题。“南都把报纸价格从1元调整到2元，是为了调整近年来因纸张成本压力人为控制发行量的策略，避免因减少投递人员导致的送报不及时现象发生；从一定程度上讲，也是部分还原了南都的市场价值，扭转价值与价格倒挂状况。”

庄慎之透露，南都提价前在深圳做过500多名读者的抽样调查，表示能够接受提价至2元的读者达到60％以上。“这可以看出，报纸真正的竞争力其实不在价格，而在内容的差异性。没有这种差异性，当然就会出现你卖2元，读者就去买1元报纸的局面。”

事后，《南方都市报》总结认为，深圳的改扩版提价行为“至少为南都也为中国报业打开了六个想象空间”：

（1）发行量空间。由于成本的压力，南都近几年来一直在深圳采取限量发行的策略，提价以后，至少在未来几年的时间里，会全面放开发行，追求发行量的最大化。

（2）服务升级空间。报纸的售价翻了一倍，可以有更多的投入用于增加印力和运力，提高发行时效，扩大发行队伍，优化发行网络等。

（3）新闻提升空间。提价后版面增多，新闻内容增加，就可以进一步打开品质提升的更大空间。正如南方日报社前社长、现暨南大学新闻与传播学院院长范以锦所言：“报纸价格能否让读者接受，关键在于报纸品质能否与其价格相适应，这也是南都深圳改扩版提价成功的决定性因素。”①

（4）队伍成长空间。提价前南都在深圳采取限量发行政策，使深圳发行部失去了目标，发行员有劲没处使，没有了突破业绩的欣喜，没有了战胜对手的骄傲，没有了赢得市场的自豪。改扩版提价全面放开发行，无疑为每一个愿

①朱倩：《“南都读者号”帆船起航》，《南方都市报》2007年11月2日。

意做英雄的南都发行人打开了一个突破自我的事业空间。有的发行员扬眉吐气地说：“这一刻我们等了三年。”

（5）广告空间。报纸影响力和发行量是广告收入的基石，没有发行量就没有广告。南都放开发行量限制后，广告收入的空间自然宽广起来。

整体成长空间。深圳的GDP已经接近广州，是众多媒体垂涎欲滴的市场。打开了南都在深圳的发展空间，也就是打开了整个南都的发展空间。广东报业流行一句话：得广深者得天下。

（6）《云南信息报》2007年9月19日改版问世之日，正是南都酝酿提价扩版之时，这是《云南信息报》在筹备改版之初就决定不打价格战的原因。《云南信息报》改版主导者之一的庄慎之说，当昆明所有报纸的定价都是5角一份时，我们定价同样是5角，但我们坚决不跟进20元就订全年报纸的做法。“报纸发行乃至报纸的整体竞争，无论是品牌价值也好，内容价值也好，最终都会回到价值的竞争上。”

2. 《云南信息报》的两次提价

多年的价格战，导致昆明报业只有量的横向扩张，没有质的纵向提升，结果是读者、报业两败俱伤，新闻品质徘徊不前。2007年《云南信息报》改版时，各家报纸的全年定价基本在80元左右。新云信管理团队决定把报纸全年定价提高到180元。随后，昆明其他报纸也纷纷将定价恢复到正常状态。《云南信息报》不打价格战的做法并没有失去读者，云南省主管宣传的领导和行政主管部门对这一做法给予了高度赞赏。

2008年下半年，新闻纸价格大涨，各报社经济压力剧增。为此，省委宣传部、省新闻出版局召集昆明几家都市类报纸负责人商议，达成了提价协议：统一把报纸零售价由0.5元提至0.8元。当时《云南信息报》提出的方案是零售价提到1元，但遭到其他报社强烈反对，最终接受了0.8元这个价格。

2009年4月17日，在毫无征兆的情况下，《春城晚报》突然单方面降价，把零售价降为0.5元。该报当天还刊发社论，称这是回馈读者的厚爱，强调该报在市场上处于领先地位。没几天，《生活新报》也跟风降价了。

新一轮价格大战似乎又要爆发，是跟风，是不动，还是逆势而上？《云南信息报》选择了逆势而上：提价！总编辑谭智良后来对此做过详细叙述：

> 这一年（2009年）有个标志性的事件，可以写进云信的发展史。4月17日上午，我参加完丽江记者站挂牌仪式，正在赶往大理参加下午举行的大理记者站挂牌仪式的途中，接到同事电话，说《春城晚报》当天毫无预兆地降价了，零售价由0.8元降为0.5元，该报还发表评论称同城其他媒体必然会跟风降价。当时我的第一反应是，云信对此无非有三种选择：一、跟风降价，因为《春城晚报》是目前排位第一的报纸，它降价了，其他报纸跟进是理所当然的，但此为下策；二、维持原价（0.8元）不动，此为中策；我认为还有第三种选择，那就是它降我涨，涨到1元，是为上策。
>
> 但凭什么涨价？我们的底气来自于《云南信息报》的品质，改版后的《云南信息报》定位"云南（昆明）市场化运营程度最高的政经主流大报"，明确提出"打价值战而不是价格战以赢得市场"，走品质路线，并公开承诺拒绝刊登违法违规低俗的医疗、征婚等广告，为此报社每年损失至少2000万元广告收入也在所不惜。可以说，《云南信息报》成为当地最有品相、最"环保"的报纸，赢得了广大读者和品牌客户的认同。经过缜密的市场调查、版面调整等准备工作，7月1日，在其他报纸跟进降价的时候，《云南信息报》反其道而行之，逆市提价，成为当地市场上零售价（1元）、订价（昆明180元/年，地州252元/年）最贵的综合性日报。由此，昆明报业市场格局真正发生了分野，用一句形象的话说：昆明市场上只有两类报纸，一类是以《春城晚报》为代表，包括《都市时报》、《生活新报》在内的走中低端路线的报纸，一类是以《云南信息报》为代表的走中高端路线的报纸。

《云南信息报》逆势提价，把危机化为机遇，打了漂亮的一仗，摆开了与同城媒体差异化竞争的架势。不仅如此，云南报业市场有了《云南信息报》之后，价格战再难打起来了。对此，新闻出版主管部门给予了充分的肯定。

■2009年12月，作者迎接前来考察调研云南出版集团工作的新闻出版总署署长柳斌杰一行。

3. 拒绝低俗违规广告

《云南信息报》将零售价格提升到1元后，广告定价也大幅提升。以A叠为例，周一至周五内版广告正版定价为6万元，几乎是之前的4倍。如此“高”的发行、广告定价受到了读者和广告投放商的质疑，但《云南信息报》管理团队认为，“滥价”竞争不能提升报社的实力和形象，必须重新建立市场标准。

《云南信息报》在《改版致读者》中公开承诺不刊登违法违规低俗广告，并恳请社会各界和广大读者予以监督，引起社会广泛关注。因为在此之前，云南媒体上大量充斥着治性病、壮阳、治疑难杂症等医疗广告，屡禁不止，读者有意见，工商主管部门也很头疼，但没有哪家媒体跳出来表态不刊登这些广告。

据估算，《云南信息报》将违法违规、低俗广告拒之门外，将每年损失至少2000万元的广告份额。但报社管理层并不“心疼”，他们认为，此举为广大读者营造了一个赏心悦目的阅读氛围，也为优质的广告主提供了一个与目标受众形成深度沟通的绿色空间，这是培植报纸品牌和公信力的有力举措，代价再高也值得。确实，《云南信息报》此举得到了社会的高度认同与赞许：据第三方专业调查公司的数据，与同城报媒相比，《云南信息报》“广告关注度”和“广告可信度”两个指标均排第一。《云南信息报》因此还获得工商部门的多次通报表扬。

在经营模式上，《云南信息报》采用采编与经营分离的现代报业管理模式，摈弃了之前的“主持人制”。他们认识到“主持人制”的弊端：广告主持人权力过大，不仅能够决定版面而且控制了大部分的广告收入。南都空降经营人才后，广告经营模式对接南都的直客制，连广告代理公司也很少，主要依靠自己经营，将客户资源控制在报社而不是极个别人手里。

通过几年实践，《云南信息报》“打价值战不打价格战”策略获得了成功。

首先，《云南信息报》“政经主流大报”的定位得到读者接受。在云南，《云南信息报》拥有最大规模的社会中坚读者。《云南信息报》以高品质的新闻迅速凝聚了知识阶层、商业阶层、政府公务员等社会中坚力量，成为云南报媒市场拥有最大规模中坚读者的都市类媒体，读者以党政机关领导、公务员、大中型国企管理层、商务精英、白领阶层、私营老板、中高等院校师生为主体。中国移动、招商银行、中信银行、红塔集团等多家一流企业都把《云南信息报》纳入VIP客户增值服务的一项内容，将《云南信息报》赠送给其VIP客户。据“新生代市场监测机构”的调查数据，《云南信息报》的“读者结构”、“读者消费能力”、“读者生活形态”三项重要指标皆优于云南其他三份都市类报纸。

其次，报纸的发行量未因提价而减少。尽管《云南信息报》已成为云南最贵的报纸，但凭借高品质内容，2008年报纸发行量已达到37.5万份，2009年又增长30%。依靠“多版本”策略，《云南信息报》在地州发行全面提速，迎来实质性的一跃。目前发行已经覆盖昆明、玉溪、曲靖、大理、红河、楚雄、丽江、迪庆、德宏、版纳、文山等云南主要区域。其中昆明地区占70%，州市占30%。已与全国多个知名航空集团公司签订报纸上飞机合作协议。在昆明地区实施的定向发行取得突出战果，已无缝覆盖云南省、昆明市各级政府的544个机关12000个科室、150个专业市场6万商铺、119栋写字楼4600家企业。

第三，广告业务发展迅猛。因为对违法低俗广告说“不”，《云南信息报》被读者认为是一份“干净”的报纸。有人打趣说：“以前的报纸不敢带回家，怕孩子看，现在的《云南信息报》可以带回家了。”这对品牌客户有着强大的吸引力。因此，《云南信息报》的广告结构也得到了调整，份额最大的依次为房地产、汽车、电信等品牌广告。《云南信息报》由于自身的品质、公信力和影响力，加上先进的经营、营销理念，高水平的采编、营运团队，已成为优质广告商在云南的首选报媒，堪称“高端品牌俱乐部”。众多优秀品牌在《云南信息报》这个平台上交相辉映、各得其所。云南本土的三大支柱产业——烟草、生物制药、旅游等众多企业已经把《云南信息报》作为他们的战略合作伙伴和首选广告投放报媒。中国移动、红塔、红云红河、云南白药、滇虹、绿A等诸多云南一流企业与《云南信息报》的合作力度已居云南都市类报纸之首。与一般的区域媒体相比，《云南信息报》拥有丰富的社会资源，可以完成“跨行业营销”、“行业主题营销”、“数据库营销”、“大型文化活动营销”等营销领域的“高级动作”。

我始终认为，《云南信息报》坚持打价值战不打价格战，从长远来看，也是对云南读者负责、对云南媒体负责的行为。如果《云南信息报》继续打价格战，将使昆明的报业生态进一步恶化，新闻品质不断下降，结局必然是多败俱伤。而打价值战不打价格战，极大提高了新闻品质，实现了对读者负责，对新闻业负责，也促进了同城几家报纸的转变，改善了云南本土的新闻环境和生态。

打价值战也给《云南信息报》带来可观的经济效益。2007年，《云南信息报》全年经营总收入只有3700多万元，2008年改版第一年，经营收入即达到8000万元。2009年，《云南信息报》的经营收入首次突破亿元大关，实现了收支平衡并略有盈利；2010年，经营收入超过1.5亿元，实现了分红；2011年收入更达到1.76亿元，利润接近2000万元。短短几年，通过联合重组，《云南信息报》打了一个漂亮的翻身仗，不断发展壮大起来。

第四章 团队再造：规范制度，人性管理

南方报业传媒集团带给新云信的不仅仅是人才、资金和先进的新闻操作手法，更重要的是带来了南方报业的企业文化，这是其他报纸难以复制的核心竞争力。

一、南方报业的企业文化

企业文化，或称组织文化（Corporate Culture或Organizational Culture），是一个组织由价值观、信念、仪式、符号、处事方式等组成的特有的文化现象。

企业文化是企业的灵魂，是推动企业发展的不竭动力。它包含着非常丰富的内容，其核心是企业的精神和价值观。这里所说的价值观不是泛指企业观念中的各种文化现象，而是企业或企业员工在从事商品生产与经营中所持有的价值观念。优秀的企业文化不仅能使员工产生使命感和责任感，而且能激励员工积极工作，使员工对未来充满憧憬。

媒体是一个企业组织，也是一个社会组织。因此，媒体的企业文化与一般的企业相比既有共性，也有个性。对每一个媒体，特别是成功的媒体企业来说，企业文化都有独特之处。

时任南方报业传媒集团董事长、社长杨兴锋认为，媒体企业文化源于对民族文化的传承和发展，是媒体在进行新闻报道和经营管理的实践中，逐步形成的为全体员工所认同并且实践的、带有媒体特点的宗旨、使命、愿景、价值观和经营理念。①

---

①杨兴锋先生在2008年1月“首届传媒领军人物暨第三届中国传媒创新年”上的在线谈话。

南方报业在多年的实践中，形成了独特的报业文化，杨兴锋把它概括为四个主题词，这就是“创新”、“包容”、“担当”、“卓越”。

1．创新。在南方报业文化里面，创新是发展观的标志，它来源于媒体社会使命和发展壮大媒体事业的追求。创新已经成为南方报业传媒集团文化的基因。从根本上说，南方报业之所以不断取得进步，就在于学习和创新。勤奋学习才有思路，勇于创新才有出路。南方报业从产品创新起步，不断激发营销创新和经营创新；从组织创新起步，拓展到制度创新；从单个品牌媒体市场细分的创新起步，演化成对品牌媒体群运筹帷幄的产业创新。他们创新了党报的办报理念和运营模式，多次进行改版，奠定了《南方日报》的优势地位，发行量连续20多年在全国省级党报中保持第一；他们创新了都市类报纸经营策略，使《南方都市报》在市场上取得巨大成功；他们创新了国内报纸融资结构，使《21世纪经济报道》引领了国内专业财经报纸的新方向。

2．包容。这个词反映了南方报业的和谐观，体现了南方报业传媒集团的文化底蕴。包容就是要以海纳百川的胸怀，容纳来自五湖四海的人，推进集团事业蓬勃发展。用古人的话说，包容就是君子和而不同。就报业发展而言，包容包括三个层次的含义：第一，包容是正确的导向和积极探索之间的平衡，这种平衡的结果是和谐。既要坚持正确导向，又要生动活泼；既要大胆起用年轻报人，又要帮助他们，避免因经验不足带来差错。第二，注重文化的多样性与和谐。天时、地利、人和是事业发展的综合条件，人和尤为重要。第三，注重多品牌、多元化发展战略，处理好差异化定位与贯彻集团整体战略的关系，使集团的发展始终处于和谐的状态之中。

3．担当。这个词直接体现南方报业的责任观。一个媒体要成为优秀的媒体，成为精神世界里真正的中流砥柱，就必须具有强烈的历史使命感和社会责任感。这要求职业传媒人有所担当，不仅敢于担当，而且善于担当。可以说，“担当”就是南方报业传媒集团企业文化的封底，是南方报人对国家和社会、对民族的庄严承诺。南方报人对社会责任有着自己特殊的理解，杨兴锋认为，媒体履行企业社会责任，不仅要做一个合格的企业公民，而且更要做一个合格的媒体公民。这是由媒体企业的社会性质所决定的。

媒体向社会大众提供的不是物质产品，而是精神产品，肩负着舆论导向的重任，影响触及社会生活的各个角落。因此，它的担当及它所要承担的社会责任也比一般的企业更为广泛和特殊，社会和人们对它的要求也更为多元和复杂。也就是说，要履行好媒体的社会责任，必须担当起包括新闻、政治、社会、文化和经济等五个方面的社会责任。一是必须坚持真实性的原则，要对自己报道的每一条新闻和传播的每一条信息的真实性负责。二是媒体掌握社会的话语权，要对自己所传播的舆论、意见和观点负起政治责任。三是媒体必须坚持将社会效益放在第一位，要对自己传播的内容的社会影响负责。四是媒体要传承民族优秀文化和传统，构筑适应时代需要的社会价值核心体系，要对引导信息文化发展方向等方面负责。五是传媒也要履行自身的经济责任，包括依法经营，构建企业文明，保护员工合法权益等等。总之，要履行社会责任，做一个合格的中国媒体公民，就要站在时代高度，胸怀天下，放眼世界，履行好这五个方面的责任，为中华民族的伟大复兴尽自己的一份力量。同时实践也表明，只有敢于和善于担当，将社会责任放在首位的媒体，才能拥有公信力、影响力和生命力。

4．卓越。南方报业员工大多具有追求卓越的意识，这种意识使他们积极进取，不断超越自我。

南方报业从多品牌战略阶段推进至目前的媒体聚合战略阶段，就是他们追求卓越的最好案例。过去，南方报业实施多品牌裂变发展战略，创建了《南方周末》、《南方都市报》等优秀子报。《南方周末》壮大后，又利用其人才和发行渠道，创办了《21世纪经济报道》、《南方人物周刊》等报刊，《南方都市报》则派生出《南都周刊》等相关的报刊。但这种内生发展模式主要还是靠自身的积累滚动发展。为了利用外部资源加快发展，南方报业又实施了“媒体聚合战略”。该战略的内涵是，通过集团旗下不同媒体形态的聚合，不同媒体品牌的聚合，以及不同人才的聚合，创建新的发展模式和融资方式，打造中国具有活力和实力，跨媒体、跨行业、跨地域的传媒集团。

南方报业的文化，也移植进了《云南信息报》。从联合重组那一天起，

“创新”、“包容”、“担当”、“卓越”这四个关键词就写进了《云南信息报》的员工手册中。

二、厘清理念，规范制度

南方报业管理团队入驻《云南信息报》后，取消了原报社所有高管、中层干部职务，重新组建团队。他们首先把部门设置、岗位要求等张榜公布，要求大家主动应聘，实行双向选择，并对整个招聘过程进行公示，把公开、公平、公正的风气带到了《云南信息报》。

如何打造一支优秀的采编队伍？首先需要厘清理念，要让报社所有人都知道我们到底要办一份什么样的报纸。只有对这个问题有了共识，大家的斗志才会高昂。

改版之初，《云南信息报》起草了长达4万字的《〈云南信息报〉新编辑大纲》。这是云信采编团队的“宪法”。在很短的时间里，采编团队的大多数人认同了这部“宪法”，树立了基本的采编价值观、是非观、荣辱观。

基本理念得到厘清，价值观建立起来后，需要建立一系列管理制度。为此，管理团队参照《南方都市报》的相关制度，结合《云南信息报》的实际情况，起草了一系列规章制度，大如《编辑记者定额管理评级办法》、《出版流程管理规定》、《采编岗位评级》等，小至《采编部门公务员职责》、《校对管理规范》等，并在实践中不断补充完善。通过这些基础性工作，《云南信息报》在短时间内建立起新的“游戏规则”，报纸形态和员工面貌焕然一新。

新的《云南信息报》强调制度管人，但仅仅靠制度是不够的，尤其在昆明这座休闲城市。而且随着企业日益壮大，人员越来越多，很多问题就不是制度能完全解决的，需要人性化的管理来调整，来缓冲。

一名新上任的中层干部对《云南信息报》的企业文化深有感触，他撰文说：“新云信以人为本的管理制度并不是传统意义上的有非常高的待遇，有非常高的福利，有非常高的荣誉跟地位。对于我们来讲这当然也很重要，但目前这些都不是最重要的。我对‘以人为本’的理解，最重要的就是报社能提供一个最好的平台，以把每个人最大的潜力给挖掘出来。同时，《南方都市报》还带来一股正气，不拉帮结派，不搞迂腐的行政等级。普通员工通常能第一时间将第一线的问题直接反映给总编辑，这加快了决策的速度，而不再如以往那样任何事都得层层上报，决策缓慢。”

以制度管人，加上人性化管理，很快带来了新的变化。一位“老云信”感叹说：“队伍还是那支队伍，但精神面貌和工作作风完全不一样了。”

三、双向轮岗，加强培训

新《云南信息报》领导层到位后意识到，时不我待，必须着力帮助采编团队尽快成长。为此，报社实行了双向轮岗，加强培训力度。

一方面根据工作需要，抽调大批南都的精兵强将到云信轮岗，缺什么人就调什么人，工作上了轨道才走。这批骨干带来了先进的理念、过硬的业务和敬业的精神。他们身体力行，言传身教，帮助原报社采编人员提高素质，给云信人树立了业务典范。

■2011年8月，作者荣获云南省哲学社会科学优秀成果一等奖。

另一方面，选派原报社人员到南都学习，所有费用由报社承担。2007年改版以来，《云南信息报》不断派员工到南都学习采编业务，要求学习回来后写学习体会并在采编会议上和大家交流。

通过双向轮岗，记者编辑业务能力明显上升，整个团队的战斗力大大加强。

《云南信息报》采编部门还组织定期培训，授课者就地取材，为一周来成绩显著的编辑记者，讲述自己采访、编版的经历和心得，由相关主任、编委进行点评，大家发言提问。据不完全统计，改版后半年时间里，采编部门在标题制作、版面设计、导语写作、采访突破等方面共组织了30余场培训。

采编部门的日常业务学习也从不间断。每天的报纸贴在办公室公告栏，上面有总编辑评报，编委给每一条稿件打分写评语，编辑记者可以当天看到自己的稿费和评语。每天下午召开评报会，全体编辑记者参加，每个人都可以对当天的报纸发表意见……

重组后的《云南信息报》，到处弥漫着浓厚的业务气氛。在这里，我们看到了新的气象，新的希望。

四、有容乃大，科学用人

《云南信息报》有很多性格迥异的人，但管理层坚持求同存异原则，根据员工的性格安排最适合的岗位，让大家扬长避短，各得其所。重组以来，《云南信息报》一直遵循以下的用人原则：

第一，尽可能地发挥每个员工的优点，抑制其缺点、弱点，这是新云信用人很重要的一个准则。

第二，尽可能发现和挖掘员工的潜力。在判断员工是否可用、如何用时，管理层将其是否有上进心、是否好学、是否能自省作为一个重要标尺，这些是新云信管理层最看重的品质。

第三，用人不苛求完全成熟。

第四，明确每个人的责权利。在《云南信息报》，一个普通编辑记者都有较大的自主权。

《云南信息报》原副总编辑王雷曾撰文介绍改版后采编团队的变化：

> 一天凌晨4点接到记者电话报告发生了一起火灾，通完电话后，我久久难以入睡，这是一名刚转正的年轻记者，我在他身上看到了自己当年的影子。在刚到南都工作的那段日子，我无时无刻不欢欣兴奋，进入号称“办中国最好的报纸”的南都，对一直在小报工作的我意义重大。现在云信大多数编辑记者的心情，正像我那时一样：两名记者为了采访住在山区里的婴儿贩子，两人走了6小时山路，其中一个记者是女孩；一名记者采访县城女出租车司机被杀案，跟踪拒绝透露任何信息的办案警察，最终找

到死者家属；两名记者采访矿难，报社没有派车，半路上发生车祸，但每天在冰雪里往返于殡仪馆和县城，拿到一手信息；两名采访雪灾的记者双双滑倒手腕受伤，直到回报社才告诉我；一位从其他报社跳槽过来的记者放弃了将近一万元年终奖，尽管他只需再多等两个月就可以领到这笔钱，他和我见了两次面后就办理了辞职手续，现在他是我们最优秀的摄影记者之一。他是为了南都而来，为了理想而来。

当“创新”、“包容”、“担当”、“卓越”的南方报业文化注入《云南信息报》后，《云南信息报》面貌焕然一新。同时，基于南方报业优秀的文化基因，《云南信息报》也逐步形成了属于自己的新的企业文化。

重组后的《云南信息报》组建了新的团队，采用了新的竞争策略。这些工作有的在一个月内就完成，有的经历了长时间的摸索。这些工作，使《云南信息报》成为一份当地“与众不同”的报纸。

无竞争，就无活力。报业总体上属于国有企业，而国有企业如何参与市场竞争，特别是报业国企之间如何竞争，一直是报业的难题之一。

经济学关于经济人的假设认为：花自己的钱，做自己的事，既讲成果，又讲成本；花自己的钱，做别人的事，不讲成果，只讲成本；花别人的钱，做自己的事，只讲成果，不讲成本；花别人的钱，办别人的事，不讲成果，也不讲成本。国有企业的经营管理层从总体上来说，用的是国家的钱，即使操盘手用的是银行贷款，归根到底也是政府或国有企事业单位埋单。有些报业经营者，为了在市场竞争中取得市场地位或政绩，以价格和人海战术血拼发行及广告，到了不讲成本的地步，这成为报业价格大战阶段性发作的制度基础。

南方报业传媒集团和云南出版集团有限责任公司在联合办报的过程中，注意从制度上破解制度缺陷：建立董事会制度，董事会对国有资产保值增值负责，经营团队为董事会打工；由职业团队而非官僚团队来负责报纸的经营，经营业绩与经营团队的收入及上升空间挂钩，经营业绩又以利润为核心；经营团队持有一定的股份，可参与利润分享。

这一制度设计表面上看，是以利润为核心。但报业的特殊性，又决定了经营团队必须高度关注社会效益。因为报业是特许经营行业，获得特许权的前提是：报业必须发挥正面的社会效益，违背这一原则意味着经营团队砸了自己的饭碗。报业的主要产品是信息、文化和精神产品，正效益的信息、文化和精神产品才能合法传播，并且带动经营效益的提升。

恰当的制度设计，决定了新组建的《云南信息报》走价值战而非价格战的道路；而优秀的经营团队，为打价值战提供了智力支持。

报业作为轻资产行业，其核心竞争力来自于智本管理，而智本的核心在人——人的因素是报业竞争的核心因素。新组建的《云南信息报》依托南方报业传媒集团输入的优秀团队、优秀制度和优秀文化，以牢靠的价值观和制度、文化，建设以本地人为主的员工队伍，带领普通员工创造出具有独特价值的信息、文化和精神产品，加上从南方报业直接引进、符合本地读者口味的高品质内容，为《云南信息报》确立了坚实的竞争力基础。

《云南信息报》的实践，是中国报业从制度设计上增强竞争力的重大突破。

第四篇

主动融合

新《云南信息报》是跨地区办报的一次试验。联合重组后，《云南信息报》首先要解决的问题是如何应对媒体环境的变化，其中主要是如何应对广东与云南的诸多差异。

从政治环境看，跨地区办报的一个重要课题是如何处理与当地政府的关系。当某些重大政治事件以及突发事件发生时，跨地区报纸的存在使得当地管理部门宣传统筹、舆论控制的可操作性出现了不确定性。当地管理部门对于跨地区办报的态度，是决定合作成败的关键因素。

从经济环境看，广东属得改革开放风气之先的东部沿海地区，云南属多民族的经济欠发达的西部地区，这将直接影响报纸的经营模式，包括发行和广告经营方式的选择。

从文化环境看，广东从某种意义上说是中国现代化的符号，民众具有更加开放和包容的心态；而云南是多民族聚居之地，各民族的语言、生活习俗和文化禁忌各不相同，各种价值观念包括家庭观、爱情观、婚姻观、财产观、伦理观和道德观不仅与东部地区有差异，各民族之间也各有不同。这对于跨地区办报是一种挑战。

南都的管理团队入驻昆明后，也立即感受到了广东与云南的诸种差异，认识到这些差异将给跨地区办报带来挑战。但他们也认识到，进入云南市场是一个不可多得的发展机遇。

这种机遇首先表现在：云南是中国最具发展潜力的省份，具有区位、资源、市场和后发优势，是中国一块正待开发的热土宝地。云南省委、省政府正致力建设一个现代化的云南。2011年11月，云南省第九次党代会提出了“科学发展，和谐发展，跨越发展”的目标。改革和开放成为云南政治的关键词，为云南发展确立了良好的政治环境。

其次，云南不断深化改革，积极扩大开放，全省经济建设和各项社会事业取得了显著的成就，正处在一个加快发展的新阶段，经济实力大幅提升。“十一五”期间，云南主要经济指标实现翻番。从2005年开始，云南GDP年均增长11.8%，进入改革开放以来GDP增速最快的时期。而“十二五”规划则提出了“六个上台阶”：经济发展迈上新台阶，结构调整迈上新台阶，人民生活水平迈上新台阶，社会建设迈上新台阶，生态文明建设迈上新台阶，对外开放迈上新台阶。2012年，云南的GDP突破万亿元大关。

再次，云南有26个世居民族，是中国世居少数民族种类最多的省份，少数民族人口有1534万。各民族文化千百年来一直交融发展，地域文化本身具有极强的开放性。云南历史上出现过多次移民和大规模人口迁徙，外来文化不断涌入，与本土文化融合共荣。因此，带着南方气息的《云南信息报》并不会被云南市场排斥。

基于这样的考量，重组后的《云南信息报》做了一系列主动融合的尝试，取得了较好的效果。

第一章　广东与云南的媒体环境差异

一、政治生态和政策环境的差异

这里所说的广东与云南（东部与西部）政治生态和政策环境的差异，主要是指受政策、经济、文化因素影响而形成的差异。

改革开放之初，中国实行区域非均衡发展战略，广东以及东部地区获得了千载难逢的发展机遇，成为改革开放的前沿阵地。很多政策广东都可以先行先试，成功后再推广到全国。广东的深圳特区，就率先在工资制度、基建体制、劳动用工制度、价格体制、企业体制、劳动保险制度、干部人事制度以及政府

■2011年11月，作者出席云南省文旅小额贷款有限公司成立暨揭牌仪式。

机构等方面进行改革，创造了“深圳速度”，从一个小渔村发展成为世界知名的工业化和现代化城市，形成了较高层次的全方位开放格局。作为市场化改革的试验田和排头兵，深圳为中国从计划经济向社会主义市场经济转型进行了有益的探索，最大的亮点就是通过改革，政府职能得到转换，行政效率得到提升。

显然，中国的东西部存在一个发展“时差”，这也表现在政治生态和政策环境上。和东部地区相比，西部地区行政效率不高。一项统计资料表明，从单位行政管理费支出实现的GDP来看，我国东部地区为102.6元，而西部地区仅48.1元。①

随着中国改革开放的不断深入，西部不可避免地遭遇到外来文化的猛烈冲击。兰州大学原新闻与传播学院段京肃教授曾分析说，由于规模空前的移民浪潮、快捷灵敏的交通和信息传播，西部欠发达地区出现“文化杂交”现象。“文化杂交”是造成价值体系混乱的根本原因。②

同发达地区相比，西部地区长期处在“信息饥渴”的状态中，对外部世界和自我生存状态的认识不足。现代社会发展理论认为，要改变落后地区面貌，首要要给予必要的信息支持。但段京肃也认为，西部由于长期信息封闭，如果从“信息饥渴”突变到“信息爆炸”，受众很难适应。他研究发现，西部地区有许多人，特别是掌握基层政权的官员，在很长一段时间中无法适应信息完全开放的环境。信息高速流动，同西部缓慢的生产生活节奏形成了强烈反差。从某种意义上说，许多西部人是极不情愿地“被现代化”了。现代文化是以现代大众传播媒介为主要载体传播的，其传播的高速度本身就使长期生活在传统环境中的人不习惯。

东西部政治生态的差异，对跨地区办报提出了挑战。举例说，同样一条负面新闻，在广东可以做，甚至可以做大，因为受众在接收信息后能够接纳包

---

①刘菁蓉：《东西部制度差距与经济差距》，《商业时代》2006年第7期。

②段京肃：《跨文化传播对中国西部的影响》，人民网传媒学者段京肃专栏，http://media.people.com.cn/GB/4292919.html.

容，政府及相关部门会做出政策回应或者改进的承诺。而在西部地区，可能会因为社会情绪、官方立场的不同，新闻会被封杀甚至新闻单位会被追究责任。

开放大潮、全球化大势谁也无法阻挡，西部地区要缩小同发达地区的差异，就需要适应和接纳外来文化及其传播方式。可喜的是，西部地区的这种接纳程度已经越来越高。我认为，一方面我们在跨地区办报时要认真研究东西部的这种差异，另一方面也要看到，这种差异的存在，使跨地区办报有较大的发展空间。

二、经济发展的差异

中国改革开放成就举世瞩目，但地区间的经济差异尤其是东西部地区间的差异很大，成为亟待解决的问题。广东和云南，可以说是东西部经济差异的代表。

对于改革开放以来广东经济的发展，时任中共中央政治局委员、广东省委书记汪洋在广东省纪念党的十一届三中全会召开30周年大会上做了概括："改革开放，使广东综合实力实现历史性跨越。30年来，广东经济以年均13.8%的速度增长，综合经济实力跃居全国前列，GDP占全国1/8，税收占1/7，外贸出口占1/3，累计吸收外资占1/4，经济总量超过3万亿元，相继赶超了'亚洲四小龙'中的新加坡、香港、台湾，成为中国第一经济大省。短短30年，广东成功实现了从落后农业省份到经济强省的跨越，顺利完成了先行工业化国家和地区上百年才能走完的历程，创造了世界经济史上的奇迹。改革开放，使广东人民生活实现历史性提升。30年来，广东城乡居民收入分别增长42倍和28倍，人民群众衣食住行条件得到明显改善，民生福利保障不断加强，全省总体上实现小康，珠三角地区开始向宽裕型小康迈进。多少代人梦寐以求的'富起来'目标，在广东已基本成为现实。"①

30年来纵向相比，云南的改革发展也取得了显著的成就。2006年，云南国内生产总值一举突破4000亿元大关，人均GDP达到8970元，按2006年年末

---

①《汪洋在广东省纪念党的十一届三中全会召开30周年大会上的讲话》，《南方日报》2008年12月16日。

■2011年11月，由《云南信息报》举办的“新云南　新机遇”论坛在昆明海埂会堂举行。论坛结束后，作者与香港科技大学著名教授丁学良在一起。

汇率折算达人均1149美元，跃上人均1000美元的台阶。2008年城镇居民人均可支配收入达到13250元，比1978年增长了39.4倍。农民人均纯收入达到3103元，比1978年增长了22.8倍。城乡居民年人均社会消费品零售总额达3795元，比1978年增长39.9倍。城乡居民人均储蓄由1978年的13.6元增加到2008年的8355元，增长了613倍。2008年末，全省城镇居民每百户拥有彩色电视机119台、电冰箱79台、洗衣机90台、组合音响37台、电脑40台、移动电话177部、家用汽车11辆；农村居民每百户拥有彩色电视机89台、洗衣机34台、电冰箱10台、影碟机54台、移动电话91部。

30年来，云南国内生产总值年平均增长9.8%，与全国经济同步保持快速增长的势头。到2011年，全省GDP达到8750.95亿元，比上年增长13.7%，比全国高4.5%。

云南有得天独厚的自然资源优势，矿产资源、生物资源、旅游资源、能源资源等都极其丰富。云南已发现矿产142种，有92种探明了储量，有54种矿产保有储量居全国前十位。云南被誉为“有色金属王国”，铟、铊、镉保有金属储量居全国第一位，银、锗、铂族金属储量居全国第二位。云南的橡胶、茶叶、药材、热带水果、花卉、咖啡、香料等产业具备相当的开发前景。云南有悠久的历史、多彩的民族风情、绚丽的自然风光，已形成了滇中、滇东南、滇西、滇东北、滇西北、滇西南六大旅游区。①

目前，云南已进入一个崭新的发展阶段，面临着难得的发展机遇。2009年7月，中共中央总书记胡锦涛视察云南时，作出把云南建设成为我国面向西南开放桥头堡的重要指示。为此，云南省确立了“建设绿色经济强省、民族文化强省、中国面向西南开放的桥头堡”的战略目标。“桥头堡”建设掀起新一轮热潮。中央深入实施西部大开发战略，明确提出要加快“培育滇中经济区”、“全力实施滇西边境山区集中连片特殊困难地区开发攻坚”、“积极建设瑞丽重点开发开放试验区”等，这必将有力促进云南边境民族地区经济社会实现跨越式发展。

云南与广东的差距在20世纪最后10年一直呈扩大趋势。从1978年到2005年间，无论是GDP总量还是人均GDP水平，云南在全国排名都处于后十位。1978年人均GDP云南在全国排名倒数第三，2005年排名倒数第六。

尽管经济发展差距很大，但广东和云南都是泛珠三角区域合作计划的参与者，两省有巨大的合作空间。2001年，云南与广东签署经济合作框架协议。2005年，在云南吸引的各省市投资中，广东排名第二。2008年至2011年，广东在云南竣工及新建投资合作项目626个，投资总额2096亿元，两省已形成融合发展的格局。

云南与广东经济的紧密联系，为南方报业传媒集团进入云南提供了一个良好的基础。

三、文化发展的差异

广东是我国文化产业发展较成熟的地区，已成为我国重要的文化产业集聚区，市场化程度较高，资本运作在文化产业发展中的作用非常明显。广东文化产业的代表是广州和深圳，二者被称为珠三角文化产业带的引领者。

广东拥有开放的市场环境，较早就与国际文化产业进行对接，与港澳地区文化产业发展形成互动关系。广州报业市场较早就形成了广州日报报业集团、

①中华人民共和国中央人民政府网站，http://www.gov.cn/test/2012-04/16/content_2114695.htm.

■2011年11月，作者在昆明大德寺双塔公园暨东盟国际图书城项目启动仪式上。

羊城晚报报业集团和南方报业传媒集团三足鼎立的格局，广州日报报业集团还是国内首家获准组建的报业集团。

开放的环境和激烈的竞争极大地提高了广东各报业集团的生存发展能力，三大集团都积聚了丰厚的资本。南方报业传媒集团进入云南，就是资本雄厚的一个例证。

西部经济欠发达，而且多为边疆民族省区，长期以来受经济发展水平、基础设施、资金、人才和科技实力等条件的限制，文化产业发展相对于东部来说要缓慢一些，文化产业层次要低一些。

中国海洋大学国家文化产业研究中心一项研究认为，形成我国东西部文化产业发展差异的原因很多，首先是体制原因。[1]我国目前还处在由旧文化体制向新文化体制转型的过程中，文化产业发展在许多城市尤其是西部城市还存

①中国海洋大学国家文化产业研究中心：《我国东部沿海城市与中西部城市文化产业模式比较》，中国文化产业网。

在着体制上的障碍。我们可以比较一下广东和云南的报业：广东报业集团化较早，报社在人才、经营经验和资本方面都具有优势，而西部地区的报业体制相对滞后，尽管已经进入市场，但是对意识形态动能与企业职能的协调能力低，体制弊端突出。

此外，东部地区文化消费市场发达，消费环境和消费习惯都比较成熟，而西部地区消费环境不完善，消费市场总体上不成熟，文化消费还没有变为一种自觉。经济学家得出结论：人均GDP超过1000美元时，消费结构会发生变化，吃穿用等物质性消费会逐渐下降，而由文化带来的精神性消费会随之增长。虽然我国2006年按可比价格计算，人均GDP已经达到2000美元，但在西部地区，读书、阅报等文化消费还没有成为多数人的一种消费习惯，这直接影响到文化产业的发展。

但西部在文化产业发展上也有独特的优势。从全国文化资源的分布来看，西部是历史文化和民族文化的富矿。西部地区幅员辽阔，文化生态呈现出多样性。此外，和东部沿海的市场推动不同，西部地区文化产业发展，很多方面都是由政府出面来直接推动的，形成产业发展上的政府主导模式。

以云南为例，云南省把发展文化产业作为打造民族文化大省的重要战略，提出要"像研究经济工作一样来研究文化产业，像抓烟草产业一样来抓文化产业，像培育工业企业一样培育文化企业，像保护生态环境一样来保护优秀民族文化资源"①。2003年，云南就正式组建了云南省文化体制改革和文化产业发展领导小组，出台了《中共云南省委、云南省人民政府关于深化文化体制改革、加快文化产业发展的若干意见》、《云南省关于加快文化产业发展的若干政策》、《关于开展文化产业统计工作的意见》等一系列文件。2005年12月8日—11日，在昆明成功举办了"首届中国西部文化产业博览会"，提升了云南文化产业在全国的地位和影响力。近年来，云南已经成为我国文化产业发展

①蒋多、崔成泉：《云南省委副书记丹增：像抓烟草产业一样抓文化产业》，《中国文化报》2005年10月28日。

最快的地区，昆明、丽江、大理等城市文化产业发展迅猛，形成了引人注目的“云南现象”。丽江保护特色文化资源，打造特色文化产业，带动了民族文化旅游，吸引了大量的来自世界各地的观光客，文化产业增加值已占当地GDP的10%以上，成为当地的重要支柱产业。

东西部地区的文化产业有不同的发展模式和特点：东部沿海地区市场经济较为活跃，投融资渠道较多，加之经济发达，信息畅通，消费能力较强，这些条件决定其文化产业主要通过市场机制来推进，可称为市场主导模式。而中西部文化产业发展则更加注重政府的作用，从资金、政策到市场等，政府都扮演着非常重要的角色。以云南为例，2005年云南省文化产业增加值达到183.58亿元，占GDP的5.29%；昆明文化产业发展更快，文化产业增加值对全省的贡献率接近40%，年平均增长速度为50%。这种高速度，是因为文化产业作为新的经济增长点，受到当地政府的重视和大力扶持，形成政府主导模式。

第二章　云南本土文化与外来文化的融合

一、移民与文化互动

云南成为统一多民族国家的一部分，与历代王朝向云南移民有重大关系，而汉族移民是开发云南的生力军。汉族移民及汉文化的进入，使云南的多民族文化实现和谐共生。

云南大学林超民教授研究认为，云南在汉武帝以前是“西南夷”聚居的“化外之地”。[①]汉武帝时期，以蜀为基地，管理西南夷地区。公元前132年，朝廷从僰道（今宜宾）修筑一条通往云南的道路，即“南夷道”。为修筑“南夷道”，朝廷招募农民来西南修路屯垦，一些内地汉族农民在“南夷道”沿线定居下来。在修筑“南夷道”后三年，汉王朝又命司马相如修筑“西夷道”，即从成都到西昌的道路，同样招募内地汉族农民前来修路屯垦，一些汉族人户又在“西夷道”沿线定居下来。自汉武帝元封二年（公元前109年）在今云南设置益州郡以后，云南就成为大一统的中华帝国的一部分。汉王朝在云南建立郡县的同时，不断向云南移民。两汉王朝在200多年中，多次从内地调兵遣将到云南征讨反抗的夷人，每次作战都有不少汉族兵士流落、定居在云南。

在王朝势力强盛时，汉文化进入云南后影响力大，文化融合的趋势是“以夏变夷”；当王朝势力衰落时，则出现了汉族移民“夷化”的趋向。到南北朝时期，汉族移民几乎完全成为“夷化的汉人”。尽管如此，汉文化因汉族移民源源不断到来，在云南深深地扎下了根。

元代朝廷在云南广泛建立学校，传播儒学，开科取士，这个时期进入云南

---

①林超民：《汉族移民与云南统一》，《云南民族大学学报（哲学社会科学版）》2005年第3期。

的汉族移民也为数不少。儒学的广泛传播，推动了云南文化与中原的一体化。明清两代，汉族移民至滇的记录不绝于史。到明代后期，各种类型的汉族移民总数已达300万左右，云南历史上“夷多汉少”的人口结构有了根本改变。汉族人户不仅超过任何一个世居民族，而且超过了所有世居民族的总和。清代以来，汉人到云南定居的更是络绎不绝，云南“汉多夷少”的人口格局进一步得到巩固。总体上看，汉族移民与各民族之间一直保持着团结和睦、互惠共生、水乳交融的关系。

大规模的汉族移民使儒学得以在云南迅速传播，各地广泛建文庙、兴学校、办书院、立社学。随着与儒学思想相适应的生活方式、思维方式、伦理道德、价值取向等不断蔓延普及，儒家文化逐渐确立了在云南文化结构中的核心地位，云南少数民族对汉文化的向心力和认同感大大增强。

在现代史中，云南本土文化与外来文化的融合更加深入，最好的例证就是抗战时期的西南联大，它对云南经济社会产生了积极、深远的影响。

卢沟桥事变后，日本发动全面侵华战争，大片国土相继沦陷。国民政府将大批高等学校和科研文化机构迁往内地，西部地区一时成为文化繁荣之地。先后迁入云南的文化团体有益世报、朝报、中央日报、扫荡报等报社及分社，中央研究院历史语言研究所、营造学社等科研机构，北平图书馆等馆所，南国剧社等文艺团体，商务印书馆、开明书店等出版分社，由北京大学、清华大学、南开大学组成的西南联合大学和同济大学、中法大学、中山大学、华中大学、艺术专科学校、体育专科学校、唐山工学院等大学。这些文化团体和教育机构中，影响最大的是西南联大。

北京大学蒋梦麟、清华大学梅贻琦、南开大学张伯苓为西南联大常务委员，主持校务。梅贻琦为常务委员会主席，主持日常校务。此前，三所名校从华北平津南下，先在湖南成立长沙临时大学，后因武汉陷落而继续南下，长途跋涉抵达云南。在南下过程中，由三校200余名学生组成的“湘黔滇考察团”在闻一多、黄钰生、曾昭抡等教授率领下，辗转西南数省，徒步3500余华里，最后到达昆明。

从1937年至1945年5月，西南联大在云南整整办了8年。这期间，西南联大的知识精英们继续从事学术研究，以学者特有的方式关怀着祖国的命运。他们对云南特殊的地理环境、丰富的自然资源、神秘的民族文化充满了浓厚兴趣，从各个方面进行了广泛、深入、系统的研究，为云南的经济社会发展提供了智力支持，也使云南的现代学术和教育得到发展。

按北京建筑工程学院人文社科系孙希磊的研究，西南联大集中了当时中国各个学科最杰出的学者，涵盖自然科学、社会科学、人文科学三个领域。[①]其中，有物理学家吴有训、叶企孙、饶毓泰、周培源、王竹溪、吴大猷，数学家江泽涵、杨武之、赵访雄、陈省身、华罗庚，生物学家李继侗，化学家杨石先、曾昭抡，地质学家孙云铸、袁复礼，土木工程学家施嘉炀、蔡方荫、陶葆楷；机械工程学家刘仙洲，航空工程学家庄前鼎，电机工程学家任之恭。在人文学科方面，更是星光璀璨，有罗常培、杨振声、朱自清、闻一多、沈从文、王力、吴宓、陈寅恪、冯友兰、金岳霖、汤用彤、贺麟、张溪若、钱端升、陈达、李景汉、潘光旦、吴泽霖、陈序经、陈岱孙、燕树棠、陶云逵、费孝通等。如此众多的大师级学者云集昆明，是云南文化史上的一大奇观。

孙希磊归纳了西南联大在科学考察和人文研究上的重要成果，主要包括两个方面：理工科方面，最突出的是北大地质系与理科研究所的调查研究。1942年夏，地质系与云南省建设厅合作组成“云南地质调查所”，对全省作大范围的野外观察和调查。清华农业研究所植物病害组对云南稻、麦、棉、豆、水果及三七、菌类等经济植物、植物病害进行了广泛调查研究，在抗病育种方面取得了突出成果。针对云南极为丰富的水力资源，1938年土木工程系与云南资源委员会合作，组成“云南省水力发电勘测队”，由施嘉炀主持，经过两年的努力，初步提出开发计划，其中一些被资源委员会采纳并动工实施。人文科学方面，北大文科研究所分两组调查中国边疆人文历史

①孙希磊：《抗战时期的西南联大与云南社会文化发展》，《北京建筑工程学院学报》2004年S1期。

■2012年4月，作者随云南省政府经贸代表团一行出席缅甸招商活动。

资源。在罗常培先生主持下，对西南少数民族语言进行了三次调查和研究。1942年赴大理调查了摆夷、栗粟、俅子、怒子、那马、民家几种语言，并把所得俅子语材料整理成《贡山俅语初探》。1943年罗常培到大理讲学，找到两位会说山头、茶山、浪速语言的人，带回昆明后详细记录了这些方言。1944年又三赴大理，重点考察民间话，前往兰坪、宾川、邓川、洱源、鹤庆、剑川、云龙、泸水进行实地调查。罗常培先后撰写了《云南之语言》、《从语言上论云南民族之分类》、《昆明话与国语的异同》等专著和论文，袁家骅撰写了《峨山窝尼语初探》、《阿细情歌及其语言》等论文，吴泽霖考察黔滇苗族，撰写了论文《么些人之社会组织及宗教》等等，均属开创性的成果。文科所的研究生们也出了一批成果，如《叙永苗族调查报告》（胡庆钧）、《撒尼倮语语法》（马学良）、《昆明核桃箐村土语研究》、《墨夷语中汉语借词研究》、《墨夷语法》（高华年）等。此外，罗常培的《论鸡足山悉檀寺的木氏宦谱》、游国恩的《火把节考》、陶云逵的《西南部族之鸡骨卜》和《几个云南土著的现代地理分布及其人口的估计》等，都有很高的学术价值。张印堂研究了云南经济地理问题，撰写出《云南边疆种族地理》和《云南经济地理》等论文，其中《中英滇缅北段未定界江心坡地理考察》阐述了江心坡现状及其对中英两国政治、经济之影响，《滇缅铁路沿线经济地理》于1942年获当时的教育部科研成果三等奖。罗常培、郑天挺、张印堂、潘光旦等还应邀参加了大理县志的修纂工作。陈达领导的清华国情普查所对呈贡县进行了人口普查和农业调查。费孝通领导的社会调查小组对云南中部的农村社会进行了深入的调查研究，并培养了一批能运用伦敦政治经济学院人类学理论和方法观察乡村社会的社会学研究人才。

西南联大还推动了云南教育事业的发展。西南联大增设师范学院，主要目的就是为云南培养中等教育师资。[①]师范学院设有教育系、公民训育系、国文系、英语系、算学系、史地系、理化系，招收了大量云南学子。1938年联大学生共1632人，云南籍学生仅有76人，占4.7%。到1942年，全校学生2760人，云南籍学生达到287人，占10.4%，在各省学生中居第三名。学校还以“常委会决议”的形式，给予云南学生入学以特殊的优惠待遇：“师范学院接受云南教育厅选送学生免试入学，每系暂以4人为限。”同时，西南联大还与云南教育厅合作，定期举办“云南省中等学校在职教员晋修班”，在更大范围内培训中学师资。晋修班分为国文、史地、算学、理化四科。1939年10月24日，晋修班开班，有学生61人。学生们被告知：“本班课程由西南联大教授担任，其各科设备，西南联大就已有供本班学生利用，与联大学生无异。”云南教育厅将原省立英语专修科并入联大师范学院，同时向联大建议，希望其开办“师范专修科”，费用由滇省负担，此建议得到重庆方面的批准，令西南联大师范学院设初级部（专修科）理化、史地各一班。西南联大对云南大学的发展也有贡献。云南大学1923年由唐继尧创办，是云南第一所现代大学，但发展缓慢。熊庆来出任校长后，接受了梅贻琦主张的“通识”教育思想，对云南大学进行全面改造，从云集昆明的各类学者中大量聘请教师，提高了云南大学的教学水

①闻黎明：《西南联大与云南中等学校师资培养》，《中国国家博物馆馆刊》2012年第10期。

平，学校很快就跻身于国内知名地方大学行列。

二、现代旅游对云南民族文化的影响

云南是少数民族聚居地区，是中国民族种类最多的省份。全国共有55个少数民族，云南有51个；人口超5000人的少数民族有25个，其中白、哈尼、傣、傈僳、佤、拉祜、纳西、景颇、布朗、阿昌、普米、怒、德昂、独龙、基诺15个民族为云南特有。因此，云南在民俗旅游资源方面拥有独特的优势。

云南的人文旅游资源以古而稀闻名。云南不仅有古老的古人类遗址、古墓葬和众多的壁画石窟、寺院佛塔，还有各民族在发展过程中形成的生动活泼、丰富多彩的民风民俗、传统节日、集会活动、民族歌舞、民族服饰等。不同民族有不同的传统习俗和文化源流，构成了民俗文化的多样性。云南少数民族节日很多，大大小小约有400个。有的民族除了大的共同的节日外，不同的支系又有不同的节日。从总体上看，云南丰富的民族文化和广袤地域，为旅游者提供了多种多样的旅游环境和旅游活动内容，造就了云南独特的旅游资源。

云南行政区很有特点：一是各行政区海拔悬殊大，气候差异大；二是单个行政区划中包含多个民族；三是同级行政区划间的国土面积悬殊很大；四是民族自治地方多；五是县级市的建制偏少。

云南各个民族在长期的社会生活中相互交流，相互影响，形成中华民族的特殊民族团体。因此，在民俗旅游上，容易进行单个民族旅游资源的集中开发，又便利进行多民族的联合开发。

此外，云南众多的民俗旅游资源各自与自然景观和历史文化资源有机结合起来，更增强了旅游资源类型的差异性，增强了资源的吸引力，具有极高的旅游开发价值。

随着旅游业的发展，云南民族地区经济获得长足发展，当地民众家庭收入增加，生活方式和生活观念也发生改变，文明逐渐走进民众生活。

旅游业的发展，使外来文化大规模进入云南。在长期的文化交会中，当地人逐渐吸纳外来文化，视野逐渐开阔。与此同时，云南的少数民族文化也走向了世界，获得了更广阔的生存空间和发展空间。

三、现代传播对云南社会进步的贡献

丁宗和在《东西方文化交融的道路与选择》中说："每一个富有生命力的民族，都能够在同域外文化交流中取长补短，不断充实和发展自己，文化的开放性就表现在这里。"在中国数千年的历史中，不同民族之间一直存在各种文化交流。进入现代社会，传媒以巨大的力量促进了这种交流。

人类社会近代化和现代化最主要的特征之一，就是政治、经济、社会、科技和文化等各方面信息的交流速度越来越快，信息量越来越大，新闻媒体成为即时信息最重要的传播载体。有人做过一个估算，《纽约时报》一天的信息量等于17世纪一个人一生所能得到的信息量的总和。①

云南的近现代新闻传播起步并不太晚。云南大学王作舟在《云南新闻史话》一书中，系统研究了云南近现代新闻传播事业的历史。清朝末年，慈禧太后推行"新政"，允许各地设学校开报馆。1903年，云贵总督衙门和云南巡抚衙门共同创办了一张官报，这就是云南历史上的第一张报纸《滇南钞报》。作为官报，《滇南钞报》竭力维护清政府封建统治，但也有一些变法维新的宣传及一些反帝反封建的内容，对民众的思想启蒙发挥了一定作用。

宣统元年（1909年），第一张《云南日报》诞生。王作舟研究发现，当时的《云南日报》既有为清政府立论，服务于封建统治的一面，又有鼓吹立宪建国，反对封建政府愚弄人民、搞假立宪的一面，对清政府的腐败也有不少的揭露和批判。

抗战时期，云南报业出现从未有过的繁荣。在国内大学和文化界名人云集昆明时，内地的许多报社迁来昆明，本地也新创办不少报刊，从来未办过报的专县地区都出现了报刊。外地迁来昆明出版的报纸有：从南京迁来的《朝报》，从天津迁来的《益世报》，从上海迁来的《中央日报》，从泰国迁来的《侨光报》，以及从柳州迁来的《中正日报》。云南省内新创办的报

---

①强磊：《知识经济与图书馆》，《当代图书馆》1990年第1期。

纸有：1943年9月、10月、11月相继创办的《昆明晚报》、《正义报》和《扫荡报》，1944年创办的《观察报》和《云南日报》增办的《云南晚报》。从1937年7月到1945年8月，云南创办各种报刊68种，展现了云南新闻史上从未有过的繁荣。

云南刚和平解放时，除了昆明、大理、个旧、东川等城市有部分现代工业和新闻媒体以外，大部分地区尚处于农业社会的自然经济阶段，部分少数民族还处于原始社会阶段。苦聪人从原始社会一步跨入社会主义社会，成为闻名全国的典型。1950年，中共云南省委组建了省委机关报《云南日报》和云南人民广播电台。

第三章　跨地区办报与文化融合

一、争取当地支持

前文已经说过，跨地区办报的一个重要课题是如何处理与当地主管部门的关系。当地主管部门对于跨地区办报的态度，被认为是“决定合作成败的关键因素”。

新的云信管理团队入驻昆明后，也立即感受到了广东与云南不同的政治环境及读者不同的阅读喜好。为此，管理团队特意进行了研究，做了一系列尝试，取得了较好的效果。

1. 多多沟通，达成共识

《云南信息报》改版后，管理团队非常注重和党委、政府职能部门的干部沟通，了解他们敏感的范畴是哪些，关心的题材是什么。他们认为，媒体不是在真空里，既然在云南办报，就需要了解云南本地的习俗规则。另一方面，报社也要有自己的原则，有自己的新闻价值理念，在与当地有关部门干部打交道时，也要“推销”自己的新闻价值观念，以达成共识。

《云南信息报》一名高层这样描述来到云南后遇到的第一次理念碰撞：

> 云信一位老同事和昆明市委、市政府准备签订一份报道协议，内容大意是昆明市委、市政府和云信共同开办一个版面，由市委、市政府提供采访方便，每年刊发若干条昆明的新闻。
>
> 应该说，昆明市委、市政府一直是云信需要重点公关的部门，这个线上漏的新闻很多，一些重大新闻往往不通知我们。现在昆明市委、市政府主动要求和报社协办版面，我们当然很高兴，但当我们看到协议的内容，却感到惊讶，甚至有些不可思议。因为这份协议还规定，昆明市委、市政府每年

给报社一些经费。我们委婉却坚决地拒绝了这一条，这份协议到现在也没签署，而同城的其他三家都市报都先后开设了相关版面。按照我以前在云南做记者的经验，这种“合作版面”是云南新闻界的一个惯例，协议双方都以促成这种合作为荣。就在几天后，还有记者告诉我某市公安系统想花钱在云信上发几个版“新闻”，我告诉记者，只要是有价值的新闻，我们免费发，不用他们出钱，但没有价值的，他们出钱，我们也不会发。

这种观念现在还流行于云南的新闻界，在不少厅局举办的新闻发布会上，我不时听见有记者公开给在座的官员保证：“这件事我们绝不添乱”，“你们做得好的告诉我，我告诉全国，你们做得不好的告诉我，等你们解决改善了，我再告诉全国”，这些发言无不博得与会官员的掌声。

报纸究竟是共器还是私器，报纸应该为谁代言，报纸如何赢得公信力，这些在南都早已不是问题的问题，在云南，很多媒体的领导和记者还没找到答案。

在不违背基本原则的前提下争取支持，当然，我对时政线记者的跑线苦衷深有体会，但广州和昆明的情况显然不同，说明各地的媒体虽然都一定程度上依赖权力部门提供大量新闻，但依附的度是不同的。有没有可能既坚持南都的原则，又改善和权力部门的关系呢？

2. 报道好重大时政新闻

《云南信息报》处理这一难题，首先从报道入手，尤其是着力报道好重大时政新闻，以此赢得有关部门的重视。

在中共十七大报道中，《云南信息报》共调动14名记者和2名编辑参与，在重要版位推出超过100个版的报道。这组报道收到良好的社会效果，昆明市委宣传部要求《云南信息报》介绍报道方案，并推荐给有关领导阅读。

对本地的时政报道，《云南信息报》努力创新，追求最佳传播效果。2008年昆明市两会结束当天，《云南信息报》推出了《新昆明》特刊，从新班子、新蓝图、新经济等几个方面梳理昆明建设发展思路。特刊大获成功，在会场派发出500多份，当天与会代表几乎人手一份，第二天昆明市新闻官员又要了几份报纸作为保存。

靠高端、优质的时政报道，《云南信息报》一点一点赢得权力部门的重视和认可。

3. 把握好舆论监督报道

对《云南信息报》来说，真正难的是如何把握好“敏感”区域的报道，在坚持南方传统立场的同时保证准确，掌握好度。

2007年11月25日，在深圳龙岗一家手袋厂打工的23岁云南青年杨增朝，因为讨要1100块钱工资不得，愤而自焚，全身90%面积烧伤，其中86%属于深度烧伤。消息最早经《南方都市报》和《云南信息报》报道，在全国引发强烈反响。几天后，云南省劳动和社会保障厅监察总队领导带领调查组赴深圳调查。此后，云南省代表在深圳向救治杨增朝的山夏医院许诺：“全力抢救，钱不是问题。”杨增朝事件“降温”后，杨增朝的50多万元医疗费一直没有被云南兑现，为此山夏医院在法院起诉了云南省政府和省长。这条新闻同城媒体只字未提。

《云南信息报》派记者采访了省劳动和社会保障厅相关官员，配合深圳

■2012年4月，作者随云南省政府经贸代表团一行出席泰国招商活动。

记者的采访，刊发了一个整版的报道。在向读者披露这一信息的同时，《云南信息报》突出报道了三个新的内容：一是深圳法院还没受理案件，二是山夏医院善于炒作，三是省长批示的原文中并没有许诺垫付医疗费。在替省政府“考虑”的同时，报道屏蔽了省长也是被告的信息，因为这个点太敏感，且对新闻主体而言并非必要的信息。几天后深圳法院受理此案，《云南信息报》又独家进行了报道。当天晚上9点，相关部门召集记者开会，第二天就带着几家报社的记者到深圳解决问题去了。从始至终，《云南信息报》没有受到职能部门批评，相反一些官员还私下对记者说，报道客观公正，及时准确。

2009年2月13日，《云南信息报》率先报道了“躲猫猫”事件，经网络转载以后，迅速引起了网民强烈关注。“躲猫猫”迅速成为2009年开年网络上最为红火的网络词语之一，成为“俯卧撑”、“打酱油”以后又一个充满悲剧色彩的网络流行词。云南省委宣传部邀请网友组成事件调查团，保障公众的知情权，最终促成这一事件向好的方向转化，使“躲猫猫”事件的真相大白于天下。2009年12月31日，2009腾讯网“影响中国年度华语传媒盛典”颁发的“年度舆论监督”奖由《云南信息报》的这组报道获得。同一天，《云南信息报》又因该报道被《南方周末》提名为年度致敬媒体。对于“躲猫猫”事件的

2009年2月13日 星期五 编辑:纳英 版式:徐嘉鸿 校对:李丽娟

A06 本地·关注

看守所里面的致命游戏

嫌犯因“重度颅脑损伤”致死，警方通报：死因系玩“躲猫猫”游戏时遭狱友踢打并撞墙所致

24岁的玉溪北城镇男子李乔明因盗伐林木被刑拘，在看守所度过11天后却因重伤入院，因“重度颅脑损伤”于昨日凌晨6时57分不治身亡。

为攒婚钱 盗伐林木被刑拘

意外受伤 拘押11天后病危入院

不治身亡“重度颅脑损伤”致死

家属质疑“躲猫猫”撞墙致死不可能

事件进展 警方通报死者曾被狱友拳打脚踢

■2009年2月13日，《云南信息报》率先报道“躲猫猫”事件，引发全国关注。

报道，成都商报社原总编辑陈舒平点评说："这起事件向世人表明，只要有可能，舆论监督的光芒就可以照亮这个社会的每一个角落。"

《云南信息报》社长谭智良后来在总结2009年度事件性报道时说，这一年，《云南信息报》有两个独家报道引发广泛关注，一是2月份的"躲猫猫"事件，一是6月份的"小学女生卖淫事件"。"这两个报道让云信赢得了全国性的影响，也带来了空前的压力。尤其是后者，是我从业以来面临的最大考验之一。我们两名记者被检察院带走调查，在长达8个小时时间里音信全无，直到深夜才放出来；我和王雷（原副总编辑）也在调查之列，某警方负责人当着检察院、宣传部领导的面指着我们说：信不信把你们办进去？有人委婉传话，提醒我注意安全，因为我被'盯'上了……我担心的不是自己的前途，大不了回南都做个编辑呗。我的压力还是来自云信的安全，这是南方报业跨地区拓展的项目，不能因为一篇报道影响到将来发展的空间。因此，在那两个多月里，我们保持了足够的理性和克制，使得事态没有进一步向不利于报社的方向发展。所幸，我们经受住了考验，这个报道没有致命的硬伤。"

二、努力融入当地文化

2010年3月8日，《云南信息报》推出由13名记者撰写的专题报道《面对水资源危机　我们奋起抗灾》。在报道发表前几天，官方公布了云南的严重旱情：全省水库蓄水量仅11亿立方米，不足往年的一半，比去年同期减少了15亿立方米。全省已有64条中小河流断流，934座小型水库和山塘干涸……全省受旱面积由去年底的2752万亩扩大到3435万亩，临时饮水困难人口由200万余人猛增至663万人。云南遭受60年来最严重的秋冬春连旱和水荒。《云南信息报》花如此多的人力，投入这么大的篇幅来做抗灾报道，这在云南本土的报纸上非常少见。这组报道详细介绍了云南的旱情和各地方各部门的抗灾救灾情况，分析了导致旱灾的原因。报道不仅在互联网上被广泛转载，在当地也引起了读者的强烈共鸣。

与此同时，《云南信息报》还联合南方报业旗下媒体组成采访团，深入旱情最严重的曲靖、楚雄等地，深入报道旱情，宣传当地政府与群众的抗灾精神。同时，在广东组织活动为灾区募捐，体现了一方有难八方支援的时代精神，彰显了媒体的社会责任。

《云南信息报》改版以来的几年间，像这样“热爱云南”、“保护云南”题材的报道至少有上千篇，内容包括保护昆明水资源、保护滇池等等。这些报道从题材上贴近云南读者，让读者很快将《云南信息报》看成“自己的报纸”，产生强烈的文化认同感。

2007年12月，《云南信息报》启动“发现云南之美“大型系列报道。在报道启动的当天，《云南信息报》用诗一样的语言写道：

> 站在新的角度，云南近40万平方公里的土地，还有着巨大的价值需要进一步发现。
>
> 于是，我们出发，跳出云南看云南，深入州市发现云南之美。南方报业传媒集团“发现云南之美”采访团将顺延“发现州市之美”、“发现云南价值之美”、“发现云南秘境之美”、“发现云南建筑之美”四条主线，深入16个州市，为在全球化背景下意欲提速奔跑的云南，寻找和挖掘全新的云南价值。
>
> …………
>
> “云南的资源、云南的美是无可比拟的，但是，一直以来，云南是站在云南看云南，站在州市看州市，无法跳出云南这个框框，以全球的视野来看云南。以至于云南的很多美，到目前还没有被发现，云南的很多价值还没有被充分挖掘出来。”对于云南价值再评估，在上月举行的南亚论坛上，多位专家直抒胸臆。
>
> “云南有那么好的区位优势，而云南的经济发展却和所拥有的区位优势远远不相匹配。”云南省经济研究院院长段钢一针见血地指出。
>
> 云南旅游经过多年建设之后，到2004年，云南旅游支柱产业的地位基本形成，2006年云南省实现旅游业总收入499.78亿元，实现旅游外汇收入达6.58亿美元。
>
> 然而，一个不争的事实是，云南近年的旅游产业总体经济效益不高，

2004年旅游业增加值占全省GDP比重仅5.9%；吸引海外游客比重偏低，2005年全省接待海外旅游者只占全省旅游接待总量的2%。反观近邻四川，其旅游近年来异军突起，从云南的学生变成了云南的师傅，在总体经营能力和收入规模上迅速超越云南。2004年，四川已稳坐西部旅游第一。不管是旅游经济总量还是运行质量，云南与四川相比都有了较大差距，尤其是去年的旅游收入相差近一倍，四川比云南多了近500亿元。

…………

当前，新一轮发展机遇摆到了云南面前。仅仅就在11月，分别在昆明和腾冲召开的“第三亚欧大陆桥专家论坛”和“第二届南亚论坛”，便将云南推向了一个新的高度。

根据第三亚欧大陆桥的构想，如果在中国的南部建起一座大陆桥，并横贯亚洲南部，那么，比目前经东南沿海通过马六甲海峡进入印度洋的行程将缩短3000公里左右，这样，可一改目前中国西部地区的贸易大多要绕道东南沿海才能进入印度洋的现状。第三亚欧大陆桥一旦建成，云南作为桥上枢纽，无疑将成为内陆开放最前沿。“如果说此前云南的经济是面向太平洋的中国经济和泛珠经济的末端，未来的云南将是中国打造面向印度洋经济的前沿。”云南省发改委副主任王敏正博士说。

云南省贸促会副秘书长、办公室主任母建生认为，云南作为中国—东盟自由贸易区的桥头堡，作为大湄公河次区域合作与开发和孟中印缅地区区域经济合作与开发的重要成员，在开展中国与东盟、南亚经贸合作中具有地利、人和之优势。云南大学发展研究院院长杨先明教授便指出，构建云南面向东南亚、南亚国际产业协作带的时机已经成熟，条件已经具备。

对内，作为珠江源头的省份，云南在“9+2”泛珠三角合作中谋求位置的意愿明显。远的不说，就在上月12日，由昆明市市长张祖林带队，到深圳对昆明深圳工业园进行“招亲”，目前已有多家深圳知名企业愿意落户该园。

而推动云南与国内外对接的“路”也在一一打通。目前，泛亚铁路东中西三线中的东线和西线已经开工，与铁路相适应的三条高速公路国内部分基本建成。昆曼国际大通道近期通车。民航方面，昆明始发航线已经达到200多条，其中，与国外城市的航线也有30条。另外，与南亚的铁路、高等级公路、民航等交通项目的规划和建设也在积极地推进当中。国际大通道的雏形已经基本形成，合作的金桥已经架起。

云南旅游“二次创业”的号角已吹响，云南正迈步走在从旅游大省转变为旅游强省的征程上。而这一转身，无疑需要融入更多的内容、更多的创新。

与此同时，生物资源开发创新也崭露头角：花卉、普洱茶闻名全国；橡胶等产业为农民开辟了增收渠道。数字表明，仅今年上半年，云南春茶产值就达32.43亿元，同比增长190%。

在城市化进程中，云南近年构建的现代新昆明建设正在全面推进，“住在昆明”的口号已逐步深入人心；大力发展大理、玉溪、曲靖和蒙自等区域中心城市，填补云南省没有大城市的空白；建好边境口岸城镇，把边境19个国家一、二类口岸建成统筹国内发展与对外开放的示范基地等6个层次的城镇发展体系。云南城市化进程一日千里。

不仅仅如此，云南的16个州市，也在以全球的视野，结合自身特点，悄然行动。

…………

“云南的资源太丰富了，机会也很多，对任何一名善于把握商机的人而言，云南真可说处处是宝。”采访中，这是外来投资者说得最多的一句话。

云南作为茶马古道上的重镇，千百年来，成就了各地经济的交流与合作。同样的山河，在不同的时代和眼光中具有不同的价值。仅以糖茶胶这些云南原有的产业为例，在新的经济条件下通过价值再发现，就实现了价值的乘数性倍增，带动了产业链各环节的普遍增收；迪庆高原历史上是荒寒的居所，如今是香格里拉的人间仙境。这些变化，来自于眼光的变化、价值观的变化。

历史与现实的反差至少说明一个问题：云南这个有着丰饶资源、蕴涵着无与伦比美的潜质的省份，需要一双眼睛、一种声音，需要一种将优势整合、出击的勇气。而我们此行，就是要充当这双眼睛，以我们的视角去发现云南无处不在的美，并充分揭示这种美所拥有的价值。

来，和我们一起出发吧。

试想，如果没有对云南这片土地的热爱，又怎能写出如此深情的文章！

为做好“发现云南之美”大型系列报道，《云南信息报》动员了云南省企业联合会、云南省企业家协会、云南省浙江商会、云南省广东商会作为协办单位，云南省商务厅、云南省旅游局、云南省政府经济合作办公室作为合作单位。记者深入16个州市，全方位展示了云南文化、经济和社会的魅力。这组报道促进了《云南信息报》与云南文化的融合，提升了品牌价值和社会地位。

三、服务本地读者

《云南信息报》的口号是“站得更高，看得更远”，同时，云信人也深深懂得，站得高不是不接地气。所以，管理层为了报纸“贴得更紧”，推出了一系列服务本地读者的特色栏目，这是《云南信息报》能很快在读者中扎下根来的原因。

广东和云南两地读者因经济状况、文化习俗等不同，在阅读习惯和阅读口味上存在很大差别。举例说，广州市民喜欢喝早茶，每天早上6点以后就在酒楼一边喝早茶一边读报纸，这是广州的一道风景。《广州日报》之所以能在广州市场独占鳌头，就是因为《广州日报》在内容上贴近市民生活，《每日闲情》等栏目，是很多市民拿到报纸之后的第一阅读。《南方都市报》在珠三角其他城市为什么能抢占市场？也是因为内容的贴近性。如东莞，这座城市外来年轻人居多，他们每天上班乘坐公交车时，阅读率最高的就是《南方都市报》，这可以看出南都的内容特质与这些读者的吻合度。

比较而言，昆明的读者并没有悠久的读报习惯，昆明的报摊在近年才发展起来，但是开店时间和广州及其他珠三角城市完全不同。《云南信息报》管理层来到昆明后也发现，昆明的市民社会发育程度远不如深圳、广州成熟，几乎没有所谓的白领阶层，公共领域相对狭小，时效性强的热点新闻不会像在广东那样受到读者热烈追捧。云南人生活节奏慢，读者更喜欢看故事。

《云南信息报》为此决定投入重兵开设《昆明往事》栏目。这个栏目效仿《南方都市报》的《广州旧闻》、《广州地理》栏目，在《云南信息报》的A叠新闻版刊发，每期固定两个彩版出版。该栏目先后推出了“旧闻”、“老房子”、“老字号”、“老街道”四个系列。

《昆明往事》深受昆明读者喜爱。以“老字号”系列为例，云南省地方志学会副会长、昆明市地方志办公室副主任马颖生表示，“老字号”是城市的历史文化结晶，是历史文化名城的标志所在，《云南信息报》的“老字号”系列报道再现了千年古城的风采，帮助当代人了解了昆明过去的商业和文化，了解了一些老企业、老品牌的过去和现在，提升了人们对昆明“老字号”的认知程度，有利于弘扬“老字号”及其历代经营者的商业精神。文化学者张诚认为，“老字号”系列报道虽然未能完全涵盖昆明有史以来的名企业、名商号，但记者编辑通过努力，找到那些与“老字号”有关的人、图片和故事，甚至借助漫画来表现主题，并邀请专家评点，借此回顾了“老字号”的兴衰，挖掘了其中包含的商业精神，弘扬了正气和爱国主义精神。

文史学者詹霖说，《昆明往事》在云南开了先河，对弘扬和传承优秀文化是个大好事，“以前我以为昆明往事只有我们中老年人感兴趣，但云信推出《昆明往事》系列后，有些年轻人告诉我，系列报道不仅让他们看到了祖辈父辈的生活，还让他们找到了根的感觉。这些话语出自年轻人之口，令身为文史研究者的我不由为之一振”。

昆明一位退休干部写信给报社说：“《昆明往事》我一期没落全部看完了，从‘旧闻’到‘老房子’以至‘老字号’，我都把它收集成册了。一般老年朋友都喜欢回忆过去、追忆往事，我70多岁了，又是土生土长的老昆明人，对老昆明本身就有难以言说的感情，现在有这样一档子打开我记忆的栏目，我怎么能不关心呢？以前我一直从事会计工作，很多老故事也没有太多时间去了解，是知其一不知其二。现在《昆明往事》弥补了我以前不能全面了解往事的遗憾。第三，《昆明往事》栏目里面，不论是精选的故事还是深沉的言说很多都勾起了我童年、青年乃至中年的回忆。比如先前报道的‘老房子’，有的就是我自己住过的地方，我曾经在看完你们的报道后，一个人亲自去寻访过那些老房子。‘老字号’不管现在兴盛几何，当年都是我们生活中不可缺少的一部分，看过之后总会感慨：我和它们一起老了！”

文史专家和历史学者们还认为，昆明和云南历史上还有很多人、很多事值得继续以专题形式发掘报道。他们建议报社以合适的形式，介绍昆明历史上的重要人物和历史事件。还有专家建议做一个“云南往事”系列报道，把昆明、云南的文化历史遗产发掘一下。

2009年9月，在改版两周年之际，应广大读者的要求，《云南信息报》把《昆明往事》结集出版。《昆明往事》丛书一套四册，已成为人们交往中一件很有价值的礼物。《云南信息报》时任总编辑谭智良在丛书序文《从新的起点，向历史深处出发》中写道：“昆明往事是《云南信息报》迄今为止，报道时间最长、投入版面最多、参与记者最广泛的一次系列报道，前后300多个版面的巨幅规模，不仅考量着我们的耐心和实力，也见证着我们对昆明这座城市的情深意长。”“它是献给昆明这座‘壮丽大城’的礼物，也是献给我们这张与这座城市同呼吸、共成长的阳光报纸及其忠实读者的礼物。”

四、良好的传播效果

《云南信息报》管理层一直强调：《云南信息报》是一份云南的报纸，我们将推动云南的发展和社会和谐作为报纸社会效益的追求目标。在办报实践中，《云南信息报》坚守报纸的定位，坚持自己的新闻追求和理念，用创新和高端的新闻产品为政府部门、为社会和读者服务，逐渐得到了各界的肯定和支持。

2008年9月19日，《云南信息报》改版一周年，云南省委常委、时任省委宣传部长张田欣会见时任南方报业传媒集团董事长、南方日报社社长杨兴锋。张田欣认为两大集团合作办《云南信息报》是有成效的，“云信的经验，值得好好总结。可以推广到云南其他媒体改革中去。可以推介到云南文化产业改革中去”。他指出，《云南信息报》和其他媒体的关系是互荣共利的战略合作关系，赞扬《云南信息报》的定位很清晰、很准确，做到了差异化竞争，采编和经营分开的做法是正确的。

张田欣在这次谈话中对《云南信息报》的改革尝试归纳成五个方面：

第一点，两家集团的合作是解放思想的成果。办报纸是意识形态很强的产业，以前说能否跨省合作办报，有不同看法，是值得探讨的。但是我们通过这一年来的实践，感觉这条路子是成功的，我们双方的合作是有成效的，今后的发展前景也是广阔的。目前虽然还不能说取得了很大的成绩，但是可以看到前景，可以在实践中总结和创新。这一年总的来说，没有因为改版而在舆论导向上出现什么大问题，这是很好的。在办报质量上，做了很多工作。在经营上是富有成效的。应该说，合作取得了初步的成果，可以继续积极探索。

第二点，南方报业传媒集团进来后，给我们云南的媒体带来了一种新的办报理念，包括信息量，各方面都增大了，这对宣传云南有好处。南方报业传媒集团视野更开阔，首先就是给我们带来一些新的东西。第二，承认不承认也好，南方进来，还是有竞争的，但是这个竞争，我说是建立在一种互赢共进基础上的竞争，其实是一种战略上的合作。竞争不是你死我活，而是互利共荣的合作。

第三点，新《云南信息报》成立是先创品牌，提高办报品质，这就为其他报纸树立了榜样。我们云南的都市类报纸，总的来说质量不高，特色不鲜明，定位不准确，或多或少总是会给你惹些事情（当然这个也是正常的，要说一点事都不惹，全国哪家报纸都做不到）。

第四点，新《云南信息报》的定位是立足云南，面向东南亚、南亚，这是一种很好的定位。这就是说，我们以后就不要满足于云南这一小点市场，我们的视野就是面向东南亚，这个空间很广，我们要打出去、走出去，包括我们的一些杂志也好，和我们办这个报纸、电视（道理是一样的），首先在省内，先把本省的报道搞好，让一个省的各族干部群众都喜欢；其次是要宣传到全国，让全国13亿人都了解，提高你的知名度；再次就是让世界知道。有了这三个层次，你就能把思路打开。

第五点，报纸的采编和经营分开，我想这是我们今后新闻媒体、传统媒体改革的必由之路。现在的状况就是政企不分。这样的情况下我们就做不大，就是小打小闹、抓权力、抓利益、抓关系。分开得越彻底，才能做得越好，走得越远。改革不触及这几个方面都不是动真格的。所以我们现在的新闻媒体，文化产业方面的改革一定要抓体制、机制，要解决利益问题。我说改革就是要简政放权。新闻媒体进个人你都要任命，这是没有希望的，所以说采编和经营要彻底分开，采编嘛，你就把文章质量搞好，将版面策划好，提升品质。搞经营的除了推销这张报纸外，就按市场规律去做。现在我们无非就是想个个都抓都不想放弃。这几条经验值得好好重视、总结。也希望我们的合作不断探索、不断创新、不断提升、不断取得实际成效。

2010年9月，在《云南信息报》改版三周年的时候，时任云南省委宣传部副部长的伍皓评价《云南信息报》改版是成功的。他说，《云南信息报》三年间大胆尝试，顺势推出具有开创性的周刊和州市读本，秉承“责任、创新、理性、卓越”精神，不断向着负责任的媒体迈进，也为同城都市类媒体带来了全新空气。《云南信息报》创办了东盟—南亚周刊，把嗅觉延伸到东南亚、南

■2012年9月，作者考察英国《泰晤士报》。

亚，既具有现实意义，又具有前瞻性，难能可贵。军博周刊、高尔夫周刊，也成为《云南信息报》差异化竞争的最具个性的产品之一。伍皓说：“《云南信息报》背靠南方报业的优势资源，立足本地，给云南老百姓带来全国性的资讯和视野，深受读者的喜爱。”“《云南信息报》在快乐前行的过程中，也在为云南读者带来快乐。”

昆明市委宣传部早在2008年8月就专门下发文件，表扬《云南信息报》突出宣传昆明经济社会发展新成就：

> 2007年以来，《云南信息报》突出本地化特点，重点关注昆明改革发展的一系列有力举措，以近110个版面的篇幅，连续推出“航拍新昆明”、“软环境建设回望”、“滇池治理”、“城中村改造”、“问计新加坡　谋计新昆明”等重大主题系列报道，全面展示昆明经济社会发展新成就、新亮点。近期还将大篇幅推出“发现云南之美•昆明篇”系列报道。这些报道善于策划、精于策划，既有宏观论述，更有细致解读，既问计又谋计，既盘点成效又查找不足，为昆明市经济社会发展提供有益的建议，引起社会各界的关注，宣传了昆明改革创新的良好形象。
>
> 年初，《云南信息报》采取航拍的方式，从空中拍摄了大量反映昆明城市面貌和发展的图片，推出16个整版《瞰，新昆明！》特刊，图片大气、新颖、独特，文字解说优美，力图让生活在这片土地上的人换一个角度认识这座城市，发现了昆明市现代化建设成就，具有较强的视觉冲击力，激起昆明人对这座城市的热爱和建设热情。
>
> 3月30日—4月13日，在“城中村改造”系列报道中，用24个整版，在半个月内报道了昆明市城中村综合整治攻坚战正式打响的情况，深入解读了城中村重建的一系列政策措施，系列访谈了官员、专家、市民、村民、住户等，4月13日举办“城中村重建论坛”活动，分析了昆明城中村发展的历史、现状和诸多严重的社会安全隐患，介绍了外省城中村改造的先进经验，阐述了城中村改造不是一个简单的拆除、重建问题，它涉及社会、经济、文化等各个方面，是一项庞大的系统工程、幸福工程、民心工程，

积极为城中村未来的发展建言献策。

6月16日—6月26日，以“争创和谐社区、争做文明市民”为主题，用10个版面的篇幅，联合苏家塘社区举办“社区榜样”评选活动，从31个家庭、个人中海选评选出11组个人、家庭、文明、楼道“社区榜样”。同时从7月15日—20日用7个整版的篇幅开展“邻里节”系列报道，颂扬和睦相处、互相帮助的邻里新风尚。

6月19日—6月23日，浙商论坛暨浙商博览会在义乌举行，张祖林市长代表昆明市领取“浙商（中国）最佳投资城市”奖。为配合这一活动，《云南信息报》以8个整版的篇幅连续4天推出“软环境建设回望”系列报道（回顾篇、实例篇、成效篇、展望篇），真实记录了昆明软环境之变的发展轨迹，突出反映了软环境之变的综合效应，充分报道了社会各界和市民的良好反映建议。

7月7日—8月4日，配合昆明推行“河长制”治理滇池举措，《云南信息报》在一个多月内，用30个整版（文字27版、图片3个版）7万余字大篇幅图文并茂刊发“滇池治理系列之环境篇、围困篇、河流篇”、“春城全面发起环保新战役”等系列报道，介绍了滇池的过去、现在、未来，刊发了专家、学者、领导、市民等各个方面的反映，多方面评价昆明“河长制”的积极有效作用，同时，展示了触目惊心的河流污染，分析了原因，提出须发动全民参与，动员社会各界共同完成这一艰巨重任，高度评价昆明一湖两江“四全”工作举措。

从6月下旬到7月上旬，为配合我市赴新加坡城市规划建设管理培训班学习活动，《云南信息报》派出最优秀记者飞赴新加坡，遍访国会议员、政府官员、专家学者、媒体、民众等各阶层人士，体察人民行动党总部、市区建设局、建屋发展局、国家环境局、陆路交通管理局、公用事业局、工业园区、金融区、商业区、社区等，于7月21日起，推出大型系列报道“问计新加坡　谋计新昆明”，在一周内用12个整版4万余字的篇幅连续刊载《在新加坡进行一场头脑风暴》、《寻找新加坡的DNA》、《每一寸土地都有未来》、《每一座城市都应有身份》、《我们没有地方放垃圾》、《全球罕见的罚款之城》等重头稿件，宣传了新加坡的法治、科学、开放、李光耀理想、亚洲价值观、长远规划、能喝的“污水雨水”、超前百年的“深隧道阴沟系统”、绿色美景、花园水城、未来远景等模式，刊载赴新加坡参训昆明官员的感言《学到什么？想做什么？》，提出了昆明发展思路、想法。这组报道独具匠心，从当下民众较为关心的人居环境好转、办事效率提高、社区服务等切入，从党委、政府最迫切要解决的建设、规划、管理和民生问题入手，抓住广大干部群众把解放思想转化为解放实践的紧迫需求，把新加坡的管理经验与昆明的实际结合起来，“问计”有针对性，“谋计”有前瞻性和实用性，产生了强烈的视觉震撼和观念、理念、思想上的冲击，为新昆明建设提供了有益建议，突出宣传了昆明良好的对外开放形象，产生了较好的社会影响。

主管部门的认同，给《云南信息报》的发展带来了宽松的环境，但是《云南信息报》更加注重的是读者的口碑、读者的感受。重组数年，《云南信息报》拥有了一批来自社会各界别各层次的铁杆读者，包括政府部门和企业的精英阶层读者。在信息爆炸、媒体发达、报业竞争加剧的年代，《云南信息报》能够赢得他们的信任，能够进入他们的生活，这是云信人最感欣慰的。

在改版三周年时，云南省高院副院长田成有给《云南信息报》写来邮件说：“我之所以热爱这份报纸，在于放到整个互联网发展的大环境下，《云南信息报》有特色、有活力，大部分稿件不同于一般化的动态报道，也不是新闻版的简单的叠加，而是注入了有分析、有思辨的问题报道和新闻背景分析。”田成有表示：“独特的文风，决定一张报纸的性格。在媚俗成为时髦的今天，《云南信息报》在想方设法地提高报纸的质量，并保持高的档次和格调。办得好的报纸是引导，办得一般的报纸是报道，办得不好的报纸是误导。我希望《云南信息报》既要体现鲜明的政策立场和专业权威，又要按照新闻与传播的规律和要求，顺应广大读者的新期待，把报纸办得更好。”

读者邵华说：“我坚持读《云南信息报》多年，因为这份报纸内容比较板

2012年9月，作者与英国当地媒体人参观伦敦报业街。

扎，有很大的参考价值，上面的各种信息很广泛。《云南信息报》改版以来广告增多，但却没有低俗的广告，留给人一个良好的印象。”

昆明万科房地产开发有限公司营销经理周良说：“万科的工作方式比较严谨、正规，在合作中需要对方具有同样高品质的服务质量和办事效率，《云南信息报》做到了。它继承了《南方都市报》的优良传统，在当地的认知度和认同度都较高，对新闻有独特的视角，敏锐的发现。合作一年来，我们还是相当满意的，当然，如果你们对房地产市场的分析更加专业，能够给我们提出更加客观的建议就更好了。”

昆明国美电器有限公司总经理马龙说：“我们和《云南信息报》的合作已经有8年了，《云南信息报》改版后，我们之间的合作更加紧密，力度也在逐渐加大。之所以有这样的合作，是因为《云南信息报》是份有品质的大报。三年来，一系列大手笔策划，高屋建瓴的报道，无论从客户还是读者的角度，我都喜欢。《云南信息报》的服务精神、营销创新都令我们满意，专业、敬业精神令人折服。”

金杯银杯，不如老百姓的口碑。广大读者，尤其是高素质、高层次读者的肯定与支持，很大程度上证明了新《云南信息报》的成功。

不论个人还是组织，都生存在一定的环境中，与环境进行资源交换和资源转化。

表面上看，环境是客观的、制约性的，但换一个角度看，环境又是可变的、基础性的。如何认识环境，决定了个人和组织的成长空间。

新组建的《云南信息报》在感受到环境的制约因素时，也深刻地认识到所处的环境，是组织获取资源的基础源泉，脱离环境就是无本之木、无水之鱼。唯有融入当地环境，才是可持续的发展之路。

但另一方面，在同城报业中，已经有历史更久、政治资源更丰厚的媒体，它们融入本地的深度和广度已经占优，而且在可以预见的一段时间会继续保持优势，如果采取和同城媒体同样的手段，《云南信息报》很难以较少的投入、在投入可支撑的时段内，形成自主、良性循环的经营能力。

新的《云南信息报》通过改变竞争规则，破解了联合重组后在环境方面的困局。

首先，《云南信息报》将云南本土范围内的竞争，延展为超越云南范围的竞争。用本土之外的眼光来发现本土政界、经济界的需求，阐述本土媒体未认识到的价值，提供了本土媒体不能提供的传播效果、观点信息、外部影响力，迅速取得了独特的、难以替代的地位。

其次，《云南信息报》重新定位利益相关方。当传统都市报还在争夺发行量和广大市民时，《云南信息报》鲜明提出“市场化运营程度最高的政经主流大报”的定位，把利益相关方锁定为政界、经济界、文化界和思想界的前沿人士，并且坚定有力地按照这一定位进行内容生产、经营活动，为利益相关方提供同城媒体不可替代的服务。这一策略开辟了价值竞争的蓝海，也是南方报业传媒集团的强项。

第三，《云南信息报》具有鲜明的使命感和格局观。在同城媒体以在本土获取稳定的政治地位和经济收益为目标时，《云南信息报》秉承南方报业天下兴亡，匹夫有责的价值观，以弘扬正气、建设性推动社会进步为自己的使命，坚持新闻操守，站在国家利益、人民利益的立场，不断出现服务公众利益、促进法治建设的监督报道，赢得了普遍的尊敬。与此同时，《云南信息报》的格局扩展到周边国家，深信在不远的将来，周边的人民将与我们休戚相关，抢占区域国际影响力的制高点。虽然这些格局短期内难以产生直接的效益，但《云南信息报》宽阔的格局中，不断有资源转化为新的增长动力。

第四，《云南信息报》深刻关注本地人的生存环境和文化脉络。这种关注、关怀在情感上与本地人达成了深度的共鸣和交融，也让本地人感受到《云南信息报》在利益立场上、在话语体系上，都是地地道道的云南面孔。

这种融入，既是战略上的主动，更是《云南信息报》本质的使然。如果没有坚定地服务国家利益、人民利益的价值观作为支撑，这种战略是难以持续执行的。

第五篇
未来之路

《云南信息报》通过跨地区办报，通过“强强联手”的方式实现战略重组，迅速步上了发展快车道。

“云信模式”的成功，更加坚定了南方报业传媒集团跨区域办报的信心。五年后的2012年7月23日，南方报业传媒集团与安徽合肥报业传媒集团签署战略合作协议，参照“云信模式”联合重组《江淮晨报》。

但是可以预见，未来报业市场竞争将越来越激烈，报业生存环境会越来越艰难。一方面，全球报业正在步入衰退期，无论是国内还是欧美发达国家，报业正面临严重的困难。另一方面，跨地区办报面临着政策环境差异和文化差异。这些背景，使我们不得不对《云南信息报》的发展产生深深的危机感。

《云南信息报》应对危机的策略，是坚持“办云南市场化运营程度最高的政经主流大报”的定位不动摇，努力打造出品质更优的新闻产品，以获得社会各界的支持；另一方面，清醒认识新媒体对传统报业的影响，提前进行布局——这在目前看来，是传统媒体实现“突围”的重要路径。

有专家认为，尽管报业发展形势不利，但并不意味着报业必然衰退，而是蕴藏着另一种发展契机。“契机”在哪里？这是传统新闻人尤其是报人需要认真思索的问题。

第一章　传统报业的现实困境

一、新闻消费方式的巨变

现代报业兴起至今的两个世纪里，新闻专业主义逐渐确立。研究者比较一致地认为，最初的新闻工作者来自印刷行业的发行人或工人、学徒，是一些东奔西走道听途说的“包打听”。[①]当新闻从业人员成为“专业人士”后，其社会地位和职业形象发生了显著改变，记者被尊为“无冕之王”。

西方新闻专业主义的基本原则之一就是认为新闻从业者是新闻传播的“把关人”，新闻工作者最重要的工作就是对新闻价值进行判断，检查核实新闻是否客观，是否符合公众利益。1950年，传播学者怀特将“把关人”这个概念引入新闻传播，认为在大众传播的新闻报道中，传媒组织成为实际中的“把关人”，由他们对新闻信息进行取舍，决定哪些内容最后与受众见面。

在传统报业，新闻编辑室成为核心部门，专业新闻人借用其专业知识对新闻信息的价值做出判断，并通过版面编排形成版面语言提供给读者。在很长时间里，这种传播模式促进了西方报业的发展。但是，“把关”也带有一定的主观性，使受众成为新闻信息的被动接收者。

20世纪90年代开始，互联网技术的发展使网络媒体得到迅猛发展。专家研究发现，世界报业从这个时候开始出现衰退迹象。

传统报纸对于新闻的处理编辑，主要依赖专业的编辑团队，利用其专业知识和经验，对新闻价值进行判断后有选择性地提供给读者，但这容易造成新闻的延时，对新闻选择的限制，其负面效应正在扩大。

---

①孙利军：《西方新闻自由语境中的“新闻专业主义”》，《当代传播》2007年第2期。

网络媒体对传统媒体新闻制作和传播模式有诸多革命性的突破。专家认为，新媒体采用各种各样的聚合技术，为用户提供更为便捷、有效的信息服务。

早期的网站仍然是人工编辑组织聚合方式，类似于传统媒体。其信息内容主要依靠专业编辑多年积累的经验及自身的新闻敏感，并参考点击量、阅读数量、推荐指数、评论指数等机器统计数据，确定向读者推荐的新闻。具体的新闻内容需要通过专业编辑的审查和评判，需有专业人员维护。

Digg在聚合新闻的方式上是一个重大改变。Digg类的网站依靠网友的力量对资讯进行筛选、推荐、投票，根据投票和推荐结果，生成相应的内容，新闻的排行几乎没有人工的“把关”，由读者参与决定新闻的重要度和推荐度。

谷歌新闻可以看成另一种机器聚合的代表，它依靠机器语义分析，从海量的互联信息中找到相匹配的新闻链接，以一定的显示方式全部推荐给读者，再由读者自行挑选自己关心的新闻。

新闻聚合方式的变化对于传统报业的影响不仅仅限于技术层面，更重要的是挑战了传统的新闻专业和价值判断体系。

当然，机器或者技术的聚合也出现了很多问题，最典型的例子应该是techmeme。techmeme是美国知名的科技新闻和博客聚合网站，在机器聚合新闻领域，techmeme享有非常高的声望。Techmeme分析的对象包括新闻、博客、视频、图片等，它不仅向读者推荐新闻本身，还会把有关该新闻的评论、不同或类似观点及后续观点等一系列新闻背后的有价值的新闻，经过综合分析后再推送给读者，可以使读者全面了解所关注新闻的背景、不同的观点及后续发展等情况。

2008年底，techmeme创始人加比•里维拉宣布纯粹的机器聚合存在问题，techmeme宣布聘请审核编辑，人再次战胜机器。

在techmeme取消机器聚合新闻事件后不到一个月，媒体人关注到发生在曼哈顿哈德逊河上的美航坠河事件。2009年1月15日下午，一位名叫“manolantern”的网民发帖称：“我刚看到一架飞机坠入了曼哈顿附近的哈德逊河中。”这比《纽约时报》网络版发布早了15分钟，比印刷版早了15小

■2012年9月，作者在剑桥大学出席中英媒体高峰论坛，与人民网总裁邓亚萍在一起。

时。媒体人认为社交媒体Twitter击败《纽约时报》具有象征意义。

以Twitter、facebook为代表的社交媒体，也称为社会化媒体、社会性媒体，指允许人们在媒体上撰写、分享、评价、讨论、相互沟通。社交媒体是人们彼此之间用来分享意见、见解、经验和观点的工具和平台。社交媒体将人的因素带回到了所有的数字化的互动中，人际关系变得重要。

2009年8月，新浪发布微博产品，抓住了中国话语权最强的一批用户：娱乐明星、企业高管、媒体人士。随后，这批核心用户开始争相传播自己使用微博的美妙体验，以至微博成为一个时尚话题。而新浪微博之所以能迅速崛起，主要原因也在于它成功嫁接了之前新浪拥有的优势媒体和名人资源。2010年9月9日，新浪发布《中国微博元年市场白皮书》，称新浪微博月覆盖人数达到4400万，每天产生的微博数超过300万条。2012年4月，尼尔森在线研究发布中国社会化媒体全景图，统计了100余家国内社会化媒体网站，并细分出20大社媒类型。这20大类分别为：微博、问答网站、电子商务、相亲网站、即时通信、社交游戏、商务社交、音乐分享、图片分享、签到、博客、社交网站、团购网站、社会化书签、RSS订阅、百科网站、消费点评、轻博客、视频分享及论坛。尼尔森在线研究认为，社会化媒体已不同于传统意义上的媒体，从以新浪微博为代表的微博类网站，到知乎等问答类网站，甚至如淘宝等电子商务服务，都可看作是社会化媒体的一部分。

无疑，网络技术还将继续变革并深深影响人们的新闻消费方式。

二、正在消失的报纸

美国精确新闻学的创始人菲利浦•迈尔在《消失的报纸》一书中预计，到2043年，美国读者会把最后一张报纸扔进垃圾堆。

《消失的报纸》刚出版时，报业从业者觉得菲利浦•迈尔的话太过危言耸听。但是到今天，一系列的迹象说明，报业衰退加速了！

报业衰退加速首先表现在关门的报纸越来越多。据不完全统计，2007年到2012年初，美国已经有270多家报纸关闭。2009年3月27日，创刊于1908年，报龄101岁的《基督教科学箴言报》出版了最后一期纸质报纸，宣布停止纸质报纸的印刷发行，只提供网络在线版内容。做出同样决定的还有《西雅图邮报》，一份创刊于1863年，报龄146岁的主流报纸。在2009年，论坛集团宣布破产。论坛公司旗下包括全美销量分列第4和第8位的《洛杉矶时报》及《芝加哥论坛报》等8份知名报纸及23家广播电视台，雇佣员工超过两万，旗下报纸总发行量达到200多万，其市值一度达140亿美元，是名副其实的报业巨头。论坛集团的破产，是美国媒体界一场大地震，对报业从业者的信心造成的打击是空前的。

同年，《纽约时报》也承认财务出现困难。该公司以位于曼哈顿的总部大楼作抵押套现2.25亿美元，纾缓现金短缺压力。根据该公司向证券交易所提交的报告，它当时有4亿美元债务需要在2009年3月清还，而公司仅持有4600万美元现金。

报业衰退加速的第二个表现就是读者的流失与发行量的下滑。

按照美国报纸协会公布的数字，美国日报的阅读率已从1970年的78%持续下降到2002年的55%。[1]到2010年比例又下降了15%。在18岁到24岁的年轻人中，日读报率是最低的。根据美国报业协会的统计数据，2008年与2007年相比，美国报纸总发行量下降了4.16%，而报纸的制作成本却在增加。新的数据显示，近20年来，美国主要报纸的发行量一直在下跌。据美国发行量稽核局公布的数据，2008年，美国500份主要报纸的发行量比2007年下降了约10%。下跌最多的是《亚特兰大宪章报》，高达13%以上。据《纽约时报》报道，美国报纸过去每年的发行量平均下跌2%，但从2007年春天开始出现了急剧下滑。[2]

在英国，据《金融时报》报道，20年间英国报纸读者流失了1/3。报道说，近20年来英国18—27岁年龄段购买报纸的居民比以前少得多。在1986年，这个年龄段的居民有72%的人几乎每天购买报纸，而现在仅42%的居民购

■2012年9月，作者在《泰晤士报》评报栏前留影。

---

①陈凯编译：《报纸如何吸引读者》，《新闻记者》2004年6月号。

②吴蔚：《欧美报业危机下的“全媒体”生产链重构》，《南方传媒研究》2010年总第23辑。

买报纸，且每周不超过3次。一位政治理论学者认为，纸质大众传媒受欢迎度下降的原因主要有：第一，普通民众对生活较以前更有预见性，人们对政治不再感兴趣；第二，越来越多的人更愿意通过电视和互联网获得消息；第三，普通民众认为他们的社会环境稳定，更关注个人生活而不是社会生活。①

日本是个报业大国，但从1998年开始，报纸发行量也逐年下降。

在中国，报业的发展也有失去年轻读者的倾向。中国人民大学舆论研究所数年之前的一项调查显示，北京综合性报纸读者的平均年龄已超过41岁，35岁以下的年轻读者由过去的经常阅读报纸转变为现在几乎不读报纸的比例为11.6%，年轻人已习惯于从互联网上获取新闻及相关信息。报纸读者老龄化，严重影响了报纸的发行量和报纸的可持续发展。

央视市场研究股份有限公司研究发现，2001年，报纸、杂志、电视和广播在全国城市居民中的日到达率分别为71.2%、11.4%、91.4%和26.2%，互联网的日到达率只有5.9%；5年后上述数据依次变为66.4%、8.2%、93.3%、16.7%和24.0%，这说明在大众与媒介高度依存的背景下，报纸、杂志、广播等传统媒介的受众出现了流失的趋势。他们分析发现，除了65岁以上读者增加外，其他不同年龄、不同性别、不同学历、不同职业的读者均在流失，其中男性读者人数减少了4.5%，15—24岁和25—34岁居民中读者人数分别减少了6.0%和7.9%，高等学历（大专及以上学历）群体中的读者比例减少了6.7%，均高于居民总体的相应比例。另外，从工作状况和职业来看，学生、教师、医生、律师等专业人士，企事业单位管理人员，普通员工，个体户以及自由职业者的读者减少比例也高于居民总体水平，说明报纸对上述群体的吸引力比对其他群体减弱较多。

报业衰退加速的第三个也是最重要的表现就是报纸广告份额减少，报纸经营面临困境。

以美国为例，2008年美国报业出现深度危机，导致报业股价大幅下挫。

①参见《出版参考》2008年3月上旬刊。

到2009年上半年这一年间，麦克拉奇下跌93.6%，纽约时报下跌56%。纽约时报公司停止给股票持有人发放红利，广告收入连续负增长，2007—2008年度的数据显示，广告比上年减少16%左右。美国报业协会报告说，报业的广告收入连续多年下跌，2009年的下跌幅度达到18%。2012年初，皮尤研究中心发布报告称，报纸产业2011年在收入上要比其他媒体领域更加糟糕。2011年，印刷广告营收下滑了大约21亿美元，跌幅为9.2%。虽然报纸产业网络广告营收增长了2.07亿美元，增幅为6.8%，但这一增幅并不足以弥补印刷广告营收下滑给报纸产业带来的整体影响。报纸产业印刷广告营收下滑的金额与网络广告营收的比例为10：1。报纸产业2011年网络和印刷广告营收总额下滑了7.3%，降至239亿美元。从运营角度考虑，绝大多数报纸均实现了盈利，但净利率出现了下滑。

在中国，报纸行业过去被称为“暴利行业”，然而近年来就业岗位大规模减少、广告收入急剧下降以及利润空间大幅度萎缩等一系列问题开始出现。越来越多的广告主倾向于减少在平面媒体、直邮等传统广告渠道方面的投资，而增加对网络广告的投资。2008年7月摩根士丹利发布的《中国传媒行业研究报告》称，过去的5年中国互联网广告的收入以平均每年60%的速度增长，而报纸、电视等传统媒体的广告收入增速只有百分之十几。

2005年，国内报业出现了一个热门词语：“冬天”。京华时报社社长吴海民先生发表题为《都市报的冬天提前来临了》的文章，在报界引发激烈争议。中国人民大学新闻学院喻国明教授在较早的时候也预测过，报业发展即将出现“拐点”。后来，随着“冬天”之说的出现，他又把自己的理念引申为“节点”。

受2008年底开始爆发的全球性金融危机持续影响，2012年，随着全球经济复苏乏力，中国经济出现下行态势，中国报业的日子越来越不好过。据统计，1—4月份中国报业广告下滑了17%左右，有的报纸超过30%。报业寒冬似乎真的到来了。

三、跨地区办报的风险

在这样的背景下，跨地区办报将面临哪些问题？

异地办报首先面临政策层面的挑战。跨地区、跨办报涉及多方利益主体，基本不可能由政府管理部门直接干预，而是必须通过市场，以资本运作的方式进行。尽管30年来中国报业管理体制在不断改革，但报刊社依然按照行政区域划分，实行“属地管理”原则。各个主管部门的组织体系和管辖权限把报刊社分割成相互封闭的庞杂的条块与等级，任何两个报刊社之间的经济联系必须得到各自主管上级的批准。任何跨地区、跨部门、跨组织系统的报业经济行为，都可能导致对主管单位管辖权的“侵犯”。这导致报业资源难以有效整合，很多地方尤其是西部地区的媒体难以发展壮大。

条块分割对异地办报的影响，可以从《华西都市报》在重庆的经营活动看出来。20世纪90年代中期，《华西都市报》在成都获得成功。《华西都市报》负责人席文举在办报之初就开始着手“异地办报”，提出在办报第二年占领重庆。为此，他们从发行开始进军重庆，1997年在重庆的发行量已达到9万份，最多时达到了16万份。陈国权在《从华西都市报、成都商报看川报的异地办报实践》里分析说，《华西都市报》当时在重庆的成功主要得益于几点因素。其中谈到一点是管理环境。重庆当时还没有成为直辖市，还隶属于四川省，因此作为《四川日报》子报的《华西都市报》在重庆就有着得天独厚的优势。正如席文举所说，省级报纸在当地办报比较超脱，比如负面报道，市级报纸不便推出，省级报纸就方便得多。但是，随着1997年4月重庆改直辖市，《华西都市报》在重庆管理环境上的优势不复存在，不再像以前那样“超脱”，它作为异地的报纸也没有了主管部门，享受不到主管部门给报纸带来的好处。

川报实力最雄厚的《成都商报》到江西南昌办报的结果更令人遗憾。2002年，《江西商报》改组，江西邮政波斯特有限公司持股35%，江西纸业持股21%，老《江西商报》持股15%，《成都商报》全资子公司博瑞传播第一大股东成都博瑞投资公司持股15%，凤凰光学持股14%。但是当年10月，管理层就和实施层发生矛盾，到了12月份，《成都商报》人马全部撤回了成都。

《成都商报》总编辑陈舒平认为，异地办报面临的问题主要有三：一是政策问题，包括大环境和小环境。大环境是指国家关于异地办报的政策规定，小环境是指当地政府对异地办报的看法。事实上，异地办报更需要考虑的是小环境，异地办报受到当地政府的严密注视，只要一出问题，报纸就很难办下去。同时，异地办报必然打破原来的报业利益分配格局，这是当地报纸的主管部门不希望看到的。所以说，在异地办的报纸就像没娘的孩子，是没人疼的。二是眼红问题。办报成功了，当地人就眼红了，认为钱让外地人给抢走了，就千方百计地挤你走，根本没有看到你给当地的报业市场带来的生机。三是权力控制问题，就是到底谁当联合报纸的一把手。权力纷争是导致《江西商报》失败的直接原因。

其次，跨地区办报面临的经济压力不小。《云南信息报》办在昆明，尽管昆明近年来报业发展迅猛，但是在全国来看，云南仍然属于经济相对落后地区。经济不够发达，总的广告盘子不大。

我们选取2010年来分析一下。2010年全国的广告营业额为2340.5亿元；中国广告协会报刊分会统计，2010年全国报纸广告收入为381.5亿元。全国报纸最发达的京沪广深四地广告所占份额很大，中部和西部地区占据很小的份额。

根据公开的统计资料，云南主要报纸2010年的广告收入约为10亿元。而昆明市场化的报纸就有《春城晚报》、《云南信息报》、《都市时报》、《生活新报》几家，还包括两家党报、数家保持出版的日报及周报，这导致了广告市场的激烈争夺。

对于新《云南信息报》来说，困难还在于改版前已经丧失竞争优势，报纸品牌价值不高，经营的压力很大。此外，异地办报必然被本地媒体视为“外来入侵者”，遭到顽强抵制，更增加了经济压力。

2007年底，新闻纸涨至每吨4400—4800元，2008年初继续攀升，涨到每吨5200元，后又升到每吨5800元。涨价对全国的报纸产生了巨大影响，报社纷纷出招缓解经营压力。一般情况下，纸张成本占报纸成本的70%，纸张涨价，报纸发行价格上涨成为必然。2008年3月，南京的《现代快报》、《扬子晚报》、《金陵晚报》、《南京晨报》纷纷从0.5元涨到0.7元。7月1日，成都的《成都商报》、《华西都市报》、《成都晚报》，上海的《新闻晨报》、《东方早报》、《新闻晚报》纷纷提价。不久，武汉的《楚天都市报》、《楚天金报》、《武汉晚报》、《武汉晨报》、《长江商报》也发布涨价的信息。云南不少报纸也竞相打出2009年订报的新价码，最高达每份180元。

除了提价，一些报社还采取了“改瘦报”和“减版面”的措施，以缓解财务压力。这样做存在风险：中国报纸刚刚进入“厚报”时代，减少版面势必减少内容，加上提价，报纸会失去一些读者，也让广告客户对广告投放更加谨慎。

第三，受众的需求变化和属地受众特殊的文化习惯和阅读习惯，也给跨地区办报提出了新的要求。改革开放30多年来，人们的生活观念、生活方式发生了巨大的变化，对媒体的要求越来越高，如果报纸不能满足读者需求，就会被读者抛弃。尤其是青年一代，他们思维活跃，对媒体的要求比较高，对政治和社会生活关注度高，目前的报纸很难被他们接受和认同，很难产生对报纸的忠诚度。

文化习俗的不同也对跨地区办报提出挑战。云南是多民族聚居区，不同的民族有不同的文化习俗包括文化禁忌，如何适应这些文化习俗，满足各民族读者的需求，这是跨地区办报必须解决的问题。

四、新闻伦理建设任重道远

最后我们来分析一下现行体制下媒体自身的问题。改革开放30多年来，中国报业发展迅速，但是和西方发达国家相比，差距仍然非常大。中国报业的市场化时间很短，不到20年时间。中国报业自身面临的挑战，就是如何更专业，如何践行新闻伦理。

100多年前，西方新闻学者和记者就把新闻客观性奉为圭臬，将其作为记者必须遵循的报道准则。20世纪80年代韦尔伯•斯拉姆等著的《报刊的四种理论》介绍，“客观报道的理论”在美国的起源可追溯到新闻采访合作协会的兴起，这些协会把州、全国和国际方面的新闻供给地方报纸。那时大部分报纸都具有极端的党派性，协会的目的就是尽可能消除新闻中的政治偏见。明确地把客观报道定为报纸基本原则的首家报纸是《纽约时报》，阿道夫•奥切斯1896年买下该报时宣布：要“以上流社会慎重有礼的语言，提供尽可能比其他任何可靠的媒介更早的新闻；并且不顾任何党派和利益集团的涉入，公正不阿地提供新闻”。此后，客观性原则渐为众媒体推崇。反观中国，新闻客观性原则还没有被媒体彻底贯彻。例子很多，比如轰动一时的“黄静死亡案”：2003年，湖南省湘潭市一名小学女教师裸死在宿舍里，警方鉴定为病亡。而她母亲认为是谋杀，凶手是女儿的男朋友，并在网络上发布了大量的控诉信，指责凶手向警察行贿，篡改死亡鉴定记录。一时间，大量网民愤怒声讨死者男友和警察。最早采访此案的记者，无一例外地相信了死者母亲的控诉，而最后权威部门的调查结论否决了大家的判断。这个例子表明，我们的许多记者并没有遵循客观中立的原则。

在西方国家，如果一个记者收受贿赂写假新闻，将受到严厉的惩罚，因此记者大多都能自律。但在中国，假记者、公关费、封口费等乱象屡见不鲜。2007年，一名叫兰成长的小商贩拿到一家报社的工作证后，到山西省一家发生矿难的煤矿“采访”，被矿老板和帮凶活活打死。矿老板被捕后说，平时如果来的是真记者，就给几千块钱；如果是假记者，就往死里打。这个案子揭示了中国某些媒体自身的腐败：有的记者收钱写假新闻，只要企业出钱，多浮夸的报道都做；有些小报抓住某些企业的毛病，以刊发负面新闻要挟企业做广告，或出封口费息事宁人。近年来，记者收封口费后做“沉默的羔羊”的事情时有发生，新闻媒体的舆论监督职能被作为利益交换的砝码。

中国报业从业者的新闻伦理修养还很欠缺。2008年汶川大地震中，中国一些记者在抢险现场的表现让人气愤：一名电视记者要求救援队暂停施工，好让他拍摄镜头；一名电视记者打开摄像机灯光拍摄刚刚被救出来的伤者，他不知道这样可能导致伤者失明；在震中映秀镇，一些记者抢占了救援灾民的冲锋舟，理由是要赶回去发稿。

如何提高采编人员的职业素质和新闻伦理修养，是摆在中国媒体面前的一个重大课题。

第二章　应对与未来

一、站得更高，看得更远

《云南信息报》改版以来，“办云南市场化运营程度最高的政经主流大报”的定位从来不曾改变。改版以来，他们一直严把导向关，没有出现大的安全事故。

在媒体竞争日益激烈的今天，一些恶性的、离奇的新闻事件成为都市报哄抢的猛料。对此，《云南信息报》首先考虑的是，这个新闻的传播效果是正向还是负向的？与读者的利益关系有多大？对当地有关部门会不会造成太大的压力？会不会影响事件的解决？对于读者关注度极高的、可能在全省甚至全国产生重大影响的新闻事件，《云南信息报》的做法是必须报道，但力求客观公正，力求更加专业，按社长谭智良的说法，就是一定要做到“技术上无懈可击”。2009年，《云南信息报》的两个独家报道引发社会广泛关注，一是“躲猫猫”事件，一是“小学女生卖淫”事件。这两个报道是《云南信息报》经过反复考虑后决定做的，报道给云信赢得了全国性的影响，也带来了空前的压力。报道“小学女生卖淫”事件后，《云南信息报》两名记者被检察院带走调查，总编辑和副总编辑也在调查之列。但是这个报道没有致命的硬伤，《云南信息报》在接下来的时间里也保持了足够的理性和克制，报纸经受住了考验。

《云南信息报》把自身的发展融入国家及云南省的战略布局中，根据云南省和昆明市的工作重点和重大经济民生项目建设，主动策划，精心报道，既践行了“定位更高、眼界更宽、品质更优”的办报宗旨，也赢得了政府的尊重和支持。

2008年，《云南信息报》启动了“发现云南之美”、“奥珍展”大型采访活动，推出了“航拍新昆明”、“昆明往事”、“丽江十年”、“仇和与昆明的100天”、“昆明交通解困调查”、“滇池治理调查”、“问计新加坡谋计新昆明”等报道。2009年，《云南信息报》开展“发现东盟”系列采访活动，对东盟十国进行采访。2010年，《云南信息报》在云南抗旱、玉树地震、上海世博会、南非世界杯、广州亚运会等当年重大新闻报道上，与同城媒体相比保持领先优势，还先后推出《高尔夫周刊》、《东盟南亚周刊》、大型人文地理系列报道《秘境云南》等独具一格的新闻产品。这些报道，使《云南信息报》赢得了对当地经济社会发展的话语权，昆明市委宣传部专门发文表彰了《云南信息报》的工作。市委宣传部认为：“这些报道善于策划、精于策划，既有宏观论述，更有细致解读，既问计又谋计，既盘点成效又查找不足，为昆明市经济社会发展提供有益的建议，引起社会各界的关注，宣传了昆明改革创新的良好形象。”

《云南信息报》还注重用好云南出版集团的资源。我们在前文说过，云南出版集团是云南省文化产业的龙头骨干企业，具备较强的经济实力和影响力，产业链涵盖出版、发行、印刷、物资供应及相关经营领域，年销售收入超过30亿元。当年报业经营是集团公司一大弱项，《云南信息报》亏损严重，与南方报业传媒集团合作后，云南出版集团领导层对新《云南信息报》的发展一直很关心，在报纸遇到困难时不遗余力提供帮助。在报社开展的诸多活动中，云南出版集团领导在可能的情况下都会亲自参加，为报社鼓气。当报社遇到来自社会或者有关权力部门的压力时，集团坚持实事求是，当调查清楚报社采访报道活动合理合法后，集团领导都会做他们的坚强后盾。

二、寻求全媒体时代突围之路

目前，南方报业传媒集团正逐步转型为全媒体集团，进一步巩固报业在多元化传播渠道上的优势地位，努力建设国际化的新闻传播平台。《云南信息报》作为旗下年轻一员，也在积极探索，在云南媒体中率先寻求适应全媒体时代发展要求的新路子。

■2010年，《云南信息报》形成了“1＋5”密集覆盖滇中城市群与大理、丽江的新格局。图为“1＋5”形象广告。

2010年，《云南信息报》已形成“1＋5”的全新格局：“1”指立足昆明的《云南信息报》主报，“5”指《云南信息报》在2009年至2010年间先后推出的《曲靖读本》、《丽江读本》、《大理读本》、《楚雄读本》、《玉溪读本》。2009年8月，《云南信息报》推出《曲靖读本》，成为曲靖市目前唯一的一份都市生活类报纸。2010年6月，《云南信息报》推出了《丽江读本》，每周一期，每期除随《云南信息报》主报在昆明省、市党政机关和大型国有企业发行外，单独在丽江发行3万份，覆盖丽江各县区。《丽江读本》在报道新闻之外，注重塑造高端的品位与格调，引导全新的休闲生活方式，致力打造成面向各高级酒店、高端消费场所以及定向读者群的主流精品媒介。2010年11月，《大理读本》出炉，每周二推出。《楚雄读本》2010年11月底推出，每周二出报，随《云南信息报》在楚雄州发行。《楚雄读本》定位是楚雄面向市外的第一媒体，以信息丰富、资讯最新、紧贴百姓生活为办刊宗旨。2010年12月22日，《玉溪读本》出街。

《云南信息报》社长谭智良表示，相对根基较深的同城媒体，《云南信息报》在昆明之外没有什么优势，但现在我们抓住了一个空当，一个突破口。“1+5”的战略布局，是《云南信息报》改版3年来一个很重要的成果，为将来的发展打下了很好的基础。同时，“1+5”的对内战略与“立足云南，面向东南亚、南亚”的对外战略相辅相成，形成了一个相对完整的报业发展战略格局。

2011年元旦，《云南信息报》经过深入研究和准备，进行了新一轮改版，提出了“迈向新媒体融合第一步”的目标，谋求传统媒体和新媒体融合，加大新闻资讯整合力度，尽最大可能实现报网互动。5月20日，《云南信息报》把电子版改造升级为乐云网，通过它来实现报纸向多媒体的转型。社长谭智良称，乐云网定位是昆滇首席网络生活社区，以超级价格团购、真实互动交友、全时在线咨询、免费观影团、有奖吃喝团等项目，致力于为网民提供有效、有用的生活服务。之所以取名乐云网，是为了突出云南区域性网站特色，“我们提出了一个说法：‘仁者乐山，智者乐水，酷者乐云’”。随后，又与广东3G门户合作，推出云南3G门户。

■《云南信息报》在2011年元旦再次改版，这是改版宣传海报。

■2011年5月，《云南画报·滇商》首发仪式暨昆明未来20年论坛启动。

2011年5月21日，由《云南信息报》出品的《云南画报•滇商》首发，这意味着《云南信息报》开始尝试切入细分领域，搭建新的媒体平台，这是《云南信息报》"政经主流大报"理念的一种有效的延伸拓展。《云南信息报》总经理胡西文认为，随着《云南信息报》的市场、定位等基本稳定，办一份杂志的想法就被提上了日程。"以我个人的理解来看，一个社会的发展、进步，社会物质、精神、文化文明建设等都有一个非常重要的群体在贡献着力量，这个重要群体就是工商企业主。"胡西文认为，企业家是社会的精英，也是国家和民族的财富，社会应该给他们一种应有的尊重，他们的社会地位、人格、人品，包括他们为社会作出的贡献等都应该得到呈现。从全国来看，云南经济落后于很多省区，究其原因就是云南的工商业不发达，为此急需做一个事情：对这个群体表示足够的尊重，给他们提供宣传的平台，弘扬他们的精神。

至此，《云南信息报》已不再是一张单薄的报纸，初步形成了一个布局合理、形式多样的"一报一刊二网五读本"的新媒体集群。"云信不懈的、积极的探索，意在破解全媒体时代下的报业突围难题。"谭智良说。

谭智良说，在全媒体时代，平面媒体面临很多压力。比如微博的兴起对平面媒体影响就很大，出现了“公民记者”的概念，任何公民，用手机就可以发新闻，所以我们提出要转型，要寻求突破之路。“现在，到了《云南信息报》再次改变的时候了。这次改版不是传统意义上的改版，而是在全媒体时代下走向新媒体融合的一次大胆尝试和突破。正如改版广告上写的，这是《云南信息报》‘迈向新媒体融合第一步’。”

谭智良称，《云南信息报》是国内首次提出报纸形态向新媒体融合的平面媒体。这次改版难度很大，包括采编理念乃至记者写稿、编辑编稿的方式都要进行改变，甚至要颠覆以往传统的操作方式。《云南信息报》经过努力，版式、版面已经很成熟了，达到了一定高度，要想突破相当难，但这个转型性的改版探索是值得的。

三、“走出去”战略的尝试与推进

“十一五”期间，我国新闻出版业“走出去”战略得到整体推进。仅2007年，新闻出版总署就出台了7项“走出去”的优惠政策。“走出去”，既是增强我国文化国际传播力的关键之举，也是我国新闻出版人义不容辞的责任和使命。中国—东盟自贸区的正式建成、云南的独特区位优势及云南“面向西南开放桥头堡”战略的提出，对于《云南信息报》是一次难得的“走出去”的机遇。

从某种意义上说，跨地区强强联合组办的《云南信息报》本身就是“走出去”的产物。2009年，该报正式提出“立足云南，面向东南亚、南亚”的战略，2010年初开始酝酿“走出去”的具体方案。

2008年初，《云南信息报》就开始调整办报方向，对东盟国家进行探路式报道：

2008年3月，昆曼大通道正式开通当天，《云南信息报》推出“昆曼大通途”特刊，受到各界人士的好评。

2008年5月，缅甸遭遇特大风暴，《云南信息报》是第一家进入核心重灾区采访的中国大陆媒体，第一时间向国内读者报道了缅甸灾区救援进展。

2008年7月，《云南信息报》推出“问计新加坡　谋计新昆明”系列报道。此组报道被新加坡《联合早报》用一个整版的篇幅转载，并得到新加坡总理李显龙两次公开称赞（一次在9月7日《联合早报》85周年报庆晚宴上，一次在11月16日新加坡人民行动党大会上），认为《云南信息报》“做足了功课”、“全面和深刻地介绍新加坡的基层政治”、“发表了很有见地的分析和感想”。

2008年9月，《云南信息报》正式推出“东盟版”，每周刊出5个整版，受到社会各界的普遍关注。2009年9月增设南亚版，2010年5月再设《东盟南亚周刊》。

2009年，《云南信息报》启动“发现东盟”大型采访活动，历时9个月，行程数万公里，遍访东盟十国政要、专家学者、商企精英、华人团体。其中，仅总理、外交部长、经贸部长一级的受访官员就达20多位。

2008年12月
12
云南信息報
3624000
明年1月1日起昆明提高居民医保待遇
住院“门槛费”最低100
“发现东盟”启动仪式
GO!发现东盟
CPI仅2.4% 创22月新低
财经·C03版
铁道部：春运火车票价不涨
国内·A18版
AIR CHINA
2008-2009年冬春季
昆明始发国际联程优惠价

■2008年12月起，云南信息报记者历时9月遍访东盟十国。图为“发现东盟”大型采访活动启动仪式报道版面。

2009年9月，时任广东省委常委、宣传部长林雄到《云南信息报》参观考察时对“发现东盟”活动给予高度评价，认为“策划好，敢于走出去”。10月，云南省委宣传部对“发现东盟”活动进行通报表扬，认为“这是一次实施云南媒体‘走出去’战略的成功尝试，是一次对新形势下实行媒体改革和提升媒体影响力、传播力的大胆探索”，倡议全省新闻战线以《云南信息报》为榜样，学习借鉴其大胆探索、努力创新、积极进取的办报精神与思想理念。同年10月，“发现东盟”采访团的摄影作品亮相第六届中国•东盟博览会的主会场。越、柬、缅、老、泰等东盟各国驻昆明总领事还应邀担任了《云南信息报》的“形象大使”，高调亮相。

2010年1月，“发现东盟”大型采访活动被传媒杂志社、北京大学新闻与传播学院、清华大学新闻与传播学院联合评选为“2009年度中国传媒创新案例”。

2010年9月，由《云南信息报》编著的《中国记者发现东盟》丛书（上下册）正式出版，成为国内第一部系统记录、全新解构东盟十国的经典之作，热销全国，被昆明市委宣传部推荐为科级以上干部的工作参考书，并被新加坡驻广州总领馆、柬埔寨驻昆明总领馆誉为“了解东盟的权威书籍”。

《云南信息报》背靠两大集团，拥有先进的采编、经营、发行理念和人才队伍，尤其是三年来对东盟的新闻报道和资源积累，具备了“走出去”的能力。2010年初，《云南信息报》提出“走出去”的大胆构想，经考察研究，把“突破口”定在泰国。

泰国地处东南亚中心位置，与柬埔寨、老挝、缅甸、马来西亚接壤，是东南亚的经济、金融中心和航空枢纽，对周边的东南亚国家有很强的辐射作用。泰国很早就实行自由经济政策，政策透明度、开放程度较高，市场发育成熟。2008年，在全球最具竞争力的131个经济体中，泰国排名第28位。近几年，泰国境外投资增速强劲，外资主要来自日本、美国、欧盟、东盟、韩国、新加坡、中国大陆及中国的台湾和香港地区。泰国旅游业发达，产值近年一直保持在GDP的7％左右。泰国95％的人口信仰佛教，社会治安状况良好。泰国华人占总人口的14％左右（曼谷华人约占曼谷总人口的2/5），泰国华人在当地的政治经济实力雄厚，前总理他信、阿披实，现任总理英拉及多位政要皆为华裔。

泰国报业以私营为主，按市场规则运作。泰国有6家华文日报，除《世界日报》稍有盈利，其余各家运营状况不佳。泰国华文报纸发展状况整体滞后，还未真正形成规模化、产业化。这对《云南信息报》来说，是一个难得的机会。

目前，《云南信息报》开拓泰国市场的工作已经在稳步推进。经过慎重研究和筹备，2012年12月18日，该社在泰国曼谷设立了首个国外办事处。该办事处的宗旨在于建立《云南信息报》与泰国官方、商界、学校、民间等各界的联系，为下一步项目拓展奠定基础。2013年3月，《云南信息报》泰国办事处与泰国历史最悠久的华文报纸《星暹日报》达成合作协议，在该报开设《云南信息报泰国版·今日云南》专版（初定每周二出版），内容以推介云南的政治、经济、文化和旅游资讯为主，向泰国华文读者开启了一扇了解云南的窗口。

2013年是《云南信息报》联合重组第二个“五年计划”开局之年，《云南信息报》提出了新目标：把《云南信息报》打造成为具有区域性国际影响力的媒体。这个目标很宏大，要实现很不容易，但云信人有信心提出来，也有信心走下去。

《云南信息报》通过跨地区办报，通过强强联手，实现了重生，步入了发展快车道，业绩逐年大幅度提高。但我们也清醒地认识到，未来报业竞争将越来越激烈，报业生存环境会越来越艰难，需要与时俱进，继续改革创新。我相信，《云南信息报》一定会站得更高，走得更远。

报业是人类最传统的公众信息传播平台。从传媒的功能而言，报业确实面临着其他传媒形态和新媒体的巨大挑战。特别是互联网和移动通信的信息传播早已突破地域限制，而报业还总体上处于条块分割管理指导的状态，这进一步强化了报业在传播广泛性方面的劣势。

客观而言，新媒体的出现是历史的进步。互联网和移动通信在传播方面的特色，使《宪法》中明确赋予公民的言论自由权利得到了实现，公民有了充分多样的渠道表达个人的观点和意见，对于新型社会关系的构建、权利的分配将产生积极的影响。

而报业作为一类特殊的组织，并未获得言论自由的法定授权。与其他媒体形态相比，报业一直存在于社会价值观和文明的核心层面。一群具有专业能力和专业精神的人，汇聚成一个个专业的组织。这类组织汇集公众意见，辨识即时事件背后的机制和立场，对机制和立场进行分析及评判，对事件的来龙去脉进行客观的记录，白纸黑字，落笔有据，延续着对历史负责、对后来者有所交代的史学精神。这就要求报业及其从业者，不能像普通公民一样从个人利益出发自由言论，而必须恪守公义，恪守客观，坚持“为天地立心，为生民立命，为圣贤继绝学，为万世开太平”的追求。直到如今，报纸仍是最有公信力的媒体形态，对社会综合影响权衡最深入的媒体组织，最具传播力和普及力的价值观载体。

正因为处于价值观和文明的核心层面，尽管已经意识到联合重组可以有效增强报业的内容生产力，释放优秀产品的社会效益，但意识形态的领导部门对报业联合重组仍未掉以轻心。尽管《云南信息报》以对社会高度负责的立场和显著的经营业绩，成为中国式联合重组的代表性案例，但相信在未来一段时间，报业的跨地区联合重组仍然是个案。不过，其他跨地域的报业联合重组如果充分理解、执行其中的原则，相信仍可不断实现个案的突破。

《云南信息报》的实践，深刻地体现着报业相对于其他类型媒体的独特性。报业是在新闻基础上提供社会公平正义、核心价值观、客观公正信息，具有深刻社会责任感、使命感和人文关怀、史学精神的专业型组织。虽然在新闻和信息传播功能方面出现了强大的替代者，报业获取经济资源的渠道也必然因此调整，但报业的核心价值，仍是其他类型的媒体难以替代的。

人类永远需要文明的守护者，精神家园的建设者，社会公平正义的捍卫者，发展历程的记录者，喜怒哀乐的同情者。与其他类型的组织一样，报业表面上提供的是产品，本质上提供的是服务。把握住服务的本质，报业就有了立身之本，产品形态的变化就会有更开阔的思路。

在经营方面，报业表面上是信息加工、传播者，本质上是对资源进行聚集、整合、分类定制，继而输出品牌服务及个性服务。一旦把工作重心从信息扩大为资源，凭借报业强大的公信力、广泛的社会联系面和服务面，报业从事业单位转型为现代服务业组织，必将打开迎接挑战的巨大空间。

西方有句格言：一粒麦粒如果不落在土里，它就只是一粒麦粒；如果它落在土里，萌芽，生长，就会孕育出更多的麦粒。愿《云南信息报》跨地域联合办报的经验和思考，如同麦粒落在土里。

附录一

联合重组：推动新闻出版业科学发展的有效途径

——《云南信息报》成功转型的实践与启示

龙雪飞

党的十七大报告指出，在时代的高起点上推动文化内容形式、体制机制、传播手段创新，解放和发展文化生产力，是繁荣文化的必由之路。最近，新闻出版总署出台了《关于进一步推进新闻出版体制改革的指导意见》，鼓励和支持业务相近、资源相通的新闻出版单位，按照优势互补、自愿结合的原则，跨地区、跨部门组建出版传媒集团公司。这是新闻出版业推进改革创新、实现科学发展，进而解放和发展文化生产力的一条有效途径。近年来，云南出版集团公司和南方报业传媒集团以联合主办《云南信息报》为载体，在新闻传媒跨地区、跨行业联合重组的问题上进行了探索，积累了一定的经验。

强强联手，为联合重组奠定坚实基础。目前，我国新闻出版业虽然涌现出一批具备一定实力的大型传媒集团，但整体实力仍然不强。推进这些传媒集团强强联手，是进一步做大做强我国新闻出版业的必然要求。云南出版集团公司和南方报业传媒集团的合作，就是基于这一考虑。南方报业传媒集团是我国最早的报业集团之一，拥有十报、六刊、三网和一个出版社，是华南地区的主流政经媒体，品牌价值突出；云南出版集团公司是云南省文化产业的龙头骨干企业，以图书、报刊、音像制品、电子出版物的编辑、出版、制作、发行以及物资供应、版权贸易、图书进口为主业，并涉足旅游、科研、服务等行业，年销售收入达30亿元。推动跨媒体、跨地区、跨行业经营，是二者共同的战略目标，也是二者强强联手、成功合作的一个重要基础。

优势互补，为联合重组创造有利条件。不同传媒集团具有不同的优势和特色，也有着自身的“短板”。如何扬长避短，实现优势互补，是传媒集团在联合重组时必须考虑的一个重要问题。云南出版集团公司除了具备较强的经济实力和本地影响力，还处于我国面向东南亚开放的前沿地带，具有沟通两大洋（太平洋、印度洋）、三大市场（中国、东南亚、南亚）的独特区位优势，但报业经营是该集团公司的一大弱项，其下属的《云南信息报》在合作前管理不善、亏损严重。南方报业传媒集团有优秀的办报团队和雄厚的资金实力，也有跨地区办报的强烈愿望和成功经验，但独立跨地区办报将面临一系列难题，成本投入也较大。通过协商，双方决定以联合主办《云南信息报》的形式进行合作。这为发挥各自优势、提升整体实力提供了有利条件：对云南出版集团公司来说，引进在我国具有品牌效应的南方报业传媒集团，可以使下属报纸在云南的竞争力得到提升；对于南方报业传媒集团来说，借助已有的当地报纸平台，可以省去大量先期投入，缩短适应期，实现跨地区办报的“成功落地”。

互利互惠，为联合重组开辟绿色通道。企业之间的合作很多时候需要双方本着互利互惠的原则，让渡一部分利益给对方，否则合作就很难顺利开展。《云南信息报》在合作前出现亏损，报纸版面数量减少，人员流失较多，新闻内容缺乏竞争力，发行和广告收入的市场份额在昆明的四份都市类报纸中从第二位下降到第四位。这样一份报纸如何能够吸引外来资金和优秀管理经营团队？云南出版集团公司经过慎重考虑，决定除了打“综合实力”牌和“区位优势”牌，还以联合主办和出让经营公司控股权为条件，与南方报业传媒集团进行谈判。两家集团很快达成协议，由双方共同主办《云南信息报》，共同出资2000万元人民币设立“云南云信报业传媒有限责任公司”。公司出资及股权结构为：南方日报社持股比例46%；云南出版集团公司持股比例44%；高层管理团队持股比例10%。

改革创新，为联合重组提供强劲动力。联合重组不是简单拼凑，而需要在整合双方优势资源的基础上，在管理、经营、运作方式等方面进行改革创新，以实现合作效益的最大化。云南出版集团公司和南方报业传媒集团经过多次商讨，决定对《云南信息报》进行全方位改革，实现其向政经主流大报和新型都市报的转型。具体来说，就是对报纸内容进一步细化，强调报道最有价值的新闻，突出对读者有直接价值、体现服务性的“有用新闻”；提出广告“打价值战，不打价格战”的经营策略，广告定价也大幅提升；进一步突出特色，以高端、优质的时政报道赢得读者。这一系列改革创新是成功的：改版后的《云南信息报》经过一年多运行，2008年广告收入比2007年增加5900万元；各类报道由于选题角度新颖、稿件质量较高，在读者中形成了良好口碑，为实现报纸的长远发展奠定了坚实基础。

（此稿原载于2009年6月26日《人民日报》理论版。人民网、新华网、新浪网、搜狐网、网易、《新华文摘》、《南方日报》等100多家媒体先后全文转发该文章。）

附录二

龙雪飞法国里尔高等新闻学院演讲稿：中国式的联合重组

——《云南信息报》跨地区办报的改革试验

龙雪飞

尊敬的达尼埃尔•德罗瓦院长先生，女士们，先生们，各位老师，同学们：

大家晚上好！我很荣幸能够有机会来到里尔跟你们交谈。首先，我要感谢里尔高等新闻学院亚洲部主任弗朗克•赫诺教授的盛情邀请，他是我来到里尔的纽带。同时我也非常感谢里尔高等新闻学院院长达尼埃尔•德罗瓦先生为我所做的精心安排和亲切会见。我希望自己讲得更好一些，也很乐意回答大家的提问。

坦率说，我喜欢法国，这不仅仅因为法国的首都巴黎被认为是世界上最浪漫的城市，还因为法国是一个拥有伟大思想的国家。

因为如此，法国才有了世界上非常伟大的文学与艺术作品，也有世界上非常有影响力的媒体，包括中国人非常熟悉的法新社、《世界报》和《费加罗报》。我也知道，里尔高等新闻学院是法国传媒事业中重要的一部分，作为享誉世界的名牌大学，里尔高等新闻学院是法国历史上最悠久的新闻学院，素有“法国记者摇篮”之称，而里尔科技大学400多年的历史则令人惊叹。

在我来到法国前，13亿中国人刚刚庆祝了中华人民共和国60华诞。我注意到，法国的媒体报道了10月1日北京天安门前的阅兵，也报道了中国60年里尤其是最近30年的变化与发展。当然，有些报道还有待提高其客观、公正与真实性。但是，不管怎么说，法国媒体前所未有地关注中国的方方面面，这本身就是一件好事。相信随着中国社会的不断发展与进步，它们的某些思维定式也会有所改变。在中法两国人民的理解和沟通方面，我希望能和我的法国同行一道，让法国人民能够了解和认识一个真实全面的中国。

从1979年改革开放到现在，中国经济得到了快速发展；同时，中国的政治生态、文化和社会生活方面都发生了一系列巨大变化。

当然，这是个太大的题目。据我所知，不仅仅中国，全世界都有很多专家包括法国的许多教授也都在研究这个大课题。我的简单描述只是想帮助大家更好地理解中国的传媒变革究竟是在怎样一个背景下发生的。事实上，中国传媒不仅是中国30年变革的见证者，传媒业自身的发展也是中国改革进程重要的一部分。

在改革开放前，中国的媒体是比较简单化的，或者说，发展是不全面的；在改革开放后，媒体变成了一个功能相对齐备的大众传播媒介，不仅发布新闻和观点，也提供娱乐。举例说，在法国，大家可能不能想象一份报纸没有广告，但是中国的报纸是在改革开放后恢复刊登广告功能的，最早恢复刊登广告的时间恰好就在30年前的1979年。现在，中国媒体一年的广告收入达到2000亿元人民币以上。

此外，过去中国媒体基本是整齐划一的宣传，新闻也是宣传化的新闻，传媒业经过改革以后，现在基本是新闻唱主角了，人民的知情权得到了保障，与普通人的生活息息相关的信息得到了重视。用我们自己的话说，中国政府非常重视媒体发展，鼓励和支持媒体更加贴近实际，贴近生活，贴近群众。

我举两个例子。中国一份知名周报《南方周末》在去年评选了改革开放30年来的十大新闻事件，其中之一是《人民日报》的黄金岁月——在改革开放后的最初10年，作为中国共产党的机关报，它占据了最好的新闻资源，尽管还带有宣传的痕迹，但各行各业的风貌仍然全方位地展现出来。单看标题就知道：《群众为什么买不到生姜》、《不可小看小商品》……1980年代的《人民日报》，发行量创历史地达到了600万份。

《南方周末》还把一份英文报纸《中国日报》刊登普通人的大照片作为一件标志性事件。《中国日报》1980年创办，它的图片新闻编辑是美国密苏里新闻学院毕业的，他第一个把普通人生活细节的照片当作新闻并放在头版。很快，不少报纸都这样做了。从此，中国的报纸更加关注普通人的故事和命运。

改革开放给了中国媒体一个最大的变化就是，人们认识到媒体既有社会公共产品的公共属性，同时它又是一个产业，而且必须走向市场。

这个变化的过程非常漫长。在这个过程里，出现了几个“热潮”：“晚报热”、“周末版热”和“都市报热”，这些都可以看成不断迈向市场的几个脚印。

《南方都市报》是中国都市报的代表。2003年4月25日，《南方都市报》披露一名大学生在广州的收容所里被虐待致死的事件。这份报纸成功发起了一场舆论战，谴责收容遣送制度。仅仅过了50天，中国最高权力机关——全国人民代表大会就废止了过去的《收容遣送法》，代之以救助的办法。

在新中国的新闻史上，似乎还从未有过这样的先例，由于一个公民的非正常死亡，而最终导致一部法律的废除。当年写这篇报道的作者现在就在我身边，他是《云南信息报》副总编辑王雷先生。等一会儿我还要讲到这份报纸，因为它与我的工作也有更多直接联系。

今年8月底，创办16年之久的《中华新闻报》走到了终点，这是第一家全国性报纸倒闭。政府没有试图挽救它，中国媒体管理机构的官员坦率地说：在市场经济时代，中国媒体也会“有生有死”。这表明了中国政府让媒体走向市场的坚定决心。短短30年间，中国媒体由简单的新闻宣传，到走向市场化的文化产业，到现在，中国的媒体在弘扬社会正气，通达社情民意，引导社会热点，充分保障人民知情权、参与权、表达权、监督权等方面发挥着越来越重要的作用。

正是在这样的背景下，我和我的同事们主持了《云南信息报》的“重生”计划。关于这个计划的过程和背景，是我想与大家分享的第二个话题。

云南地处中国西南的高原地带，那里也曾有一所著名的学府：中国国立西南联合大学。这所学校培养了著名的诺贝尔物理学奖获得者杨振宁和李政道，还有一大批著名科学家和学者，比如朱光亚、邓稼先、王希季、吴征镒、任继愈、费孝通等。

但是云南的经济并不发达，也缺乏现代媒体专业人才。这是我到云南后才感受到的。在去云南之前，我曾经做过3年《农民日报》的记者。《农民日报》是一份全国性报纸，主要读者是中国的广大农民和农村基层干部，在这里的工作使我对中国农村有非常深刻的了解。之后我又去了深圳，中国的改革开放最早是在这里进行试验，因此这里的现代化和开放气息非常浓厚，我在深圳报业集团工作了5个年头。2003年我来到了云南，先做大理州政府的公务员，主管州政府新闻办公室工作。2005年，云南省政府任命我为云南出版集团公司副总经理。

云南出版集团公司是云南省的文化产业龙头骨干企业，2008年出版品种2000余种，销售收入30多亿元。集团产业链涵盖出版、发行、印刷、物资供应及相关经营领域，还有10多种国内外发行的报纸和期刊。

我正好分管《云南信息报》。在我刚接手时，《云南信息报》财务上出现了亏损。我想，首先，我得为这份报纸把把脉，先知道它患了什么病，然后才能开出药方来。

《云南信息报》是一份在竞争中失去了优势的报纸，它的版面数量越来越少，人员流失较多，更要命的是，新闻内容缺乏竞争力。正因为此，《云南信息报》在昆明的四份都市类报纸中，发行和广告收入从市场份额的第二位下降到第四位，很快，它就面临被市场淘汰的危机。

《云南信息报》在品牌、人才和资金三个方面都没有优势。基于此，我提出了三种方案：一是云南出版集团公司放弃对《云南信息报》的独家控股权，引进国内强势报业集团，如南方报业传媒集团这样的战略伙伴合作办报，并让南方报业传媒集团控股，实施资本重组的改革方案；二是面向全国招聘高层次办报人才；三是放弃竞争，保存刊号，改做周报。我自己当然是倾向于选择第一种方案。其间，我花费了相当长的时间去说服我的上级、同级和下级。要说服这么多的人是一件很艰难的事情，因为大多数人是不相信这件事能够做成功的。最后，集团高层多次研究后，决定采纳我的第一种方案，选择了与南方报业传媒集团合作。这在当时看来是大胆和比较冒险的，但这正是中国改革的重要特点，就像西方人总结中国改革经验时常常引用邓小平说过的一句话，“摸着石头过河”。我在这里也引用法国著名作家维克多•雨果的一句格言：“大胆是取得进步所付出的代价。”

南方报业传媒集团共有十几份报刊，仅《南方日报》、《南方都市报》、《南方周末》、《21世纪经济报道》四家报纸品牌价值就达96.99亿元人民币。更重要的是他们还有一批可以算是中国最有能力的办报人，非常有新闻理想和专业精神。我觉得与南方报业传媒集团合作是保证报纸成功的一个重要因素。在两家集团谈判一年多后，终于达成协议，由双方共同主办《云南信息报》，并共同出资2000万元人民币设立云南云信报业传媒有限责任公司，公司出资及股权结构为：南方日报社出资920万元，持股比例46%；云南出版集团公司出资880万元，持股比例44%；高层管理团队出资200万元，持股比例10%。根据双方集团所达成的协议，新《云南信息报》由南方报业传媒集团委派社长、总编辑、总经理、行政总监、财务副总监，云南出版集团公司委派副社长、副总编辑、副总经理、行政副总监、财务总监。2007年9月19日，改版后的《云南信息报》正式出街。报纸的总编辑写了一篇发刊词，其中一段话很形象地代表了我们的思路：

这是一次跨越千山万水的风云际会。

一个“我”在珠江源，一个“我”在珠江口，浩浩汤汤，云水激荡，合成一个“我们”。这个“我”叫春城，那个我叫“花城”。

这个“我”在云之南，七彩江山美如画，拥自然之胜；那个“我”在海之滨，东方风来满眼春，领风气之先。

这段话表明，我们在新的报纸上，不仅强调借鉴来自中国传媒最发达的广东地区的报纸经验，同时也强调报纸的“本土性”，强调文化的融合与共赢。

我们还提出了在内容上既要打好“南方牌”，也要打好“云南牌”。目前，《云南信息报》每天将近30%的版面直接来自《南方都市报》，这些内容是云南本地媒体没有的。可以这样解读：《云南信息报》的读者比其他报纸的读者多读了“半份”《南方都市报》，而其他三家都市报的竞争对象也不再仅仅是《云南信息报》，一定程度上也是在和《南方都市报》竞争。

不仅如此，《云南信息报》还改变了本土的报纸生态。昆明市原有的7种都市类报纸，经过多次“洗牌”，至2003年仅存4家。几年来，报纸发行时的价格战从来没有停止过。最激烈的时候，昆明市场上的报纸零售价为1元钱3份，也就是0.1欧元就可以把这个城市每天出版的报纸全部买一份。最后，有的报纸推出20元订阅全年的价格，当年一年的报纸当废纸可以卖60元左右。也就是说，订户花20元看一年报纸，最后还可以倒赚40多元。2007年9月，新的《云南信息报》提出“打价值战不打价格战”，决定把报纸全年定价提高到180元，广告定价也大幅提升。这一策略迅速获得成功，在读者中树立了良好的口碑。2008年，《云南信息报》广告收入比2007年增加了5900万元。2009年1月至10月底，广告收入比去年同期增长35%以上。我们非常有信心，今年年底，在合作两年后，《云南信息报》将实现收支平衡乃至盈利。另外，在人才制度上，我们把原报社所有高管、中层干部职务取消，重新组建，要求大家主动申报，结合工作表现重新任命，并对整个过程进行公示。这种做法就是能给每一个人提供一个最好的平台，充分体现以人为本。

我想，现在就把《云南信息报》的改革定义为一个成功的经典，似乎还为时过早。《云南信息报》最值得关注的一点是，它打破了中国媒体过去条块分割的管理模式，在过去认为是不能触碰的“雷区”进行了有益的探索，这和中国政府近期出台的新闻业改革路径是完全一致的。中国政府正在加速新闻出版体制改革，通过对国有新闻出版单位改制、重组、上市融资的方式，力图在三到五年内，培育出六七家资产与销售都超过百亿元人民币的国内一流、国际知名的大型出版传媒企业。用国家新闻出版总署署长柳斌杰的话说：中国新闻出版行业的传统地区分割与行业分割现已被打破。政府鼓励和支持业务相近、资源相通的新闻出版单位，按照优势互补、自愿结合的原则，跨地区、跨部门组建出版传媒集团公司。

2009年6月26日，《人民日报》刊发了我写的一篇理论文章《联合重组：推动新闻出版业科学发展的有效途径——〈云南信息报〉成功转型的实践与启示》，这说明我们的这一合作模式得到了充分肯定和业界的关注。在这里，我想借用法国戴高乐先生的一句格言："世界上无论多么高尚的原则，只有付诸实践才有价值。"

刚刚过去的世界媒体峰会，也使得西方媒体有机会影响中国同行业的发展，而中国也需要在未来的路上，证明自己对世界宣示的保障人民的知情权、参与权、表达权、监督权说到做到。中国传媒的传播观点将会更加真实、客观、准确、全面。我们也清醒地认识到，中国仍然是世界上最大的发展中国家，中国在改革发展的进程中遇到的矛盾和问题无论规模还是复杂性都是世界上罕见的。对媒体来说，树立高度的社会责任感，促进新闻信息真实、准确、全面、客观传播显得更为重要。

最后，我想告诉大家，中国云南有26个世居民族，民族文化资源丰富，是中国著名的旅游大省，170万年前人类祖先元谋人就生活在那里，那里还有美丽的香格里拉、丽江古城和奇异的"三江并流"，欢迎大家到美丽的云南来。

再次感谢里尔高等新闻学院、里尔科技大学的盛情邀请，感谢大家的倾听，祝大家健康快乐！谢谢！

（本文为云南出版集团公司副总经理龙雪飞在里尔高等新闻学院的演讲，此稿原载于人民网。香港《文汇报》、《南方日报》、《南方都市报》、新浪网、腾讯网、欧洲通讯等多家新闻媒体刊发了该演讲稿。）

附录三

龙雪飞法国里尔高等新闻学院演讲稿法文版
La restructuration des groupes de presse à la chinoise Retour d'expérience sur la transformation réussite du « Journal d'information de Yun Nan »

Discours prononcé le 31 novembre 2009 devant l' Ecole Supérieure de journalisme de Lille

LONG Xuefei, Directeur Général adjoint du Groupe YunNan Publications

Monsieur Daniel DELOIT, président, de l'Ecole Supérieure du Journaliseme de Lille , Mesdames, Messieurs ;

Bonsoir ! Je voudrais dire que c'est un grand honneur de pour moi de pouvoir échanger avec vous ce soir, permettez-moi d'abord de remercier monsieur Franck RENAUD qui m'a fait l'honneur de m'inviter en France, je tiens aussi à remercier particulièrement Moniseur Daniel DELOIT, président de l' École supérieure de journalisme de Lille, qui a très bien organisé un accueil si bien préparé et si bien chaleureux. Je souhaite pouvoir utiliser le moins de temps possible pour un discours court et claire, et je répondrai volontier à toutes vos interrogations.

J' aime la france comme nation, connue pour ses valeurs

universelles : la liberté, l' égalité et la fraternité, j' aimais les français pour sa manière de vivre et pour leur philosophie de la vie. Certes, je suis fasciné par le capital-Paris dans toutes ses splendeurs, j' adore aussi une ville provinciale charmante comme Lille.

En France, il y a très nombreux grands écrivains et artistes, des chef-œuvres littéraires et artistiques. Les grands médias tels que l' AFP (Agence France-Presse) , et les journaux comme « Le Monde », « Le Figaro » et « libération ».

Je sais aussi que l' École supérieure de journalisme de Lille est une des plus anciennes écoles de journalisme en France, connu comme le berceau des journalistes, elle joue un rôle non négligeable dans le domaine de la communication et des médias en France, alors que l' Université des Sciences et Technologies de Lille 1 avec plus de 400 ans d' histoire fait parler d' elle-même.

Il y a un peu de moins d' un mois, un milliard trois cent millions de chinois ont fêté dignement 60 ans de la fondation de la chine populaire. Les médias occidentaux ont largement reportés et commenté l' événement planétaire, notamment le défilé de la place de Tian An Men. C' était l' opportunité idéale de faire des reportages sur le changement de la chine depuis 60 ans et surtout depuis 30 dernières années. Il me semble que certains reportages manquaient d' objectivité, de loyauté et de fidélité. ; Ceci dit, les médias français s' intéressent à tous les aspects de la Chine sans précédent, c' est une très bonne chose pour nous les chinois. Je crois sincèrement qu' au fur et à mesure le développement et le progrès dans tous les domaines en chine, certaines idées reçues, voire préjugés à l' égard de la chine et des chinois vont disparaître. Avec vous, je souhaite pouvoir jouer un rôle de communicant entre les deux pays, afin que le peuple français puisse mieux comprendre et&nb sp;mieux connaître toutes les réalités de la chine actuelle.

La réforme et l' ouverture initiées par Deng Xiaoping depuis 1979 a permis à la Chine de connaître un développement rapide sur le plan économique. Il convient de souligner que l' atmosphère politique, la vie culturel et sociale ont connu également des changements profonds. Certes, c' est un vaste sujet. A ma connaissance, de nombreux spécialistes dans le monde entier (y compris les français) étudient profondément le sujet. Je voulais juste rappeler brièvement les contextes dans lequel les médias chinois évoluent. En fait, les médias chinois ne sont pas seulement des reporters-na rrateurs de ces reformes et ces changements, eux-mêmes ont du opérer des reformes et des changements avec l' arrivée de l' économie du marché, ainsi, la reforme et le changement des médias chinois font partie intégrante de la réforme globale de la Chine.

Avant la politique de réforme et d' ouverture (1979), les missions et les fonctions des média chinois sont uniques : la propagande. Les actualités et les informations publiées dans les médias servent à la cause de propagande. Il n' y a pas de publicités dans les médias chinois puisqu' ils sont financés par le gouvernement central ou local. Nous savons que tous les médias français à l' exception d' hebdomadaire « Canard enchainé » vivent des recettes publicitaires.

Après 30 ans de changement, les caractéristiques des média chinois sont les suivants :

•les publicités sont devenues les sources indispensables de financement, la première publicité dans le média chinois datait de l' année 1979. Aujourd' hui, le revenu total des publicités sur les différents supports de médias s' élève à 200 milliards de Yuan équivalant à un peu plus de 20 milliards d' euros.

•Les média sont devenu les média de masse populaires, en dehors des propagandes informatives, il publie aussi des opinions publique, ils offrent aussi des informations dans le domaine divertissement.

•Les actualités sont devenues dominantes dans la diffusion des informations.

•Les droits à l' information pour les citoyens sont protèges, surtout les informations concernant la vie quotidienne des citoyens font leur rentré dans les médias.

De notre point de vue, le gouvernement central et les pouvoirs locaux attachent une grande importance au développement des médias. Ils encouragent et soutiennent les médias d' être cohérent et fidèle à la réalité, d' être plus proche possible du peuple.

A présent, je vais vous en citer deux exemples :

« Week-end du Sud » est un hebdomadaire très connu en Chine. L' année dernière, il a sélectionné les dix événements les plus marquants dans les médias chinois depuis 30 ans.« Quotidien du peuple » fait partie de l' lauréat pour sa rubrique « les années dorées ». Dans les années 80, le tirage du « Quotidien du peuple » atteignait six millions exemplaires. Certes, en qualité du journal officiel du parti communiste au pouvoir, le « Quotidien du peuple » possédait les meilleures sources d' information, &n bsp;joue son rôle inévitable de propagande. Le changement profond opéré dans ce journal sur le plan éditorial est plus que visible : le quotidien s' intéresse aussi à la vie quotidienne du peuple. Pour constater ce changement radical, il suffit de lire les titre du journal : « pourquoi les citoyens ne peuvent pas acheter le gingembre», « ne sous estime pas les importances des petits produits », etc.

Un autre événement sélectionné par « Week-end du Sud » : « China Daily » est un journal en anglais, créé en 1980. Le rédacteur en charge des photos-images est diplômé du « Missouri School of Journalism » aux États-Unis. Le journal avait publié pour la première fois dans les presses chinoises une photo d' un citoyen ordinaire à la une. Cette publication était hautement symbolique. Surtout cette façon de diffuser les informations a été très vite reprise par beaucoup de presses. Dès lors, les presses chinoises s' intéressèrent de plus en plus à la vie et au destin des citoyens ordinaires.

Depuis la réforme et l' ouverture entamées en 1979, il y a eu une prise de conscience sur le fait que les médias sont des biens publics. C' est aussi une industrie à part entière qui doit respecter les mécanismes de l' économie du marché.

Cette longue évolution du secteur vers l' économie de marché a été marquée par plusieurs tendances : l' essor du journal du soir, du journal du weekend et du journal métropolitain. Ceci répondait aux demandes du marché.

« Journal métropolitain du Sud » est un modèle du journal métropolitain. Le 25 avril 2003, le journal a publié une affaire qui a fait un véritable scandale en Chine : un étudiant a été torturé à mort en garde à vue à Guangzhou. L' affaire a suscité un grand débat national sur la loi relative à la détention et au rapatriement des personnes. 50 jours après la publication de scandale, l' Assemblée nationale populaire a abrogé la loi relative à la détention et au rapatriement des personnes.

Dans l' histoire du média chinois, l' abrogation d' une loi à cause de la mort non naturelle d' un citoyen ordinaire était sans précédente. L' auteur de cet article est juste à côté de moi, M. Wang Lei, il est actuellement le rédacteur en chef adjoint du « Journal d' information de Yun Nan ». Je vous parlerai ultérieurement ce journal qui est en lien direct avec mon travail.

La marche des médias chinois vers l' économie du marché est une tendance irréversible. « Journal d' information de Chine », après 16 ans d' existence, est en faillite en août dernier. Le gouvernement central n' a pas tenté de le sauver. C' est aussi le premier journal national qui prend sa fin sans sauvetage du gouvernement. Au contraire, l' autorité tutelle a fait savoir que : à l' ère de l' économie du marché, il est tout à fait normal d' éliminer ou de rajouter des acteurs sur le marché du média .

C' est dans ce contexte que mes collègues et moi-même ont planifié et organisé le plan de restructuration d' un journal provincial « Journal d' information de Yun Nan ».

La province de Yun Nan se situe au sud-ouest de la Chine qui doit son origine à « l' Université associatif de l'Office National

Sud-ouest de la Chine », a formé Chen Ning Yang et Tsung-Dao Lee qui ont obtenu des Prix Nobel, ainsi qu'un très grand nombre de scientifiques et savants renommés telle que Zhu Guangya, Deng Jiaxian, Wang Xiji, Wu Yi, Ren Jiyu, Fei Xiaotong.

Avant mon arrivé à Yun Nan, j' étais le correspondant du «Quotidien d' agriculteurs» pendant 3 ans. Ce dernier est un journal national, les principaux lecteurs sont les agriculteurs. Ce travail m' a permis de connaitre en profondeur les zones rurales de la Chine. Ensuite, je suis parti à Shen Zhen, une ville littorale dans laquelle la première reforme et l' ouverture a été lancée, donc, l' atmosphère ouverte et moderne est très forte a Shen Zhen. J' ai travaillé à « Shen Zhen Press Group » pendant 5 ans.

En 2003, j' ai quitté la ville de Shen Zhen pour arriver à Yun Nan. Je m' occupais du poste de responsable du bureau de l' information et de la presse de la municipalité DALI.

En 2005, j' ai été nommé le Directeur Général Adjoint du « unnan Publishing Group » par le gouvernement provincial du Yunnan.

Lors que je suis arrivé à Yun Nan, j' ai constaté que l'économie du Yunnan n'était pas très bien développée. Il manquait cruellement des professionnels modernes dans les médias.

« Yunnan Publishing Group » est la plus grande et importante entreprise dans l' industrie culturelle de Yun Nan. Elle publie plus de 2000 titres avec un chiffre d' affaire supérieure à 300 millions d' euros. Les activités industrielles du groupe couvrent la publication, la distribution, l' impression, l' approvisionnement en matériel et autres d' activités auxiliaires.

Elle distribue ainsi une dizaine de journaux et périodiques nationaux et internationaux.

J' ai été chargé de gérer le « Journal d' information de Yun Nan ». Ce dernier était en déficits financiers au moment de mon arrivée. Mon premier travail consiste à un audit sur la situation financière et organisationnelle du journal.

Le « Journal d' information de Yun Nan » était un journal non compétitif face à ses concurrents locaux et nationaux. Ses rubriques se sont réduit progressivement, il y a un turn over important, surtout les contenus des informations ne sont pas compétitifs. En conséquence, parmi les 4 journaux locaux, le « Journal d' information de Yun Nan » avait perdu sa deuxième position en distribution et en recettes publicitaires pour tomber à la quatrième position. Il risque d' être éliminé bientôt du marché.

La situation du « Journal d' information de Yun Nan » était catastrophique : il n' avait pas une très bonne image, il n' avait pas assez de personnels qualifiés, il n' avait pas de capacité de financement. Face à cette situation difficile, j' avais proposé trois scénarii de sauvetage et de restructuration.

1. « Yunnan Publishing Group » doit renoncer au contrôle exclusif du «Journal d' information de Yun Nan », laisser rentrer dans le capital des groupes de presse nationaux forts, tels que le « Sud Presse Media Holdings Group » afin de réaliser une restructuration du capital.

2. « Yunnan Publishing Group » lance un recrutement national des experts dans le domaine de la presse chinoise.

3. Journal d' information de Yun Nan devient un hebdomadaire.

Le conseil d' administration présidé par monsieur Tang a retenu la première solution, une solution qui avait ma préférence. J'ai passé beaucoup de temps auprès des mes supérieurs hiérarchiques, mes collègues et les membres de mon équipe pour convincre le bien fondé de la solution, il n'était pas facile de faire adhérer au projet par autant d'acteurs qui ne croyent pas à la chance de succès du projet.

« Yunnan Publishing Group » s' associe avec le « Sud Presse Media Holdings Group ». C' était une décision osée et risquée au regard de l' époque. Cette réforme comme toutes les autres reformes de l' époque peut se caractériser par la célèbre phrase de Deng Xiao Ping : passer la rivière en tâtant les pierres autour de soi.

« Sud Presse Media Holdings Group » possède en total plus d'une douzaine de journaux et de périodiques, joue un rôle important sur le marché du média chinois. Les quatre titre du groupe : « Quotidien du Sud », « Journal métropolitain du Sud », « Weekend du Sud » et « Tribunal économique du 21ème siècle», valaient plus de 969 maillons d' euros. En plus, le groupe possédait une équipe des professionnels qui sont les plus redoutables du secteur. J' ai été convaincu que la coopération avec le « Sud Presse Media Holdings Group » était un facteur important dans le succès de restructuration de notre quotidien « Journal d' information du Yun Nan ».

Le nouveau « Journal d' information du Yun Nan » a été diffusé le 19 septembre 2007. Le rédacteur en chef a écrit un édito sous forme de poème dans lequel il illustra très bien notre piste de réflexion : notre nouveau journal emprunte l' expérience professionnelle venant de la région Canton, la zone plus développée au niveau de la presse chinoise, concentre aussi sur tous les aspects de la vie locale de Yun Nan.

Nous devons bien jouer sur les deux cartes « la culture du Canton » et « la culture locale de Yun Nan ». À l' heure actuelle, 30% du contenu du « Journal d' information du Yun Nan» vient directement du « Journal Métropolitain du Sud » (donc de canton) . Les autres presses locales ne disposent pas de ce genre d' information. Nous pouvons considérer que les lecteurs de notre journal peuvent disposer en général de la moitié des contenus publiés dans le « Journal Métropolitain du Sud », alors que les trois autres journaux métropolitains concurrents de Yun Nan ne sont plus simplement en compétition avec nous, ils sont aussi en concurrence avec « Journal Métropolitain du Sud » dans une certaine mesure.

Notre journal a changé la physiologie du secteur. Il existait 7 journaux métropolitains dans la ville de Kun Ming : la capitale de province Yun Nan. Après plusieurs « batailles », il n' en existait plus que 4 en 2003. Les éditeurs de journaux n' ont jamais cessé la guerre des prix depuis quelques années. Le record du prix le plus bas était de 0, 1 euro pour les trois journaux métropolitains différents. Certains éditeurs proposent des tarifs comme 2 euros pour un an d' abonnement, en sachant que la revente ;des papiers de rebut en accumulant les journaux s' élevait à 6 euros. Cela veut dire que les lecteurs peuvent gagner 4 euros à la fin d' année avec un an de lecture gratuite.

En septembre 2007, notre journal a décidé de gagner la part de marché sur le plan de qualité, non pas sur le prix. Nous avons décidé d' augmenter l' abonnement annuel à 18 euros ainsi que le tarif pour l' achat de l' espace publicitaire. Cette stratégie a remporté un succès auprès de lecteurs et des annonceurs. En 2008, la recet te publicitaire de notre journal a connu une augmentation de 5, 9 millions d' euros par rapport 2007. Cette croissance continue en 2009, les chiffres des 10 premier mois nous montrent une augmentation de 35% par rapport 2008. Je suis confiant que le compte du « Journal d' information de Yun Nan » sera équilibré, voir bénéficiaire en fin de l' année 2009, ceci est au prix de deux ans de restructuration en coopérant avec « Sud Presse Media Holdings Group ».

Nous avons réorganisé complètement le système de gestion des ressources humaines depuis la restructuration. Dans un premier temps, nous avons annulé tous les postes de managers déjà en place, ensuite, nous demandons à tous les managers d' exprimer leurs desiderata sur les postes dont ils souhaitent occuper. Les candidatures ont été étudiées au cas par cas en consultant les avis des salariés, les nominations ont été faites en fonction du souhait et des compétences de candidat. Tout le processus est transparent au sein de l ' entreprise. Cette approche donne à chacun la meilleure plate-forme d' exprimer pleinement les qualités et les compétences de chacun.

Il est encore un peu trop tôt de crier la victoire finale de la réforme du « Journal d' information de Yun Nan ». C' est quand même une étape marquante dans l' histoire de la presse chinoise, la reforme a brisé le système cloisonné des médias chinois, elle a fait une avancée significative dans une zone semblable à un champ de mines politiques et économiques, cependant, cette voie de réforme a été conforme à la réforme relative aux médias chinois décidée par le gouvernement. Le gouvernement est en train de faire avancer la réforme sur le système d'information et de publication en appliquant les méthodes suivantes : le changement de système de gestion, la restructuration, l'introduction des capitaux en bourse. D'ici à 5 ans, l'Etat table sur la formation des 6 et 7 groupes de média dont les capitaux et les chiffres d'affaires dépassent le milliards d'euros, qui occuperont les premiers rôles sur le plan national et international. Monsieur LIU Binjie, le directeur de l'office national des publications a souligné que le cloisonnement traditionnel entre les locaux et les métier est désormais cassé. Le gouvernement encourage et soutient les intiatives pour le rapprochement entre les métiers proches et la mutualisation des ressouces transversales et trans-régional sur la base de volontariat.

Le 26 juin 2009, dan s le journal du parti PPC « Le Quotidien du Peuple », j' ai publié un article intitulé : « La coopération et la restructuration ouvrent la voie du développement de la presse - retour sur la transformation réussite du « Journal d' information de Yun Nan » . Cela a montré que la restructuration entreprise dans notre groupe de presse a été pleinement confirmée par les industriels et les officiels. Je me permets de souligner la perspicacité et les soutiens de Monsieur Yang du « Sud Presse Media Holdings Group » et Monsieur Tang de « Yunnan Publishing Group ».

« Le Sommet mondial de médias » a donné une occasion aux médias occidentaux d' exercer des influences sur le développement de l' industrie de média chinois. En revanche, la Chine doit tenir la promesse faite devant le monde entier en ce qui concerne la protection du droit à l' information, droit à la participation, droit d' expression et aussi le pouvoir de contrôle. Les médias chinois doivent être plus objectifs, plus précis et plus complets dans leur façon de diffuser les informations.

Il convient de souligner que la Chine est le plus grand pays en voie d' émergence, les problèmes et les contradictions rencontrés dans la réforme et le développement sont nombreux et difficiles. En ce qui concerne les médias, ils doivent prendre la responsabilité sociale en diffusant les informations vraies, exactes, complètes afin d' assurer une communication objectif et indépendante. Ceci est extrême important.

Pour conclure mon intervention, je voudrais juste vous dire qu' à Yun Nan cohabitent 26 ethnies minoritaires, les Yuanmou y vivaient il y a 1, 7 millions années. Vous pouvez visiter notamment le Shangri-La, la vieille ville de Lijiang et le fameux Trois fleuves parallèles, les paysages de Yuan sont magnifiques, ceux qui ont visité Yun Na ne me contrediront pas. Je serai très heureux de vous accueillir à Yunnan.

Je voudrais remercier encore une fois de l' Université des Sciences et Technologies de Lille 1 et l' École supérieure de journalisme de Lille qui m' invité ici pour cette conférence.

Merci de votre attention ! Bonne soirée !!

附录四

新华社播发通讯：法国里尔高等新闻学院的一堂中国媒体课

新华社法国里尔11月30日专电（新华社记者尚栩） 11月30日傍晚，由中国歌唱家宋祖英演唱的歌曲《云南美》在素有“法国记者摇篮”之称的法国里尔高等新闻学院礼堂内响起。原来，这优美的歌声是要引出一堂由云南出版集团公司副总经理龙雪飞讲解的中国媒体课。

首先，正在里尔高等新闻学院就读的几名中国留学生为法国同学介绍了中国媒体近年来的发展概况。翔实的数据、客观的分析深深吸引了法国的未来记者们。随后，在全场百余名师生好奇的目光中，云南出版集团公司副总经理龙雪飞走上讲台，用讲故事的方式，为到场听众奉献了一场精彩的媒体课：《中国式的联合重组——〈云南信息报〉跨地区办报的改革试验》。

讲解中，龙雪飞着重回顾了中国传媒业30年来发展的基本路径和脉络。今年9月中国政府发布了《文化产业振兴规划》，要求加快发展文化产业，深化体制改革，积极推进文化“走出去”，文化产业已经成为国民经济发展的战略性产业。他认为，作为文化产业的一部分，中国媒体生机萌动，走上了做强做大的新阶段。而云南出版集团公司与南方报业传媒集团联手“改造”《云南信息报》的故事，形象地昭示着中国媒体强强联合的改革创新精神。

在随后的对话环节中，现场“准”记者们展现了他们的“职业素养”，踊跃地提出了他们所关心的问题，从中国传媒企业的运作到中国记者的工作，从不久前在北京召开的世界媒体峰会到东西方媒体的相互影响与合作，现场气氛活跃而热烈。

活动结束后，里尔高等新闻学院教务主任皮埃尔•萨瓦利对新华社记者说，近年来，中国经济快速发展，社会也发生着巨大变化，中国媒体的发展也是显而易见的。一直以来，让学生了解各国媒体发展状况都是里尔高等新闻学院教学计划中的一个重要组成部分，相信此次专题课能帮助学生更好、更客观地了解中国媒体的发展情况。

龙雪飞说，此次来到法国里尔高等新闻学院讲课，希望让法国学生能够了解到更加真实的中国。

云南出版集团公司2005年1月在昆明正式挂牌成立，是云南省主要文化企业之一。据介绍，云南出版集团公司是云南省政府出资的省属国有独资企业，公司以图书、报刊、音像制品的出版、制作和发行以及图书进出口为主业。

（此稿为《中国新闻出版报》、《国际日报》、中央人民广播电台、《南方日报》、《南方都市报》、《云南日报》、《湖南日报》、《深圳特区报》、新华网、新浪网、搜狐网、网易、腾讯网等多家媒体刊发。）

附录五

中国媒体的声音回响在法国新闻殿堂

人民网巴黎12月1日电（记者顾玉清） “天也云南美，地也云南美，冰川伴热海，蓝天彩云追……”由云南省省长秦光荣（笔名凌粼）作词，著名歌唱家宋祖英演唱的《云南美》七彩云南音像歌曲在法国里尔高等新闻学院的大厅回响。这是法国高等新闻学院为云南出版集团公司副总经理龙雪飞在演讲之前设计的一个小小的中国式情节。法国当地时间11月30日下午，在与院长达尼埃尔•德罗瓦会见后，龙雪飞用讲故事的方式为这个新闻学院的师生作了一场别开生面的“中国式媒体联合重组”的演讲，赢得了该校师生的阵阵掌声。法国里尔高等新闻学院在法国同类专业中排名第一，是法国历史上最悠久的新闻学院，素有“法国记者摇篮”之称，在欧洲各国中拥有非常高的知名度。

龙雪飞的演讲改变了该校一些师生对中国媒体的认识，在经济全球化以及数字化和网络化冲击的今天，中国平面媒体如何发展，一直是业界和对这个庞大的媒体市场有着浓厚兴趣的集体不断猜想和求解的“斯蒂芬之谜”。的确，中国人口众多，媒体市场潜力巨大，虽然不断受到网络及数字化的生存挤压，但直到今天，依然有不少人对它的前景及未来充满信心。

法国里尔高等新闻学院邀请龙雪飞介绍了云南出版集团公司下属的《云南信息报》如何通过联合重组，由失去市场竞争力到获得市场竞争力的全过程。

龙雪飞说，中国媒体的求活、求变、求强的“突围之路”其实已经上演，《光明日报》与《南方日报》联姻而生的《新京报》，以及由上海文广新闻传媒集团、广州日报报业集团、北京青年报社三家共同打造的《第一财经日报》，都是这种突围的经典案例。而国家新闻出版总署于今年4月下发的《关于进一步推进新闻出版体制改革指导意见》，鼓励和支持业务相近、资源相通的新闻出版单位，按照优势互补、自愿结合的原则，跨地区、跨部门组建出版传媒集团公司，又为新闻出版业推进改革创新，进而解放和发展文化生产力提供了政策保障。而事实上，这种跨媒体、跨地区的战略重组，其实早在2007年就有了探索者。倡导这一探索的云南出版集团公司副总经理龙雪飞和他的同事们把该集团旗下正在失去竞争优势且出现亏损的《云南信息报》与中国最具影响力的南方报业传媒集团成功“嫁接”、“联姻”，从而使《云南信息报》获得新生，两家集团合作后，对报社的管理架构、采编内容、人员团队、广告发行等进行改革，使这份报纸在改版两年后实现收支平衡甚至盈利，并且建立起了良好的社会影响力。

龙雪飞在他的演讲中回顾了中国传媒业30年来发展的基本路径和脉络，并揭示中国的媒体已经生机萌动且已走到了需要重组做强做大的阶段。而《云南信息报》和南方报业传媒集团跨越千山万水的“风云际会”，则昭示中国媒体强强联合、做强做大的改革创新的声音。

“改版后的《云南信息报》得到了云南、广东两省高层领导的高度评价和大力支持，也获得了读者的认可。事实说明，中国媒体正在和中国一同发展。对媒体来说，要树立高度的社会责任感，促进新闻信息真实、准确、全面、客观传播，媒体就必须遵守新闻从业的基本准则，客观报道世界多极化、经济全球化、文明多样化的现实，鼓励发展中国家的进步，广泛传播世界和平、发展、合作、共赢、包容的理念。”

现场听讲的法国学生中有不少人认为，通过这次演讲，他们对中国传媒有了更多了解，对中国也有了更深认识。

受法国里尔第一大学邀请，龙雪飞今天在该校也做了同一主题演讲，里尔第一大学有师生2万多人，在国际上享有盛誉。云南信息报副总编辑王雷也应邀一同参加了上述活动。

（此稿原载于2009年12月2日人民日报·人民网。新浪网、网易、腾讯网、中国广播网等媒体进行了转载。）

附录六

跨地区办报的云南探索

新华社记者　陈鹏

在经济全球化以及互联网普及的今天，中国平面媒体如何发展，一直是业界不断求解的难题。报纸收购、媒体之间互相融资等合作方式成为中国媒体求活、求变、求强的“突围之路”，其中跨地区办报已成中国报业发展的趋势之一。

早在2003年南方日报报业集团就北上携手《光明日报》推出《新京报》，开了中国跨地域办报的先河，也开创了中央级媒体与地方媒体联合创立新报纸的先例。2007年，云南出版集团为逆转当年旗下报纸《云南信息报》（下称“云信报”）在恶性竞争中的颓势，携手南方报业传媒集团共同推出新的《云南信息报》。

两年来，这份一度在云南本土市场上步履艰难的报纸逐步成长为当地有影响力的都市类纸媒，同时也为中国报业如何突破跨区域合作带来的资源整合、管理架构、人才团队、经营模式、文化冲突等困境进行了难能可贵的探索，并在改版两年后实现收支平衡甚至盈利。

“别看云南是边疆大省、文化欠发达地区，但本土报业竞争格外惨烈，昆明市场上就有4份都市类报纸，2005—2006年一度出现削价、烂价等恶性竞争；当时一份报纸的全年订价才30多元！”云南出版集团公司副总经理龙雪飞说，当时云信报在4份都市类报纸发行量中排名靠后、新闻采编“不思进取”、读者口碑岌岌可危，如何走出困境？龙雪飞认为，作为中国面向东南亚、南亚的桥头堡，云南保持较高的经济增长速度可以预见，引入强势纸媒整合资源，可以形成新的纸媒品牌及新的经济增长点。

接住“绣球”的是南方报业传媒集团，双方达成协议，共同出资2000万元成立云南云信报业传媒有限责任公司，其中南方日报社出资920万元，持股46%；云南出版集团公司出资880万元，持股44%；高层管理团队出资200万元，持股10%。两年来，云信报成为受昆明本地有影响力和经济实力的“主流读者”追捧的报纸。

“我们的目标就是办云南（昆明）市场上的政经主流大报”。现任总编辑谭智良说，新的云信报特别重视时政新闻和经济新闻报道，其重量级政经新闻版面往往是同城媒体中最多的；新云信报拒绝刊登低俗的医疗、征婚等广告，成了昆明“干净”的报纸；尽管起步阶段是无比艰难的“无广告”亏损期，但云信报的品牌还是逐步赢得了读者和品牌客户的认同。

与《新京报》力拼北京本地新闻的方式不同，云信报的策略是打好两张牌：一是“南方牌”，将《南方都市报》国内国际时评和娱乐体育副刊等70%的内容移植过来，既节约成本又确保了整体水准。汶川地震、北京奥运、国庆60周年等重大事件的报道上，云信报都显示出明显优势；另一张是“本地牌”，做大做强本地新闻，如滇池治理调查、“问计新加坡　谋计新昆明”等策划，这样高端的本土化新闻广受好评，逐渐树立了本地事务的话语权。

“这两张牌相辅相成，缺一不可。这也是我们在跨区域办报实践中总结出的一条重要经验。”谭智良说。

“视野”是跨区域办报带来的最大财富。龙雪飞认为，过去的云信报是同质化最严重的报纸之一，图片类似、新闻相近、版面呆板，而新云信报踩在南方报业的肩膀上似乎一夜之间完成蜕变，在立足昆明市场的同时，对外开拓、多元发展是其核心思路之一。继2008年9月推出东盟新闻版之后，云信报又推出“发现东盟”大型采访活动，被称为“云南媒体的标志性事件”。

随着1995年以来都市报纸的风起云涌，都市类纸媒的竞争日益惨烈，强势纸媒也已抵达增长极限。自1998年《成都商报》发起异地跨越，到2003年《新京报》创刊，直至2007年新云信报的面世，中国大致已出现三次跨区域办报浪潮。2009年迄今，又有湖北日报传媒集团兼并《科技导报》、辽宁日报传媒集团“吞并”五家地级市党报等新亮点，而南方报业继与西江日报社达成合作框架协议后，还将向上海挺进，有望在今年内推出一张分量十足的《新沪报》。

龙雪飞分析，目前中国报纸扩张主要有两种模式：一是纵向的结构性扩张，即对报社本身进行“集团化改革”；二是横向的跨区域扩张。前者往往受本地制约而很难真正做大，后者却以股份制为基础逐渐形成燎原之势。事实已经证明，中国的城市化发展必然打破城市与城市间的一元对立，一种良好的、协同合作的经济生态也已经突破了过去报业的区域分割，而国家也对跨区域办报予以政策支持，“要不要异地办报已不是问题，如何异地办报才是问题——可以预见，跨区域办报有望成为未来中国报业发展的主旋律”。

其实，中国跨区域办报浪潮才刚刚开始。无论《新京报》还是《云南信息报》，现阶段的中国报业跨区域方式还是资金和管理模式的输出，南方报业自身也还没有完成深刻、恒定的品牌塑造。如何才能在此基础之上完成品牌的输出并最终以品牌为诉求、以品牌为灵魂，实现真正意义上的集团化和产业化，这才是中国报业跨区域之后需要解决的核心问题。

（此稿原载于2010年5月24日第21期《瞭望》新闻周刊，新加坡《联合早报》等国内外多家媒体全文转发。）

附录七

龙雪飞英国剑桥大学演讲稿：
传统媒体如何应对新兴媒体的挑战

人民网伦敦9月29日电（记者白阳） 2012中国媒体全球高峰论坛28日在英国剑桥隆重举办。来自英国多家顶级媒体的资深人士、著名学者以及中国中央和地方超过30家电视台、报业出版集团、网络媒体的近40名高层代表参加了论坛，围绕“新传播环境下媒体的转型与发展”这一主题展开了深入的探讨和交流。其中，云南出版集团公司副总经理龙雪飞的发言引发与会嘉宾的探讨与思索，并获得高度评价。现将演讲全文播发如下：

非常高兴能参加2012中英媒体高峰论坛。今天，来到全世界最顶尖的剑桥大学，我满怀激动，深感荣幸！首先，感谢剑桥大学、华闻周刊社和人民日报社给了我这次宝贵的学习机会，我早就盼望能与剑桥大学的老师、同学以及英国著名媒体人进行交流。我衷心希望通过这一次的学习探访，让在座各位以及更多的各国朋友了解一个更加真实的中国，一个更加真实的中国媒体。

我今天演讲的题目是：传统媒体如何应对网络社交平台等新兴媒体的挑战。

传统媒体应该如何应对网络社交平台等新兴媒体的挑战？这个命题已经提出10年之久，10年之后，我们究竟有何收获？对此，东西方可能大相径庭，但也可能殊途同归。毕竟，当今世界同处互联网的时代，它在很大程度上弥合了东西方的距离，工业革命时代以资源优先的社会发展模式业已让位给后工业时代乃至信息时代更为广泛的交流互助、彼此融合；我们看到，信息时代下全球都市年轻人的生存方式与交流手段基本趋同，当西方年轻人在社交网站上不亦乐乎时，中国的都市人群也在新浪微博、腾讯QQ上乐此不疲。有数据显示，新浪微博用户如今已经超过三亿，这或许是一个令西方朋友难以置信的数字。

为更好地切入今天的演讲主题，我想先从我为之工作的云南出版集团公司说起。云南出版集团公司是中国云南省文化产业的龙头骨干企业，但也只是偏居西南一隅的地方文化传媒集团，年销售收入几十亿元人民币，利润也就几亿元人民币，与英国的BBC、《泰晤士报》、路透社等世界知名媒体的收益无法相提并论。但体量小并不等于布局小，我们集团的产业链涵盖了出版、发行、印刷、物资供应以及相关经营领域，还有多种国内外发行的报纸和期刊。在报纸和期刊方面，我们不乏亮点。如我们的《云南信息报》就是与中国的南方报业传媒集团携手推出的一份立足云南，面向东南亚、南亚的综合性政经日报，日均发行量达40万份；两大集团合作后，报纸的新闻品质和影响力飞速提升，仅两年时间就扭亏为盈，是近年来中国跨地区、跨行业办报为数不多的成功案例之一。2010年，《云南信息报》被评为中国最具成长性媒体，2011年又被评为中国都市报品牌创新力十强媒体。

此外，我们还有一份知名的期刊——《漫画派对》，这是一本面向10—15岁青少年的漫画杂志，月发行量达127万册。10年累计发行量突破5000万册，实现税后利润近亿元。

与西方同步，目前中国的传统媒体，如报纸、电视、电台正遭遇网络媒体越来越严重的挤压，我们的《云南信息报》也曾遭受重创，广告收益连年下滑，广告商们更愿意把钱投向网络而不再对传统媒体情有独钟，中国的新一代年轻人也已经失去或正在失去阅读纸质媒体的兴趣。10年前，很多忧心忡忡的报业老总就曾想联手封杀网站，比如停止无偿向网站供应新闻内容，但这样的联盟很快不攻自破，网络的便捷性和交互性太有生命力，尤其是智能手机的出现，移动互联网一举突破了传统媒体对材质载体的依赖，几乎是无孔不入、无处不在了。传统媒体意识到，与网络敌对或不合作已经是一种愚蠢，既然无法“封杀”，不如化敌为友，或亦敌亦友也行。

事实上，中国传统媒体很快从互联网上尝到了甜头。中国的互联网现在承载着一部分反腐重任，当然这并非政府赋予，而是其广泛的传播性及便利的民间性决定的。中国近年来重大不公事件几乎无不如此，都经历了先发端于网上、传统媒体跟进报道、推动事情解决的“三步曲”，比如前段时间沸沸扬扬的湖南永州少女被迫卖淫案、中国陕西一名官员拥有多款名表等等。传统媒体通过网络爆料一步步去核实去深挖，最终与网络一道促使该事件得以解决，实现了社会的公平与正义……凡此种种，不难发现，传统媒体已经与互联网形成良好的互动关系。

传统媒体的优势是权威和公信力，网络的优势是快捷和互动，在二者的交汇共谋之中，中国的传统纸媒开始寻求自建网络和新闻内容的网络表达，他们渴望继续抢占新闻制高点而不再是跟在网络屁股后面跑，同时也笃信“好东西总会有人看”。但他们很快发现，纸媒自建网络一点也不轻松，好新闻也会淹没于信息的汪洋大海。我想以《云南信息报》旗下的乐云网为例来说明这种困局。乐云网是依赖《云南信息报》电子版创办的网站，除了提供《云南信息报》的新闻内容，还有大量的生活服务类信息。但今年以来，乐云网已经亏损80万元。究其原因，是办报的惯性思维和运行模式导致网站内容缺乏独特性、针对性，使网民无法从海量信息中发现它，也难以产生忠诚的“粉丝”；如今，我们真是进退两难，接下来准备对其进行改组。

这并非个案，大部分中国传统媒体办网站都面临不同程度的困境与尴尬。再以影响很大的《南方都市报》为例。这份报纸此前办有南都网和奥一网，前者装载有《南方都市报》高品质的新闻内容，后来还从中细分出一个围绕记者编辑工作与生活的鲜橙互动社区，该社区目前已形同虚设；奥一网呢，数年之后仍不尽如人意，现在也面临重新定位的困境。

怎么办？有的媒体正苦苦突围。去年8月，南方报业传媒集团就与腾讯公司合作创办了大粤网，仅仅一年，大粤网靠网页广告已经盈利。其实，比较一下大粤网与乐云网的定位和内容，会发现颇为相似，但现状迥异，为什么？我个人认为根本原因还在于腾讯海量的用户渠道。目前，有数据称腾讯注册用户达10亿，活跃用户7亿；2010年，腾讯即已宣布实现 1 亿用户同时在线。这些数据可能又会让在座的朋友难以置信。腾讯正是利用其庞大的用户资源，以弹出视窗的模式向广东用户推介大粤网的，使之从网络海洋中脱颖而出；但也由此可见，大粤网的主动权掌握在腾讯公司手中。

事实上，南方报业传媒集团应该是中国最早意识到纸媒正面临网络挤压的传统媒体之一。近年来，该集团旗下的《南方都市报》一直在进行全媒体探索，除刚才提及的合办网站之外，这些探索还包括向电台、电视台渗透，比如为电台提供评论节目，为电视台提供娱乐视频，还入股了澳亚卫视等等。今年6月，南都还研制了一种平板电脑，在我看来它就是一款电子浏览器，只要订阅两年报纸就可以得到它，这款浏览器内置了南都的新闻产品，这体现了《南方都市报》对移动互联网未来潜在价值的预判，当然，也隐隐透露了传统报人对纸媒形态终将消亡的无奈预期。

这些探索大大加重了《南方都市报》的运营成本，收益却尚不明朗。目前，相当多的中国纸媒在进行全媒体的探索，但绝大部分还停留于口号与姿态上，盈利尚在期待之中。

下面我们再来讨论一下中国传统媒体与微博的关系，这是当下传统媒体利用网络社交平台的亮点。中国的微博是一种类似西方推特的仅140个汉字的网络传播方式。2009年下半年，新浪网推出微博后迅速风行，其他网站竞相效仿，如今新浪微博用户已经超过3亿，传统媒体纷纷进驻，通过这一平台发布新闻、与粉丝互动，这大大弥补了传统媒体单向输出、灵活性差的天然缺陷。以中国新锐杂志《新周刊》为例，它单期发行30万份，但其新浪微博粉丝已经达到555万人，传播率增长近20倍。在此情形下，传统媒体没有理由不用好微博。现在，《南方都市报》的发行量逾百万，其主报官微在新浪微博上的粉丝截至9月13日下午两点时达到3528474名；整个南方报业传媒集团都建立了庞大的微博集群，这应该视为传统媒体对社交网络平台的最佳利用。

不难发现，传统媒体通过微博扩大影响的同时，原有的权威性也在逐步消解；微博让每一个人都手握麦克风。有人说，当你的粉丝数量达到十数万时，那你的影响力将等同于一份地方报纸；达到百万，影响力等同于一份全国性报纸；达到千万，影响力则等同于一个电视台。按此逻辑，微博粉丝数量达到千万级别的中国影视女明星姚晨，其人际社交网络的影响力在某种程度上已不逊于中国的重量级传统媒体。假如一家地方报纸采访了姚晨而姚晨也发布了微博，那么，究竟是报纸宣传了姚晨，还是姚晨宣传了报纸呢？

在新兴媒体崛起过程中，传统媒体的地位更趋弱化，正逐渐沦为势单力薄的内容提供商，从信息流动的终端变成上游环节，利润也大为削减。一个有趣的现象是，在微博互动中居于主导地位的互联网公司，也苦于无法找到盈利模式，似乎只能为大家的熙来攘往拍拍巴掌。

过去的10年是传统媒体不断与互联网“磨合联姻”的10年，下一个10年，随着人际社交网络与移动通信的“无缝链接”，中国的传统媒体将不得不加快步伐，再次面对新的机遇与挑战。来自中国湖北的一位传媒学者认为，“社交网络将成为互联网的基础平台，渗透到搜索引擎、电子商务、网络游戏、电子邮件、即时通信等诸多领域，当下的社交媒体主要关注政务、媒体和名人等人和人的互动，在人和物互动、人的地理定位等方面仍有巨大空白，值得其他厂商快速进入”。

我个人认为，面对方兴未艾的新媒体，传统媒体必须通过更为超前甚至激烈的方式谋划未来，应积极转换角色、共建渠道、扩大影响，尽快在互联网中找到盈利点。传统媒体或应更新一个观念，即自身在新兴媒体的浪潮中也将是新的，无需再固守什么“权威”，反而应该放低姿态、轻装前进，才能在万分激烈的互联网市场中重新定位自己，才有望重树“权威”。但无论是传统媒体还是新兴媒体，无论是中国媒体还是西方媒体，都不可能脱离政治、社会和文化环境随心所欲，尽管它们在精神取向、人文追求、成长经历、发展模式和影响范围等方面有着极大差异，但其价值诉求与终极使命都是高度一致的，那就是承担社会责任，真实、准确、全面、客观地传播信息。

当今世界，信息的传播和获取速度日益加快，这大大改变了中国了解世界、世界了解中国的传统路径。互联网能让中国发生的一切迅速被英国的网民知悉，而英国所发生的一切也很快会为中国公众熟知。现在，英国主流媒体几乎天天都在报道中国发生的重大事件，但客观和公正依然是唯一的标尺，这对双方的重要性都不言而喻；英国的主流媒体在全世界具有很大的影响力，他们对中国的报道将产生世界性的影响，也会对中国人民产生影响。因此，重申新闻媒体的职责与道德任何时候都是恰当的，也是必要的。同样地，我们是否可以这样定义：面临新兴媒体或人际社交网络的挑战，传统媒体的“核心竞争力”依然在于对新闻信息快速、准确、客观、公正等原则的捍卫与追求，只有如此，我们的传统媒体才能在开发和利用社交网络平台的基础上实现共赢，得到受众和同行的广泛尊重。

就在前不久，伦敦成功举办了第30届夏季奥运会，中国游泳选手叶诗文三天连得两项冠军，一些西方媒体觉得难以置信，大加质疑。事实证明，这些质疑充满了傲慢和偏见。我记得四年之前，在北京奥运会上，美国选手菲尔普斯拿了8枚金牌，中国人和中国媒体送给他的是无尽的掌声。2009年秋天，中国国家主席胡锦涛在世界媒体峰会开幕式上说，媒体要切实承担社会责任，促进新闻信息真实、准确、全面、客观传播。虽然中国传媒业的整体水平尚落后于西方，但这并不表明西方媒体就是完美无缺的，去年，著名的默多克新闻集团就陷入了窃听丑闻，《世界新闻报》推倒了多米诺骨牌，这是它为滥用新闻自由付出的代价。我想，无论是发达国家还是发展中国家的传媒，都当以宽容和多元的心态观照彼此，这样才能客观、准确地反映对方的情况，回归新闻专业主义之正途。中国国家副主席习近平曾说：“当今世界是开放的世界，各国相互依存程度日益加深。改革开放30多年来，中国不但打开国门搞建设，也打开国门开展科技交流合作。”在传统媒体如何开发和利用社交网络平台的基础上实现共赢这方面，我们应该多向英国的知名媒体学习。

这两天，我们在剑桥的各个院系里，看到了解中国、领会中国的意愿几乎无所不在，让我这个中国人由衷欣慰！这或许就是剑桥大学的历任校长们不断让剑桥大学走向世界，让世界走进剑桥的结果吧。

今天，我是一个倍感荣幸的来访者。我出生于中国洞庭湖畔的一个农民家庭，幼小丧去父母双亲，初中二年级辍学，回乡务农，10多岁就开始自己养活自己；通过自学成才，我曾任中国《农民日报》记者、《深圳商报》记者。1995年10月23日，我到湖南怀化农村采访时发现当地农民种的枣子不仅价低且卖不出去，原因是政府工商、税务等部门的乱收费，农民怨声很大。第二天，《人民日报》在头版显著位置发表了我的署名文章《让农民卖个好价钱》，当天，中国中央政府的总理就高度关注并亲自打电话给湖南省政府的省长详细了解情况，关心枣农的农产品难卖问题。这篇文章既解决了农民的问题，也没有挨政府的任何批评，我讲这个故事是想说明一个事实：中国当下的媒体日益开放也日益自信，媒体在保障人民的知情权、参与权、表达权、监督权方面正在说到做到。中国媒体的传播观点将会更加真实、更加客观、更加准确、更加全面。因为，除了不断向西方媒体同行学习、不断叩问新闻传播的终极价值，相当多的中国媒体领导者和我一样，都是来自中国最底层的“草根”，他们都是伴随中国改革开放的发展变迁一步一个脚印成长起来的，他们必将坚守媒体人的光荣与梦想。关于此点，我2009年11月30日在法国里尔科技大学和法国里尔高等新闻学院所作的两场中国新闻媒体演讲中已有表述。我坚信，其实中西方媒体的新闻理想并无质的不同，我们都希望人类及其生活的世界更美、更好！

站在这里，我不禁想起剑桥大学两位大科学家的名言。查尔斯•罗伯特•达尔文说：“意志坚强、胆量过人和不屈不挠的名声，乃是一种无价之宝。”斯蒂芬•威廉•霍金说：“生活是不公平的，不管你的境遇如何，你只能全力以赴。”

最后我想告诉大家，我所生活的云南是中国著名的边陲，正如云南省领导人秦光荣先生所说的：它不仅是“植物王国”、“动物王国”、“有色金属王国”，更是“历史文化王国”。早在170万年前，云南就出现了“元谋人”，他们属于直立人类型，是中国最早的人类始祖。这里栖居着25个风情独具的少数民族，拥有香格里拉、石林、丽江、大理等等一大批蜚声世界的人间美景，是人们最为向往的旅游目的地之一。同时，云南还是中国面向东南亚、南亚的重要门户，我热忱欢迎在座各位能抽出时间来我美丽的彩云之南做客，上飞机之前就可以给我打电话。谢谢大家！

（此稿原载于人民网和英国《华闻周刊》。《新闻战线》、网易、《南方都市报》、腾讯网、香港星岛环球网、华声在线、红网等多家新闻媒体转发了该演讲稿。）

附录八

龙雪飞英国剑桥大学演讲稿英文版
How do traditional media respond to the challenges of new media?

Mr. Long Xuefei

General Manager, Yunnan Publishing Corporation Group Ltd

China Global Media Summit, September 2012

How do the traditional media respond to the challenges of new media? This has been the subject of intense discussion over the last ten years, but what have we learnt in these ten years? As we live in a dramatically changed world of the Internet, which has influenced the differences of culture between East and West, the perspective of people in the East and the West may be different or may be common. We all know that the post-industrial era or the information era has replaced the era of the industrial revolution. This enables multinational communication, interaction and integration, and brings out similarities in the life styles of people across the world, especially young people. For example, while Facebook and Twitter are widely used by young people in western countries, people in China are enjoying social networking through Sina Weibo and Tencent QQ. Statistics show that there are over 300 million users of Sina Weibo; this may be an incredible figure to many western people.

Turning to the topic I am presenting, I would like to start by sharing experience from the company I am from, Yunnan Publishing Corporation Group Ltd. Our company is a predominant multimedia group in the popular culture industry in Yunnan, south west China. Our operational segments include book publishing, distribution, printing, logistic supply and a diverse range of magazines and newspapers.

In recent years, we have committed to the reform of our magazine and newspaper services. For example, we have collaborated with Nanfang Media Group to publish the Yunnan Information Daily. This daily newspaper is not only targeted at readers in Yunnan Province but also in South East Asia. Through the cooperation of the two groups, the quality and influence of the Yunnan Information Daily has increased and its daily circulation has reached 400,000. In just two years, we have turned a loss into profit for this newspaper. This is one of the few successful examples of a multi-regional and multi-sectoral newspaper in China. In 2010, the Yunnan Information Daily was rewarded as the media with the most development potential and in 2011 it was praised as one of the top ten urban based media in China.

Apart from that, we have also made achievements in publishing a well-known magazine, the Comics Party. This is a magazine targeted at children and young people aged from 10 to 15. By now, the monthly circulation is 1.27million. Over the last ten years, the total circulation has been 50 million and the profit after tax of this magazine has been nearly one billion RMB.

As in many countries, traditional Chinese media services including newspaper, TV and radio are facing competition from new media. Our newspaper the Yunnan Information Daily has also suffered from the impact. Our advertising income has dropped year by year, because companies would rather advertise on the Internet than in traditional media, and young people have lost or are losing interest in reading newspapers. Ten years ago, managers in some newspapers were concerned about this problem, debating whether newspapers should collaborate to boycott Internet media, for example by refusing to provide news to the Internet. However, they soon found that was a naïve idea. With the strong growth of the Internet, especially with smart phones and mobile Internet, new media have spread rapidly and widely to every corner of the world. Therefore, managers of traditional media realised that fighting against or not cooperating with the Internet is stupid; there is no way to boycott the Internet; the wise way is to change enemies into friends, or at least into someone to work with.

In fact, the Chinese traditional media have benefited from cooperation with the Internet. China's Internet has been playing a critical role in achieving social justice. Although this role is not delegated by the Government, it is decided by the Internet's widespread and public mass. Following the efforts to address issues of social justice in China over the last few years, we find these issues were all tackled through three common steps: being publicised on the Internet, being reported and advocated by traditional media and being pushed forward to action by the authorities. Recent examples included the public outcry from an 11-year old girl from Yongzhou who was forced into prostitution, and the heat of discussion led to the withdrawal of a decision to send the girl's mother to a labour camp for protesting too much. In this case, traditional media followed and reported the issue through information exposed on the Internet, and led to action to tackle these issues and therefore to greater social justice. These are good examples of close collaboration between traditional media and new media.

The strengths of the traditional media lie in its authority and public credibility, and the strengths of the Internet are its speed and interactive nature. In trying to integrate the two approaches, traditional media started to establish their own digital networks and to publish news on the Internet. Believing that good articles attract readers, they wanted to lead news reporting rather than chasing after the Internet. However, they soon found that it is not easy for paper media to manage digital networks. Good news can easily be invisible in the mass of information on the Internet.

The difficulties faced by the Leyun website are a good example to demonstrate this situation. Set up by the Yunnan Information Daily, the Leyun website not only reports news but also provides a wide variety of information on life and public services. However, the website is still operating at a deficit of 800,000 RMB this year. I think this is caused by trying to manage the website with thinking modelled on publishing newspapers. This has resulted in the websites having no uniqueness, being less well-targeted and not catching the eyes of Internet users, and therefore having few 'fans'. I have to say, we are at a critical point in deciding how to carry this website forward, and are still looking for a way to reform it.

I believe this is not a special case in China. Most of the traditional media are facing this kind of difficult situation and embarrassment. In another example, Southern Metropolis Daily is one of the most influential newspapers in China. It founded two websites, namely Nandu and Aoyi. Nandu publishes the high quality news of the Southern Metropolis Daily, and Aoyi specially focuses on stories of reporters and editors and an interactive online community. However, so far, the online community is inactive, and the outputs of Aoyi are less satisfactory and need to be refined and reformed.

What should we do to break through? This is what most media people are always asking. There are some successful examples. In August last year, the Nanfang Media Group worked with the Tencent Internet Company to co-found the Dayue website. Just a year later, the website has made a profit from advertising. If we compare Dayue with the Leyun case, we can see their position and context are quite similar, but the outcomes are very different. Why? I think this is because Dayue is backed up by the massive number of users of Tencent. According to some statistics, Tencent has over 1 billion registered users, and 700 million of them are active users. In 2010, Tencent announced that 1 billion users were online at the same time. Tencent took advantage of its vast number of users to introduce Dayue website with pop-up windows, which have made the Dayue website stand out from the massive majority of websites. We can therefore see the success of Dayue website is indeed at the hand of Tencent.

In recent years, the Southern Metropolis Daily of the Nanfang Media Group has been exploring new initiatives for media services, including providing commentary programmes for radio and television stations and providing online entertainment programmes for TV stations; meanwhile it has invested in MASTV. In June 2012, the Nanfang Media Group also developed a tablet PC with a browser for all its news services; readers who commit to a newspaper subscription for two years can have it as a bonus. This is one of the initiatives that Nanfang Metropolis Daily developed to tap the predicted improving market potential of the Internet, but it also implies that paper media may disappear in the long term.

Like Nanfang Media Group, a considerable number of Chinese paper media are exploring diversification into new media but most of them are still at the discussion stage - I haven't seen any of them achieve great outcomes yet.

Now I would like to talk about the relationship between traditional media and microblogs. Being widely used by the traditional media, China's microblog is similar to Twitter, which is an online transmission approach of only 140 Chinese characters. It has become very popular since Sina website first introduced it on the Internet in 2009. Following Sina, a large number of websites have also set up their own microblogs. Up to now, about 300 million users have set up microblog accounts on the Sina website. Traditional media have also actively engaged in the usage of microblogs. They have been largely used to publish news and interact with fans. This has overcome the disadvantages of traditional media, which are one way output and lack of flexibility. Taking the example of the magazine the New Weekly, the circulation of the magazine is 300,000 but its Sina Microblog fans have reached 5.55 million. This means a transmission rate 20 times that of the paper magazine. With such a great potential for influence, traditional media have no reason not to make good use of microblogs.

While traditional media have been using microblogs to maximise their influence, their authority has declined. Microblogs give everyone a mouthpiece. Some people say that when your fans reach 10,000 your influence will be equivalent to a local newspaper; when they reach a million, the influence is equivalent to a national newspaper; and when they are 10 million, the influence is equivalent to a TV station. By this logic, Ms. Yao Chen, a famous Chinese movie star, who has hundreds of thousands of microblog fans, has influence in social networks as great as leading traditional media. When a newspaper interviewed her and she also publicised on her microblog, we could never tell whether it was the newspaper advertising Yao Chen, or Yao Chen advertising the newspaper.

In the process of the rapid development of new media, the leading position of traditional media has also declined and they have simply become a source provider. It has shifted upstream from the terminus of information flow and the profit has been greatly reduced. However, we can see an interesting scenario – althoughthe Internet companies take a leading role in the interactivity of microblogs, they can hardly find an approach to make profit from it.

The past ten years have been the probationary period for traditional media to seek ways to work with the Internet. In the next ten years, with social networking working more smoothly with mobile media and communication, traditional

Chinese media have to speed up and work harder to find new opportunities and meet the challenges. As indicated by a media scholar in Hubei China, "Social networking will become a basis for the Internet, and will infiltrate many areas including search engines, e-business, online games, email and Internet calls. Currently, social media pay more attention to political issues and interaction with celebrities, which leaves gaps in people's interactive participation in specific subjects, and automatic location identification. These can be good opportunities for business to develop further."

I think that, facing the challenges of the emerging new media, traditional media must be more advanced and even adopt more intensive strategies for the future. In my opinion, it should actively change its role, establish collaboration to expand its influence and try harder to gain profit from the Internet. Traditional media should refine their ideas and give up privilege of authority. Only when they can give up their pride can they win a place in the severe competition in the Internet market and define their authority.

For both traditional media and new media, in China and the West, the values they pursue and the ultimate goals are highly consistent, that is committing to social responsibility and disseminating information that is true, accurate, comprehensive and objective.

In today's world, the speed of information dissemination and accessibility has become much faster, which has greatly changed the traditional approaches for Chinese people to know the world, and for people in the world to know China. The Internet allows people in the UK to learn very quickly what happened in China and vice versa. While the mainstream media in the world, especially in western countries, have great influence in the world, it is worthwhile reaffirming the principle of me dia. We have learnt lessons from the scandal of Murdoch's News Corporation, which was like knocking down dominoes and has shown that the price will be paid for the abuse of the freedom of the press.

Both in developed and developing countries, indicators for quality media reporting should include tolerance and understanding of diversity. Only in this way can the reporting be accurate and unbiased, which is critical in media ethics and professionalism–truth telling. This reminded me that not long ago when the Chinese swimmer Ye Shiwen won two gold medals in three days in the London Olympics, a few Western media reporters found it hard to believe and questioned her achievement. The questions were full of pride and prejudice. In contrast, four years ago at the Beijing Olympics, when Michael Phelps won eight gold medals, the Chinese gave him endless applause.

I wonder whether we can say that in the face of the challenges of the new media, traditional media's core value and competitiveness still lies in its defending and pursuing the principles of truth telling – with speed, accuracy, objectivity and fairness. Only in this way can traditional media achieve a win-win situation in developing and using social networks, and gain respect from our peers and the general public.

Chinese leader Mr. Xi Jinping said: "The world today is an open world; interdependence among countries has become more intensive. In the process of reform and opening up in the last 30 years, China has not only opened its door for construction, but also opened the door for exchange and cooperation in scientific and technological development." In our visit to Cambridge, we are impressed by the great passion shown by people here to understand China and learn from China. I believe this is because all the heads of the University of Cambridge who have constantly committed to let the University of Cambridge go to the world also let the world come to Cambridge.

Today, I am very lucky to be here as an honoured visitor. I was born in a famer peasant family at Dongting Lake, China. Both of my parents died when I was young. I dropped out of school when I was 14, started farming and made a living by myself. But I didn’t give up learning; I taught myself, and later became a journalist for the Farmer's Daily and Shenzhen Economic Daily.

When I worked as a journalist in 1995, I went to the rural Huaihua County in Hunan to interview and report the story of local farmers. These famers were suffering from selling their dates at very low prices or having difficulties selling them at all. This was caused by the inappropriate arbitrary fees charged by the local commercial administration and taxation bureaux. The next day, the People's Daily published my report on the front page, entitled “How to let the farmers get a better price?” On that day, the Prime Minister called the senior leaders of the Hunan Provincial Government to get a detailed understanding of the situation and asked local government to address the problem. The local government solved the problem. As a media worker, I feel very proud, my report helped the famers to find a way to solve their difficulties, but I did not receive any pressure from the authorities afterwards.

What I want to show through my own experience is that the media in China has become increasingly open and confident. The media has actively participated in the protection of people's rights to be informed, to participate, to have a voice and to supervise public services. We try to do what we say. Currently, there are a growing number of Chinese media leaders, like me, from the grass roots, working hard to follow these principles of the media. I firmly believe that Western media are the same as the Chinese media; we all work for a better and more beautiful world for every human being.

Standing here, I cannot help but think of the words of a famous scientist from the University of Cambridge. As Stephen Hawking put it: “One has to be grown-up enough to realize that life is not fair; you just have to do the best you can in the situation you're in”.

附录九

民族复兴需要民族精神

民族复兴需要民族人才，但更需要民族精神。什么叫民族精神？笔者认为就是为维护和发展民族利益而奋斗的精神，具体而言就是民族自尊、民族自信、民族自省、民族自强精神。民族复兴为什么需要民族精神？是因为没有民族自尊精神，就没有民族复兴的动力；没有民族自信精神，就没有民族复兴的信心；没有民族自省精神，就没有民族复兴的理性；没有民族自强精神，就没有民族复兴的行动，总而言之，民族精神的作用，从庙堂之上到江湖之远基本上已形成共识：没有民族精神的国家是一个危险的国家。

网上最近在热议国人新一波移民潮，说各界精英正通过技术移民或投资移民的渠道获取他国永久居住权或国籍，并拿出了比例惊人的数据佐证。公正地说，移民是国人的权利，移民的理由也多种多样，不好妄论是非，但有一点是可以议论的：移民既然已经到了“潮”的程度，则显示了一个阴沉的信息：不少同胞对民族，至少对国家失去了自信。这对中华民族复兴大业而言，是一个极为不利的因素。

无疑，移民潮的涌动有其一定的客观原因：国内经济社会还存在许多问题，法制环境欠佳、城乡污染严重、贫富差距越拉远大、教育水平不高、贪污腐败严重、食品安全堪忧等等，但因此就引发移民潮，值得深思：中华民族的历史，是一部灾难深重的历史，任何时代的社会问题、百姓苦难都比当代严重、深重得多，但国人的民族精神一直根深蒂固，甚至成为一种社会道德。毋庸讳言，今天的中国，尽管我们坚信民族精神仍然是社会的主旋律，但民族精神在不断淡化，民族血性在不断流失。移民潮在一定程度上是这种淡化和流失的信号，但一些没有能力或不打算“移民”、留守国内的国民身上，又能找到多少民族精神和血性呢？

笔者从小就崇敬中华民族历史上的热血儿郎，今天重温他们的慷慨激昂，热血仍然往上升腾。东北抗日联军司令杨靖宇说：“在侵略者面前低头，就不配做中国人！”并拿起枪与日本侵略者以死相拼。五四运动时期，毛泽东在《湘江评论》上发表《民众的大联合》，满怀激情地预言：“我们中华民族原有伟大的能力……他日中华民族的改革，将较任何民族更为彻底。中华民族的社会，将较任何民族更为光明！”新中国成立初期，美国对中国实行封锁禁运，毛泽东说：“封锁吧，封锁十年八年，中国的一切问题都解决了。中国人死都不怕，还怕困难吗？”20世纪初，纳司尔英瑞公司的飞鹰牌炼乳几乎垄断了中国市场，温州瑞安人吴百亨兴办百好炼乳厂，以白日擒雕商标跟洋人展开十数年的拼杀，拒绝了洋人的合资请求，战胜了洋人的恶意攻击，打出了可与法国名牌乳酪媲美的民族品牌。如“中国原子能科学之父”、“中国两弹之父”的杰出科学家钱三强和钱学森、钱伟长被周恩来总理合称为“三钱”。他们为中华民族的伟大复兴作出了重要贡献。正是因为他们身上的自尊、自信、自强的民族精神，正是因为具备民族精神的人始终占据大多数，中华民族才顽强地走到今天，以泱泱大国形象伫立于世界。

当代一些国人的民族精神之所以淡化，是因为他们认识不到民族利益、国家利益跟个人利益之间的必然联系，导致追求民族利益、求大义的人越来越少，崇尚个体精神、谋私利的人越来越多，导致“热血青年”成为冲动、愚蠢的代名词，这实在是某些国人文化素质和修养的悲哀。

其实，民族兴亡、民族强弱，跟每个中国人都是有干系的。先说民族自尊：从人类学的角度讲，每个人跟哺育自己成人的民族之间都有天然的情感联系，因此民族形象很大程度上成为自我形象的重要组成部分，民族形象受到侮辱，个人尊严就受到伤害，而个人尊严本身就是生活质量的一个重要指标。有过出国经历的人都知道，外国人尤其是西方人并不是都对中国人很友好的。笔者2002年春曾去过日本，下飞机一登上接待车，日方接待人员就说：“东京现在是樱花盛开，而你们北京却是黄沙弥漫。”几天后到某地参观农业，当地官员又很有把握地对我们说：“这一段日本出现口蹄疫，经调查是从中国传过来的。”这让人愤怒。2009年11月，法国里尔高等新闻学院邀请笔者去宣讲中国新闻媒体课，在巴黎的出租车上，司机说他的耳朵不好使，他问翻译是不是听错了，法国最有名的新闻学院请一个中国人去演讲中国新闻媒体课这是真的吗？当得知此事千真万确时，这位出租车司机沉默了许久……因此，国人一定要明白“国弱民贱”的道理。一些在国内规矩或不规矩发了财的人以为跑到国外就能过好日子，其实大多数时候你还是个二等公民，过没有尊严的生活。

再说民族自信。首先，跟民族自尊一样，民族自信也是个人跟哺育自己的民族之间的一种天然情感联系，它同样纳入人品的衡量标准。对在社交场合贬低自己家乡的人，无论他有几分道理，大家一般还是瞧不起的。同样，你对自己的民族摇头，人家也会对你摇头。其次，一些国人对民族和国家丧失自信，根源是文化修养问题，对本民族文化缺乏了解。中华文化其实是有宝贝的，这就是哲学。有学者总结，西方文化重个体、重物质，思维方式长于实证分析和逻辑推理；而中国文化重整体、重精神，思维方式长于辩证综合和直觉感悟。因此，尽管西方文化在近现代物质文明的进程中先行一步，但中国文化在人类与自然协调共荣方面一直保持着不可取代的智慧优势，更接近宇宙真理的本源。这一点，西方许多人信服得五体投地。1988年，世界诺贝尔奖获得者在巴黎发表宣言说：“如果人类要在21世纪继续生存下去，必须回到2500年前，去吸收孔子的智慧。”中国的老子早就发现了天地长存的奥秘，即“不自生”，也就是不为自己而存在。他说：“天长地久。天地所以能长且久者，以其不自生，故能长生。是以圣人后其身，而身先；外其身，而身存。非以其无私邪？故能成其私。”

就产业而言，中华民族也有许多值得自信之处：仅拿近现代说，许多国人也许只知道鸦片战争中国白银外流的历史，但不知道中国也创造过白银内流的辉煌，这就是中国的丝绸和陶瓷。

因此，国人有理由昂首挺胸，没道理畏畏缩缩，妄自菲薄。少数拿着西方人的钱骂国骂民族的人，其实是数典忘祖、民族败类，笔者不屑一谈。没有国家的强大，这些人在西方人的眼里恐怕连骂的价值也不会有。

最后说民族自省和民族自强。具备民族自尊和自信精神的人，不一定必然为维护和发展民族利益而奋斗，他们中有些人很可能沦为狭隘的民族主义者或者空谈家，因此，同时具备民族自省和自强精神，才是民族精神的完整内容。

中华民族是灾难深重的民族，尤其是近现代，积贫积弱，饱受世界列强欺凌，因此需要认真自省，以图民族复兴，这已成为当代中国共产党人的历史使命。关于中国近现代国弱民穷的根源，鲁迅的分析非常到位，就是民族精神的缺失。从这个意义上说，民族自省的主要对象是民族精神，而民族自省本身也是一种民族精神。值得一提的是，民族自省跟拿了外国人的钱骂国有本质区别。鲁迅对中华民族存在的劣根性进行了大量的批判，但他的真正目的在于“促进一种和时代发展要求相适应的新的民族精神的诞生”。他在致一位友人的信中说得更明白：“（中国）历史上满是伤痕，却竟能支撑以至今日，其实是伟大的，但我们还要揭发自己的缺点，这是意在复兴。”

民族复兴，最终需要的是民族自强精神。前面说过，民族利益跟个人利益息息相关，民族强盛，个人受益，但这种相关还有另一层含义：民族利益需要每个人去维护和发展。如果像网民偏激而又有道理的评论“富人卷着钱跑了，留下穷人爱国”那样，中华民族的复兴大业何时能够完成？

其实，每个国家，包括不少国人羡慕的西方国家，都有自己的国内问题，有的还相当严重。比如美国，由于长期忽视实业，热衷于玩弄金融大把赚钱，已经导致了严重的产业失衡，有哪位总统不是为了寻求连任去百般讨好选民，关注短期利益，政府无度的挥霍，民众依赖政府的慷慨福利，使得政府的偿付能力和经济活力陷入巨大风险。而美国还不是在一边继续给富人减税，一边又大量印制美元，继而又拿人民币说事，他们为什么不去解决自己的根本问题呢？欧盟国家的债务危机不也在愈演愈烈吗？几个国家政府濒于破产；日本自广场协定以来元气大伤，至今没有恢复。但是，大规模的移民潮却发生在中国，这是值得我们痛心和深思的。

不过对于移民潮，也不用过于担心，笔者坚信，中华民族具备民族精神的人始终会占大多数，今天中国的经济社会成就就是证明。笔者还坚信，移民国外的同胞中，大多数人并未泯灭民族精神，移民只是出于一种过于现实的权宜考虑。我们既要问国家给了我们什么，也要问问自己又为这个国家做了些什么。我们付不起无所作为和随波逐流的代价，让我们履行公民的义务和责任，奉献自己的力量，实践自己的理想。我们更多需要考虑的是如何把中国国内的事情办好，凝聚更多的积极因素，推进民族复兴的伟大事业。

（此稿系龙雪飞与《经济日报》著名记者钟劲共同所写，刊发于2011年11月22日人民网。《南方都市报》、《云南信息报》、凤凰网、中国社会科学网、新华网、雅虎中国网、求是网、新浪网、搜狐网、腾讯网、网易等100多家国内外网站刊发了此稿。这篇文章被天津、吉林、河南等多省市的初高中收录进语文或历史考试试卷。）

后 记

2009年12月，我结束巴黎的出访回到深圳休假，遇到了我的好友蒋荣耀先生。我和他聊起刚刚在法国里尔高等新闻学院和法国里尔科技大学所做的两场题为“中国式跨地区联合重组”的演讲，也和他分享了从2007年启动的《云南信息报》“重生计划”。他说：“你们的改革课题非常有价值，为什么不写一本书呢？”

1999年，我到《深圳商报》从事记者工作，蒋荣耀同志当时刚好从中国人民大学新闻系硕士毕业，成为我的同事。他一直关注中国改革开放以来报业改革的理论和实践。他认为，《云南信息报》作为地处西部的都市类报纸，通过“强强联合”的跨地区重组不仅获得了新生，还改变了当地报业的生态，这一经验值得总结和探讨。

直到那时候，我还没有写书的打算。回到昆明后，他的这句话不时地跳到我的脑海里。随着时间的推移，《云南信息报》的试验受到了越来越多的关注，包括《人民日报》、新华社在内的多家媒体就此话题展开了讨论。业界普遍认同的是，它打破了中国媒体过去条块分割的管理模式，在过去认为是不能触碰的“雷区”进行了有益的探索。在这样的背景下，我认为，无论《云南信息报》今后的发展如何，变革的效果怎样，这本书都将忠实地记录《云南信息报》的探索和努力，为全国的报业同行提供一些可借鉴的经验和教训，反过来对推动《云南信息报》未来的创新发展也是有益的。

我开始利用工作之余的时间写作本书的初稿。写作过程的艰难超出了我的想象。现在，这本书就要出版了，把《云南信息报》的改革定义为一个成功的经典，似乎还为时过早。《云南信息报》跨地区联合重组，它和我国近年来出台的新闻出版业改革路径是完全一致的。关于《云南信息报》的未来，有一点是可以坚信的：当全世界都在谈论传统媒体该如何拓展渠道发展全媒体产业实现盈利时，《云南信息报》也在进行新一轮的探索。我本人坚信，一份主流严肃的政经报纸，它坚持高品质的新闻将是保证社会健康发展的基本前提，它一定是能够引导舆论，监督权力机构，成为真正为公众提供优良服务的负责任的媒体。最近，中央领导同志的一系列重要讲话为《云南信息报》的下一轮改革探索指明了方向。

中共中央政治局委员、中央书记处书记、中央宣传部部长刘奇葆于2013年1月17日到人民日报社调研时强调，要树立以人民为中心的新闻理念，为读者采写、为读者报道，使报道贴近读者需求，符合干部群众的口味，富有吸引力感染力。要以创新赢得读者，遵循新闻传播规律，创新报道内容形式，写短文、讲实话，发有用的报道，做到言之有物、言之有理、言之有情。要多制作准确鲜明、新颖醒目的标题，多配发现场感强、信息量大的图片图表，多运用平实、清新、鲜活的语言，使版面更活更靓。

中共中央总书记、国家主席习近平于2013年4月7日在博鳌亚洲论坛会上的主旨演讲中说，亚洲是当今世界最具发展活力和潜力的地区之一，近年来对世界经济增长的贡献率已超过50%，给世界带来了信心。习近平主席在与出席亚洲论坛的中外企业家代表座谈时说，中国发展是惠及世界的。中国的发展首先惠及邻国。2012年，中国前往东亚和南亚国家的游客达1576万人次。中国对亚洲经济增长作出了重要贡献。未来5年，中国需要进口10万亿美元左右的商品，对外投资也将持续较快增长，我们正大力推动同周边国家的互联互通，所有这些举措都将为本地区和全球经济增长作出更大贡献。

云南拥有超过4000公里的边境线，自西向东与缅甸、老挝、越南3个东盟国家接壤，具有从陆路融入全球化的条件，是中国加强与东南亚、南亚国家合作的前沿，拥有对外开放独特的区位优势。《云南信息报》此时走出去可以说正逢其时，跨国办报或入股、收购东南亚国家的一些报纸，用当地人的文字和语言表达方式，传播中华文化和云南民族文化，让云南的声音、让中国的声音真正在东南亚、南亚落地。云信人已开始行动，并取得了一定成效。我们坚信

《云南信息报》在跨地区、跨国界办报上会越走越远，越走越好。

我非常感谢我国新闻界老前辈曾建徽先生、艾丰先生、范以锦先生，他们不仅为本书作序，还提出了诸多宝贵的意见。正是由于他们的无私帮助，本书才能得以最终成稿。

蒋荣耀同志为本书的资料收集做了大量的工作，云南信息报社社长谭智良、《云南信息报》前副总编辑王雷、《云南信息报》副总编辑杨文虎以及《经济日报》钟劲等人也为本书的付梓做出了重要贡献。在此深表感谢。

感谢法国里尔高等新闻学院和法国里尔科技大学的诸位教授，正是因为他们的关注，让《云南信息报》的这场改革试验走进了法国的大学课堂。

此外，我还要感谢南方日报出版社社长周洪威和刘志一老师、许春芳编辑，他们为本书的编辑与出版做了大量工作，在此也一并致谢！准确地说，本书的作者不仅仅是我一个人，所有“云信人”都是本书的作者，南方报业传媒集团与云南出版集团所有同仁都是《中国式联合重组》的推动者和见证者。在此，我向所有关心支持过云信联合重组的同仁表示衷心感谢！

感谢《人民日报》、新华社、中央人民广播电台、中央电视台、人民网、新华网、凤凰网、新浪、腾讯、搜狐、网易、《中国新闻出版报》、《南方日报》、《南方都市报》、香港《文汇报》、《香港商报》、英国《华闻周刊》等国内外媒体对《云南信息报》改革的报道。它们的关注为《云南信息报》的改革提供了良好的舆论环境。

龙雪飞

2013年4月18日于昆明